浙江省哲學社會科學規劃
後期資助課題成果文庫

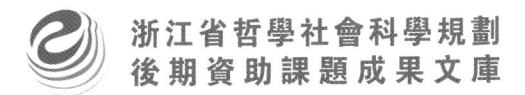

漢語木部艸部字詞核心義研究

沈瑩 著

中國社會科學出版社

圖書在版編目(CIP)數據

漢語木部艸部字詞核心義研究 / 沈瑩著 .—北京：中國社會科學出版社，2022.12

（浙江省哲學社會科學規劃後期資助課題成果文庫）

ISBN 978-7-5227-1374-8

Ⅰ.①漢… Ⅱ.①沈… Ⅲ.①漢語—詞彙—研究 Ⅳ.①H13

中國國家版本館 CIP 數據核字（2023）第 026191 號

出 版 人	趙劍英
責任編輯	宮京蕾
特約編輯	李曉麗
責任校對	朱妍潔
責任印製	李寡寡

出 版	中国社会科学出版社
社 址	北京鼓樓西大街甲 158 號
郵 編	100720
網 址	http：//www.csspw.cn
發 行 部	010-84083685
門 市 部	010-84029450
經 銷	新華書店及其他書店

印刷裝訂	北京君昇印刷有限公司
版 次	2022 年 12 月第 1 版
印 次	2022 年 12 月第 1 次印刷

開 本	710×1000 1/16
印 張	13.5
插 頁	2
字 數	235 千字
定 價	88.00 圓

凡購買中國社會科學出版社圖書，如有質量問題請與本社營銷中心聯繫調換
電話：010-84083683
版權所有　侵權必究

目　　錄

緒論 ………………………………………………………… (1)
 第一節　古漢語詞義研究概述 ……………………………… (1)
  一　訓詁學的延續與發展 ………………………………… (1)
  二　詞義系統及其規律的探索 …………………………… (4)
 第二節　漢語詞彙核心義研究現狀 ………………………… (12)
 第三節　本書研究的範圍和方法 …………………………… (16)
  一　研究範圍和對象 ……………………………………… (16)
  二　核心義探求的方法 …………………………………… (17)
 第四節　核心義表述的改進 ………………………………… (20)
  一　核心義表述中出現的問題及其原因 ………………… (20)
  二　"元語言"理論的研究背景 ………………………… (24)
  三　從"元語言"的角度看核心義 ……………………… (26)
  四　核心義的整理和提純 ………………………………… (28)

第一章　木部艸部字詞的特殊性 ………………………… (33)
 第一節　木部艸部名物詞研究述略 ………………………… (33)
  一　《説文》《釋名》 …………………………………… (33)
  二　雅類 …………………………………………………… (35)
  三　《詩》與三禮 ………………………………………… (37)
  四　《山海經》《博物志》與醫藥本草類著作 ………… (39)
  五　現代研究專著及論文 ………………………………… (41)
 第二節　名物詞釋例 ………………………………………… (42)
 第三節　名源探索與核心義研究的關係 …………………… (47)
  一　命名理據不明例 ……………………………………… (47)
  二　得名來源於借字、比擬、諧音、音譯、音轉例 …… (48)
  三　命名理據與詞義引申相關例 ………………………… (49)

第二章　多義詞核心義分析的複雜性 …………………………（55）
第一節　異詞同形 …………………………………………（55）
一　俗寫、訛誤造成的同形 ………………………………（56）
二　假借、造字出現的同形 ………………………………（58）
第二節　派生同形 …………………………………………（60）
第三節　同詞異形 …………………………………………（64）
一　方言音轉例 ……………………………………………（64）
二　引申造字/借字例 ……………………………………（65）
三　分形歸并例 ……………………………………………（71）
第三章　核心義與語源義的關係 …………………………（76）
第一節　核心義承襲自語源義 ……………………………（76）
第二節　核心義與語源義有別 ……………………………（80）
一　同聲符示源例 …………………………………………（80）
二　非同聲符孳乳例 ………………………………………（88）
第三節　有語源義而核心義不明確 ………………………（92）
第四節　核心義與語源義同一起點 ………………………（95）
第四章　個案研究 …………………………………………（99）
結語 …………………………………………………………（180）
附錄一　漢語詞彙核心義索引 ……………………………（182）
附錄二　已釋核心義字詞聲韻表 …………………………（197）
參考文獻 ……………………………………………………（204）
後記 …………………………………………………………（213）

緒　　論

第一節　古漢語詞義研究概述

古漢語詞義研究在我國有着悠久的歷史，從漢代的經學到清代的樸學，保留下來大量的研究成果，主要見於字典詞書、經傳注疏和訓詁類的專著。隨着具體實踐的深入，前人也總結出了一些詞義發展的規律以及研究的方法模式。在傳統向現代學術轉型的過程中，一方面字詞的考據和訓釋得到了繼承，另一方面研究的對象和旨趣發生了變化，有關詞義演變和詞義系統的更深層理論被探討和揭示出來。由於涉及面非常廣泛，時間跨度較長，這裏就其中的幾個方面作一簡要回顧。

一　訓詁學的延續與發展

我國傳統的詞義研究集中表現爲訓詁之學，用通語釋方言、用今語釋古語，爲儒家經典和諸子學說作注的不勝枚舉，而工具書主要有《爾雅》《方言》《説文》以及仿照這三部書體例的續作和注解。到近代，黄侃在章太炎的基礎上明確了訓詁學的觀念："詁者，故也，即本來之謂。訓者，順也，即引申之謂。訓詁者，即以語言解釋語言之謂。若以此地之語釋彼地之語，或以今時之語釋昔時之語，雖屬訓詁之所有事，而非構成之原理。真正之訓詁學，初無時地之限域，且論其法式，明其義例，以求語言文字之系統與根源是也。"將訓詁的範圍進一步擴大。現代學者接着致力於學科的科學性總結，將新觀念、新方法融入詞語的訓釋之中。

（一）詞義考釋和研究

1. 專書類

近幾十年對專書的關注可以説是"去中心化"，除了被奉爲經典的文本外，不避俚俗，甚至着重於長期被忽略的通俗口語文獻，佛教的音義、道教的典籍也被充分地解析。以近 20 年的著作爲例：

研究經史諸子等詞彙語義的有毛遠明《〈左傳〉詞彙研究》、張能甫《舊唐書詞彙研究》、王彥坤《前四史生僻詞語考釋》、李麗《〈魏書〉詞彙研究》、魯六《〈荀子〉詞彙研究》、車淑婭《〈韓非子〉詞彙研究》、吳崢嶸《〈左傳〉索取、給予、接受義類詞彙系統研究》、宋聞兵《〈宋書〉詞語研究》、杜麗榮《〈商君書〉實詞研究》、錢宗武《今文〈尚書〉詞彙研究》、尤煒祥《兩唐書疑義考釋》、唐元發《〈逸周書〉詞彙研究》、胡繼明《〈廣雅疏證〉詞彙研究》、張艷《帛書〈老子〉詞彙研究》等。

醫書、文集、小説筆記方面的成果持續增加，如曹小雲《〈躋春臺〉詞語研究》、周日健和王小莘《顔氏家訓詞彙語法研究》、汪維輝《〈齊民要術〉詞彙語法研究》、陳明達《〈營造法式〉辭解》、馬蓮《揚雄集詞彙研究》、喬立智《白居易詩歌詞彙研究》、王毅《〈西遊記〉詞彙研究》、許浩《〈名公書判清明集〉詞彙研究》、曹翔《王梵志詩詞彙研究》、高光新《〈顔氏家訓〉詞彙研究》、楊繼光《〈萬曆野獲編〉詞彙研究》、魏啓君《順治朝内閣大庫檔案詞彙研究》、張俊之《二王雜帖詞彙研究》、許朝暉《南村輟耕録詞彙研究》、宋峴《回回藥方考釋》、馬連湘《〈徐霞客遊記〉詞彙研究》等。

遇笑容《〈儒林外史〉詞彙研究》、郭作飛《張協狀元詞彙研究》、孫華先《〈南京字匯〉中的〈官話類編〉詞彙》、徐時儀《〈朱子語類〉詞彙研究》、馮青《〈朱子語類〉詞語研究》、黄冬麗《朱子語類〉語匯研究》，偏重於口語和方言詞。

和佛教相關的詞義研究有董志翹《〈入唐求法巡禮行記〉詞彙研究》、姚永銘《慧琳〈一切經音義〉研究》、陳弘昌《〈大唐西域記〉詞彙研究》等。

2. 專題類

同樣也由单一的經傳擴展到多個類别，尤其是新發現、新出土的材料成爲研究的重點，傳世文獻則以通代或斷代的方式進行考證，兩者有時相互參照比較，如：

涉及敦煌和吐魯番、黑水城等地文書的有曾良《敦煌文獻字義通釋》、林聰明《敦煌吐魯番文書解詁指例》、黄征《敦煌語言文字學研究》、陳秀蘭《敦煌變文詞彙研究》、王啓濤《中古及近代法制文書語言研究——以敦煌文書为中心》、王啓濤《吐魯番出土文書研究》、張小艷《敦煌書儀語言研究》、葉貴良《敦煌道經詞語考釋》、黑維強《敦煌、吐魯番社會經濟文獻詞彙研究》、陳曉强《敦煌契約文書語言研究》、于淑建《敦煌佛典語詞和俗字研究》、張小艷《敦煌社會經濟文獻詞義論考》、洪帥《敦煌詩歌詞彙研究》、楊小平《敦煌文獻詞語考察》、敏春芳《敦煌願文詞彙研究》、蔡永貴《俄藏黑水城漢文文獻詞彙研究》等。

魏德勝《睡虎地秦墓竹簡詞彙研究》、楊懷源《西周金文詞彙研究》、姚美玲《唐代墓志詞彙研究》、王穎《包山楚簡詞彙研究》、吕志峰《東漢石刻磚陶等民俗性文字資料詞彙研究》、劉志生《東漢碑刻詞彙研究》，是針對簡帛以及墓志碑刻、青銅銘文中的詞彙語義和結構分析。

宗教性質的典籍有李維琦《佛經續釋詞》《佛經詞語匯釋》、王紹峰《初唐佛典詞彙研究》、陳五雲和徐時儀《佛經音義與漢語詞彙研究》、馮利華《中古道書語言研究》、聶志軍《唐代景教文獻詞語研究》、雷漢卿《禪籍方俗詞研究》、俞理明《東漢佛道文獻詞彙新質研究》等。

而傳世文獻數量龐大，類型繁多，在前人研究的層層積澱中又可觸發新的思路。如對注疏語言的關注，張能甫《鄭玄注釋語言詞彙研究》、焦冬梅《高誘注釋語言詞彙研究》；按照史書、詩文、小説體裁進行劃分再考釋，或總結這一類型的詞義特點，有王鍈《宋元明市語匯釋》、方一新《東漢魏晉南北朝史書詞語箋釋》、王鍈《唐宋筆記語辭匯釋》、劉堅和江藍生《元語言詞典》、方齡貴《古典戲曲外來語考釋詞典》、魏耕原《全唐詩語詞通釋》《唐宋詩詞語詞考釋》、陳增岳《隋唐醫用古籍語言研究》、王東海《古代法律詞彙語義系統研究》、江傲霜《六朝筆記小説詞彙研究》、曾良《明清通俗小説語匯研究》；方言口語方面有雷漢卿《近代方俗詞叢考》、劉福根《漢語詈詞研究——漢語駡詈小史》、陳明娥《朱熹口語文獻詞彙研究》等。

以上所列僅是近二十年詞義考釋的專書、專題類著作，還有相當一部分體現在校注、集釋、單篇考釋和學位論文中，這些今訓和古訓中的大量零散資料構成了探索漢語詞義系統和發展規律的基石，同時今人的研究已不僅僅局限於單個的字詞訓釋，而是用更宏觀的視角來審視古漢語詞彙某一階段的整體面貌。

(二) 詞義演變和歷時替換

站在"史"的角度，詞義的變化、新詞產生、舊詞消亡如同歷史事件的發生和交替，在紛雜的現象中包含某種趨勢和走向。漢語史研究自20世紀興起以來一直關注這些問題，就靜態的描述而言一般用"擴大""縮小"和"轉移"（也有不完全適用於漢語實際的質疑）；導致演變最主要的內在機制是詞義的引申；形成的結果是語義場或範疇的變化以及詞彙的歷時性替換。

李宗江《漢語常用詞演變研究》專門討論了"衍生性演變""交替性演變""常用詞演變的原因"等內容，其中衍生性演變除引申外還提到其他作用機制：(1) 實詞虛化，即語法化；(2) 重新分析，由於詞常處於句中的某一特定位置，使人們對它與其他成分語法關係的理解發生了變化，從而使它的意義和作用發生了變化；(3) 聚合類推，也稱作相因生義（蔣紹愚）、同步引申（許嘉璐）、詞義滲透（孫雍長）；(4) 組合同化，也叫詞義沾染或詞義感染，指連用的兩個詞，其中一個受到另一個的影響而具有另一個詞的詞義；(5) 派生與復合。①

研究的範圍以常用詞爲主，按語義場或語義範疇分類。汪維輝《東漢—隋常用詞演變研究》分析了包括名詞、動詞、形容詞在內的40多組詞，并有常用詞演變的理論探討。丁喜霞《中古常用并列雙音詞的成詞和演變究》、謝智香《漢語手部動作常用詞演變研究：以〈世說新語〉語料爲中心》、趙倩《漢語人體名詞詞義演變規律及認知動因》、姜黎黎《〈摩訶僧祇律〉單音動詞詞義演變研究及認知分析》、李倩《敦煌變文單音動詞詞義演變研究》、吳福祥和王雲路《漢語語義演變研究》，都是關於詞義演變的專著和論文集。

二 詞義系統及其規律的探索

自詞彙語義學確立以來，隨着西方諸如結構語義學中的語義場和語義成分分析法（義素分析法）、生成語法理論、認知語言學以及計算語言學等理論的引入，中國的學者開始思考漢語的詞彙語義系統，相繼出現了幾部重要的詞義學著作。王軍《漢語詞義系統研究》對這一情況作了簡要介紹，并對詞義研究的核心問題、詞義的丰富性與層次性、表層與深層含義、詞義系統的微觀、中觀、宏觀描述等方面提出了獨到的見解。宋永培《古漢語詞義系統研究》則以《説文》爲對象，綜合全書的形音義，歸并

---

① 參見李宗江《漢語常用詞演變研究》，漢語大詞典出版社1999年版，第9—24頁。

和論證了"居處""浩大""石山""攘推""刴木""拯溺"等義系。所謂義系是將圍繞着義核的若干個義同、義近、義通的義位匯聚而成的系統，整部《説文》的詞義按照從大到小、從上到下的統屬關係，依次排列出義部、義區、義系、義位幾個層級。① 同時就詞義與歷史文化、詞義的系統性和規律性進行了探討。

而在傳統訓詁學中，通常用引申以及由引申帶來的同源孳乳來説明詞義的變化和詞與詞之間的關係，在現代的學術研究中這套分析模式仍然適用。

（一）詞義引申

1. 清代及以前的引申

引申（伸）最早見於《易·繫辭上》："是故四營而成易，十有八變而成卦，八卦而小成。引而伸之，觸類而長之，天下之能事畢矣。"原指從八卦演化成六十四卦，後泛指延展推廣，由一事一義推衍而及他事他義。這一概念用於字詞的分析大概始於東漢時期的許慎，南唐徐鍇在《説文解字繫傳·説文解字通釋》中闡發許慎編排漢字的原則爲："據形聯系，引而申之，以究萬原。"而明確提出"引申義"的則是清代的江藩，《經解入門·説經必先識文字》："字有義，義不一：有本義，有引申義，有通借義即假借之謂。"

到段玉裁著《説文解字注》時，運用引申的説解多達1000餘條，雖然分散在各個字頭下，若"通合觀之"則不難發現段注所謂引申的含義和使用的方法。由於是爲《説文》作注，段玉裁幾乎全以《説文》的釋義爲引申的起點，而許慎撰寫《説文》時儘管盡可能從造字本義入手，却也有不少已經抽象化的概括，因此段注中的引申就分成幾種情況：

（1）從具指到具指，《説文·黑部》："黯，深黑也。"段注："《別賦》'黯然銷魂'，其引申之義。"由顔色引申爲心情。《糸部》："縷，綫也。"段注："此本謂布縷，引申之，絲亦名縷。"由布縷引申爲絲縷，材質上發生了變化。

（2）從具指到泛化，一般有"凡"作爲標記（"凡"指經過一定量的實例考察後歸納出的較普遍情況）。例如《説文·鳥部》："鳴，鳥聲也。"段注："引申之，凡出聲皆曰鳴。"又《車部》："輶，輕車也。"段注：

---

① 參見宋永培《古漢語詞義系統研究》，内蒙古教育出版社2000年版，第12—13頁。

"輶車即輕車也。本是車名,引申爲凡輕之稱。"

（3）從具體經過抽象而泛化,再從抽象回到具體,揭示出詞的核心特徵作爲觸發引申的依據。《説文·糸部》:"纇,絲節也。"段注:"節者,竹約也。引申爲凡約結之稱。絲之約結不解者曰纇,引申之,凡人之愆尤皆曰纇。""絜,麻一耑也。"段注:"一耑猶一束也……《人部》'係'下云:'絜,束也。'是知絜爲束也。束之必圍之,故引申之圍度曰絜。束之則不柀曼,故又引申爲潔凈。俗作潔,經典作絜。"

（4）從泛化到具體,《説文·糸部》:"緜,聯微也。"段注:"聯者,連也。微者,眇也。其相連者甚微眇,是曰緜。引申爲凡聯屬之稱……又引申爲絲絮之稱,因其媆弱而名之。"

段注的引申不能説明詞義發生的先後次序,但對整理同一個詞的引申義列和不同詞引申義列之間的聯繫有重要參考價值。不過其中用引申强行牽合詞義的失誤也不在少數,當細加分辨。此後其他《説文》注家也沿用引申的分析方法,如王筠《説文解字句讀》、朱駿聲《説文解字通訓定聲》、鄭珍《説文新附考》等。

2. 現代引申的研究

現代學者對引申的研究主要沿着三個方向展開:

一是用引申解釋詞義和詞義演變的軌跡。單篇論文如白兆麟《傳統"義訓"之批判與"引申推義"之提出》(《南京師範大學文學院學報》2004年第1期)、蔣紹愚《五味之名及其引申義》[《江蘇大學學報》(社會科學版) 2008年第3期]、錢宗武和梁瑩《論"鑊"的文化引申及古詞音義流變的邏輯》[《揚州大學學報》(人文社會科學版) 2008年第1期]。碩士論文多以單個詞的引申爲研究對象,例不贅舉。

二是對專書引申釋義的發凡起例,以《説文》一系尤段注爲主。宋永培《古漢語詞義系統研究》一書將段注運用引申的效果大致分爲兩類:一類是揭示出在一個詞的引申義列中,多個詞義的相互聯繫;第二類是揭示兩個詞的引申義列之間的聯繫。其中的引申規律又可分爲六種:動靜轉移引申、物人轉移引申、因果轉移引申、正反轉移引申、由具體到抽象的引申、由個別到一般的引申。[①] 不少論文也有所涉及,如劉亞輝《〈説文解字注〉中的詞義引申》[《廣西師範大學學報》(哲學社會科學版)

---

① 參見宋永培《古漢語詞義系統研究》,內蒙古教育出版社2000年版,第443—470頁。

2003年第4期]、牛慧芳《淺談〈説文解字注〉詞義的平行式引申》[《陝西師範大學學報》（哲學社會科學版）2004年第2期]、白利利《〈説文解字注〉中的動静引申》[《陝西師範大學學報》（哲學社會科學版）2004年第2期]、彭巧燕《〈説文廣義〉與〈説文解字注〉中的詞義引申比較研究》[《南華大學學報》（社會科學版）2013年第2期]等。安蘭朋的博士學位論文《〈説文通訓定聲〉詞義引申研究》重點分析朱駿聲的轉注説，并與段玉裁的引申説進行了比較。

三是對引申理論的總結和深入。羅正堅的《漢語詞義引申導論》是一本總論性質的著作，用四章的篇幅辨明詞義引申與修辭、語法、音韻和文字研究的關係，最後一章專論引申的相關問題，包括怎樣區分詞的本義和引申義、詞義引申的類型、詞義滲透和詞義引申等。尹戴忠的論文《近二十年漢語詞義引申研究綜述》[《湘潭師範學院學報》（社會科學版）2008年第1期]已歸納整理了有關引申的理論，如引申的定義、類型、途徑、理據、結果、規律；某類引申的專門研究，如同步引申、反向引申、因果引申、動静引申；最後是專書。此處補充尹文中未提到的幾個方面和近年來的相關論文。

就兩個及以上引申義列的相互作用力，有郭攀的《論古漢語同極引申》（《古漢語研究》1991年第4期），指的是像"深""厚""重""大""多"等概念有一定的共性聯繫，代表同一正極的不同義類，因此彼此之間可以轉化。董爲光《詞義引申組系的"橫向聯繫"》（《語言研究》1991年第2期）把上述提到的一批詞劃歸入一個詞義發展組系，并認爲"即便没有同步引申的橫向趨向力，由於原義起始點相近，語義環境類似，造成引申的心理活動因素相同，也會出現引申序列發展一致的狀況"。① 這就在一定程度上肯定了語義的模糊性和相似性造成的相似引申也可以成爲較普遍的規律，而非個別現象。楊琳《論相鄰引申》（《古漢語研究》2015年第4期）探討由於在位置上與其他對象相鄰而發展出連帶指稱相鄰對象的引申。

吴毅安《漢語詞義引申研究中的幾個問題》（《社會科學戰綫》2008年第3期）、袁慶德《勿以詞義引申爲詞類活用》（《古漢語研究》2009年第1期）、趙倩《引申義的範疇分布特點及詞義傾向——以人體名詞爲

---

① 董爲光：《詞義引申組系的"橫向聯繫"》，《語言研究》1991年第1期。

例》(《語言教學與研究》2010年第6期)、楊賀《引申義與範疇化——以後綴"子"爲例看漢語派生詞範疇義的獲得》(《東嶽論叢》2013年第6期)、王建軍《漢語詞義輻射引申源頭考察》[《寧夏大學學報》(人文社會科學版) 2013年第4期] 等各從不同的切入點來分析引申。

(二) 同源孳乳

1. 同源研究的先聲——聲訓

聲訓是用音同、音近的詞解釋詞義的方法,早期記載下來的實例有《論語·顏淵》:"政者,正也。"《孟子·滕文公上》:"庠者,養也;校者,教也;序者,射也。"《易·説卦》:"乾,健也;坤,順也……坎,陷也;離,麗也……兑,説也。"《禮記·中庸》:"仁者,人也。""義者,宜也。"《大戴禮記·誥志》篇記載虞史伯夷之言:"明,孟也;幽,幼也。"等等。當時人未必有語言學上同源的概念,却在一定程度上發現了詞的理據。到漢代使用聲訓的例子漸多,如《淮南子》《史記》《漢書》中的個別篇章,《春秋繁露》《白虎通》《風俗通》《春秋元命苞》,以及馬融、服虔、盧植、鄭玄等經學家在作注時也運用到聲訓。[①] 這些材料都分散在各書中,[②] 而集中性的專著當屬東漢劉熙的《釋名》。

在此影響之下,後人將已有的聲訓聯繫起來,開始萌發出尋求普遍規律的意識。這一尋求普遍規律的嘗試以"右文説"爲代表,至少在繫聯的規模上由簡單的兩兩相應擴大到了一串、一組字詞。清代黄承吉的"字義起於右旁之聲説"較"右文説"更科學:"六書之中,諧聲之字爲多。諧聲之字,其右旁之聲必兼有義,而義皆起於聲,凡字之以某爲聲者,皆原起於右旁之聲義以制字,是爲諸字所起之綱。其在左之偏旁部分,則即由綱之聲義而分爲某事某物之目。"[③] 而大規模使用聲符示義來串解詞義的是段玉裁。他倡導"形聲多兼會意"之説,在《説文解字注》中有此數端作爲標識:"聲與義同源""凡字之義必得諸字之聲""凡從某聲皆有某義""凡從某聲多有某義""凡形聲多兼會意""凡同聲多同義""同聲之義必相近""某字有某義,故某義之字從之爲聲""凡某義字多從某聲"

[①] 參見王力《中國語言學史》,復旦大學出版社2006年版,第43頁。

[②] 關於聲訓的材料,可參考吳澤順編著的《清以前漢語音訓材料整理與研究》,商務印書館2006年版。

[③] 黄生撰,黄承吉合按:《字詁義府合按》,中華書局1984年版,第85頁。

等，①從形聲字的造字次第上約略説明了聲符示義其實是示源。推而廣之，可不拘泥於形聲偏旁，將語轉聲近的字詞也納入其中。

語轉是因時地變化發生的字詞孳生分化，揚雄的《方言》、鄭玄的注多次提到"轉語""語轉"或"聲轉"，孔穎達作《五經正義》提出"義存於聲""借聲爲義"。明清隨着古音學的進展，"因聲求義"之法應用甚廣。除解決具體問題外，也有系統性的闡發，如戴震《轉語二十章》和《聲類表》由内在音理講聲韻轉換規律，從而找到意義聯繫的聲韻依據；程瑶田《果贏轉語記》收集兩百多個表示"長圓形"的雙音詞，用雙聲疊韻説明了音義通轉的原理和事物命名的規則；王念孫《釋大》將與"大"義相關的字匯總，并按上古聲母排列。這些論著都成爲後世詞源學的先導。

2. 同源系統的確立

章太炎作《文始》"以明語原"，從《説文》中抽取獨體字定爲"初文"、準獨體定爲"準初文"，②用變易和孳乳兩個條例、聲韻的通轉，將漢語字詞串聯起來。儘管他的繫聯時有失誤、初文説也常被詬病，但《文始》確具有開創性的意義。劉賾隨後作《初文述誼》有較全面的闡發。③

劉師培《字義起於字音説》直接揭示了形聲字聲符示義的内在邏輯："古無文字，先有語言，造字之次獨體先而合體後，即《説文序》所謂'其後形聲相益也'。古人觀察事物以義象區，不以質體别，後復援義象制名，故數物義象相同命名亦同。及本語言制文字，即以名物之音爲字音，故義象既同，所從之聲亦同，所從之聲既同，在偏旁未益以前僅爲一字，即假所從得聲之字以爲用。"④

楊樹達《文字孳乳之一斑》將孳乳之例分爲六種：能動孳乳、受動孳乳、類似孳乳、因果孳乳、狀名孳乳和動名孳乳，⑤另有《字義同緣於語源同續證》等文作實例的考證。⑥

黄侃《説文同文》將《説文》中音義相同、相通的字匯集到一個字

---

① 參見黄永武《形聲多兼會意考》，文史哲出版社1984年版，第21—22頁。
② 參見章太炎《文始叙例》，《章太炎全集》，上海人民出版社2014年版，第176—177頁。
③ 參見劉賾《劉賾小學著作二種》，上海古籍出版社1983年版。
④ 劉師培：《字義起於字音説》，《左庵集》卷四，中國書店1993年版，第22頁。
⑤ 參見楊樹達《積微居小學述林》，中華書局1983年版，第153—164頁。
⑥ 參見楊樹達《積微居小學述林》，中華書局1983年版，第171—181頁。

頭上，如"元同兀、遠""天同囟、顛、頂、題"，① 從中可見文字孳生演變的軌迹。

沈兼士曾作《"不""坏""苯苢""梧桊"諸詞義類説》《"鬼"字原始意義之試探》《"盧"之字族與義類》《希、殺、祭古語同原考》和《聲訓論》等，② 其中《右文説在訓詁學上之沿革及其推闡》首先略述了右文説沿襲變革的歷史，之後在反思其缺陷的基礎上提煉出一個"一般公式"，根據實際情況細分為本義分化式、引申義分化式、借音分化式、本義與借音混合分化式、複式音符分化式、相反義分化式，有條理地展現出形聲字的演變過程和聲符示義的複雜體系。③

從古時的聲訓到此後的因聲求義，即便是清代的小學家，對語源的探索和同源系統的認識也已經由隱約朦朧的初始階段理出了較為清晰的綫索，但目的還是在於釋義和解經，從實踐中總結經驗，再將經驗應用於實踐。直到清代以後經過章太炎、劉賾、劉師培、楊樹達、黃侃、沈兼士等學者的論述，同源問題才逐漸脱離出來成為獨立的研究對象。當代王力《同源字典》的問世，"則標志着歷史悠久的語言研究已基本上納入了現代語言學的科學化的軌道"。④

3. 同源理論的深化和拓展

（1）同源系統、理論方法的總結和反思

首先是以現代學科的眼光反觀古代字書、訓詁書中的語源學思想和方法，主要圍繞《説文》《爾雅》《釋名》《廣雅》及其注疏。如陸忠發《試説〈説文段注〉的同源研究在漢語語源學史上的意義》（《古籍整理研究學刊》1998年第2期）、胡繼明《〈廣雅疏證〉同源詞研究》（四川大學博士論文，2002年）、華學誠等《就王念孫的同源詞研究與梅祖麟教授商榷》（《古漢語研究》2003年第1期）、劉精盛《論〈釋大〉同源詞研究的啓示及不足》（《廣西社會科學》2005年第10期）、陳建初《〈釋名〉同源詞疏證》（《古漢語研究》2006年第3期）、劉精盛《王念孫〈釋大〉"大"義探微》（《古漢語研究》2006年第3期）、甘勇《清人小學注疏五

---

① 黃侃著，黃焯整理，黃述祖重輯：《説文箋識》，中華書局2006年版，第1頁。
② 參沈兼士著，葛信益、啟功整理《沈兼士學術論文集》，中華書局1986年版，第2頁。
③ 參沈兼士著，葛信益、啟功整理《沈兼士學術論文集》，中華書局1986年版，第73—173頁。
④ 殷寄明：《漢語語源義初探》，學林出版社1998年版，第9頁。

種詞源學的研究》（華中科技大學博士論文，2008年）、王浩《鄭玄〈三禮注〉同源詞研究》（河北師範大學博士論文，2010年）、郝立新《〈爾雅〉同源詞研究》（復旦大學博士論文，2012年）等。專著如王國珍《〈釋名〉語源疏證》和胡世文《黃侃〈手批爾雅義疏〉同族詞研究》等。

任繼昉《漢語語源學》分"語源和語源學""語源學原理""詞族的結構關係""語源的研究方法"四章，基本上奠定了現代語源學的理論框架。① 殷寄明《漢語語源義初探》一書從宏觀和微觀兩個角度，將語源研究與字詞問題結合起來，并提出了同源詞在判定標準、繫聯原則等方面的見解。② 黄易青的《上古漢語同源詞意義系統研究》通過分析具體的對象，包括詞源意義、詞源意義關係和詞源意義系統，來研究這些對象背後的組織結構和構成原理。③ 另有曾昭聰《形聲字聲符示源功能述論》、倪懷慶《字詞關係與詞源研究——以〈説文箋識〉爲例》（華東師範大學博士論文，2012年）探討字詞的同源問題。

（2）對一韻（部）、一組、一族字詞的同源論證

繼王力《同源字典》之後，劉鈞傑著《同源字典補》《同源字典再補》作爲補充，張希峰著有《漢語詞族叢考》《漢語詞族續考》《漢語詞族三考》，蘭佳麗有《聯綿詞族叢考》。而以一個詞、一個韻部、一組以及一族同源詞爲範圍的學位和單篇論文也層出不窮，如朱國理《"月""夕"同源考》（《古漢語研究》1998年第2期）、陳建初《試論漢語顏色詞（赤義類）的同源分化》（《古漢語研究》1998年第3期）、郝文華《論"間"族同源字》（《古漢語研究》1998年第3期）、游順釗《"聾""盲"同源》（《中國語文》2000年第4期）、王藴智《"纟"和與"纟"同源的字音義分析》（《古籍整理研究學刊》2001年第6期）、蔡英傑《白、伯、百、魄、柏、舶、皤同源説略》（《古漢語研究》2003年第1期）、馮靚芸《釋"均（袀）服"——兼論同源字與通假字》（《古漢語研究》2005年第3期）、師玉梅《系、聯、䜌等字同源》（《古漢語研究》2006年第1期）、蔡英傑《從同源關係看"窈窕"一詞的釋義》（《中國

---

① 參見任繼昉《漢語語源學》（第二版），重慶出版社2004年版。
② 參見殷寄明《漢語語源義初探》，學林出版社1998年版。
③ 參見黃易青《上古漢語同源詞意義系統研究》，商務印書館2007年版。

語文》2012 年第 3 期)、葉玉英《論"二""次"不同源》(《古漢語研究》2013 年第 1 期)、王志强和宋麗霞《"史"的同源字及與"士""師"關係之管窺》[《山西師範大學學報》(社會科學版) 2015 年第 2 期] 等。不少專著中也有論及，這裏祇能舉其大概以窺其趨勢。

（3）漢語通語與方言、親屬語言的同源

自歷史比較語言學產生以來，漢藏語系假説被提出，使漢語的溯源又向上推進了一步。一方面在繫聯第一手材料的基礎上比較核心詞彙，證明親屬語言的同源；另一方面用已較明確的親屬語言印證漢語同族詞的音義關係。楊光榮《藏語漢語同源詞研究：一種新型的中西合璧的歷史比較語言學》於這一學科的興起有詳細的回顧和新觀點的思考；① 張博在《漢語同族詞的系統性與驗證方法》中認爲可以用親屬語言的詞義引申印證漢語詞語的孳乳分化，與用漢語内部的詞義引申證明同源有着一致性。② 這類研究具體包括漢語與藏語、泰語、苗瑶語、水語、壯語、羌語等的接觸、對比和同源關係，著作甚多，不一一列舉。在漢語内部則涉及方言的問題，近幾年這一方向的研究有查中林《四川方言語詞和漢語同族詞研究》，陳澤平《方言詞彙的同源分化》(《中國語文》2000 年第 2 期)，游汝傑《漢語方言同源詞的判別原則》(《方言》2004 年第 1 期)，邵則遂《古楚方言同源詞"圓"》(《語言研究》2013 年第 1 期)、《楚方言同源詞"溇"》(《漢語學報》2015 年第 2 期) 等。

可以看到在分析漢語語義系統時，引申和同源是兩個最常見的研究範疇，隨着理論的深化和西方語言學的影響，引申和同源從綫性的觀察模式逐漸向非綫性、網絡狀進行擴展。

第二節　漢語詞彙核心義研究現狀

核心義分析是最近興起的一種漢語詞義研究方法，與引申和同源既有聯繫又有區别。從狹義上説，同源是根據相同的語源義進行繫聯，是横向的；引申是由本義出發產生新義，是縱向的。核心義與引申同一起點、同

---

① 參見楊光榮《藏語漢語同源詞研究：一種新型的中西合璧的歷史比較語言學》，民族出版社 2000 年版。
② 參見張博《漢語同族詞的系統性與驗證方法》，商務印書館 2003 年版，第 315 頁。

一方向，實質就是揭示在這條引申路徑中是否存在一個相對穩定的特點決定引申的序列，因此相較於詞義引申的動態而言，核心義是一種靜態的描寫。從廣義上說，除了時地音變之外，引申是字詞孳生最重要的原因，導致同源詞的出現。核心義雖然以本義爲起點，但存在上溯的可能。就漢語發展的歷史階段看，核心義可以是同源系統的一部分，作爲漢語詞義"遺傳基因"的一個片段。當然核心義與語源義不完全等同，本書第三章將作詳細闡述。

"核心義"名稱的提出是在20世紀90年代，宋永培在《〈説文解字〉與文獻詞義學》中説："引申義列的多層與多向是由本義決定的。具體地説，是由本義藴含的形象特徵及形象特徵凝聚的核心義決定的。形象特徵是一個多側面的整體，由形象特徵凝結而成的核心義也是一個包括多方面特點的整體。形象特徵的多側面聚合在核心義的多方面特點中，這些多方面的特點象血液、象基因那樣灌注與活躍於本義的引申運動中，於是生長出多種層次多種方向的引申義列來。"[1] 并以"達"爲例，説明"達"的本義是"草木出土"，其形象特徵爲"草木迅疾暢利到達地面并向上滋長、形體增大"，而凝聚的核心義是：暢利到達、上出。[2] 隨後在《古漢語詞義系統研究》和《〈説文〉與上古漢語詞義研究》中補充"通"的例證，與"達"作爲對比。

而在核心義被"發掘"的前後，有兩類術語，與核心義有"似是而非"的關係：

一類爲"隱含意義"。最早出現於英國語言學家里奇（G. Leech）的《語義學》一書，蔣紹愚《古漢語詞彙綱要》結合古漢語的情況做過介紹；蘇寶榮《詞義研究與辭典釋義》指出詞有直接指識的意義——詞的表層所指義；有詞內部藴藏的意義——詞的深層隱含義，"即詞所表示的某一對象區別於其他對象的特徵，是詞高度抽象、升華後所體現出來的意義"[3]。儘管"隱含意義"也常被用來尋求詞義引申中"一以貫之"的要素，但在很多情況下與"陪義"或"次要、附屬的理性意義"混同。正如張志毅所舉的例子："山"的基義是"地面形成的高聳的部分"，此外

---

[1] 宋永培：《〈説文解字〉與文獻詞義學》，河南人民出版社1994年版，第20頁。
[2] 參見宋永培《〈説文解字〉與文獻詞義學》，河南人民出版社1994年版，第21頁。
[3] 蘇寶榮：《詞義研究與辭書釋義》，商務印書館2000年版，第148—149頁。

还有些次要语义特征：①如山聚集土石之多——人山人海；②如山一样永恒——海誓山盟；③确定不移——铁证如山；④坚定不动摇——执法如山。① 这里的"多""永恒""确定不移""坚定不动摇"都可算是隐含意义，却未必是核心义。

另一类为核义素、核心义素或源义素。"义素是结构主义语义学用来描写语义的最小的意义单位，是义位的组成成分，也叫区别性语义特征。"② 而核义素则更多地用于语源义的拆分和细化。为了解决"同源"与"同义"的纠缠不清，就将词汇的意义分为"类义"（表示事物类别的意义成分）和"核义"（类义所代表的若干对象之间所具有的相似性状或行为）。③ 虽然核义素反映一组同源词的共同特征，但未必是单个词引申义列中各个义位蕴含的共同特征，因此也与核心义有别。

不过核义素的运用为核心义的分析提供了新的方法，张联荣《词义引申中的遗传义素》将核义素的概念纵向延展到了词义的引申："在词义的引申过程中，从前一个义位传递下来，从而生成新的义位的义素就是遗传义素。"④ 如果一个遗传义素能统括大多数义位，则这个遗传义素就相当于这个词的核心义。

其后，张联荣《谈词的核心义》（《语文研究》1995年第3期）一文发表，谈到了核心义的定义、寻求方法和意义；王云路《论汉语词汇的核心义——兼谈词典编纂的义项统系方法》（载《山高水长：丁邦新先生七秩寿庆论文集》，台北"中研院语言学研究所"《语言暨语言学专刊》）结合副、利、怪、异、奇等实例讨论了核心义、核心义磁场、核心义的作用等问题。付建荣《汉语词汇核心义研究》（浙江大学博士论文，2012年）从更多方面展开了核心义的研究，包括概念辨析、性质与特点、推求方法，以及与词汇学、训诂学、词源学的关系等。直到2014年王云路、王诚《汉语词汇核心义研究》一书的出版，意味着核心义理论的建立和成熟。

---

① 参见张志毅、张庆云《词汇语义学》，商务印书馆2001年版，第36页。
② 张志毅、张庆云：《词汇语义学》，商务印书馆2001年版，第19页。
③ 参见杨光荣《藏语汉语同源词研究：一种新型的、中西合璧的历史比较语言学》，民族出版社2000年版，第108—116页。
④ 张联荣：《词义引申中的遗传义素》，《北京大学学报》（哲学社会科学版）1992年第4期。

该書作者認爲詞的核心義和基本音是制約詞義發展的兩個要素，一般一個詞有一個核心義磁場、一個核心音磁場（或語音磁場），這兩個磁場可以統括一個詞的大多數義項，説明核心義的分析在漢語詞義演變研究中有提綱挈領的效果。核心義來自本義，在漢語中普遍存在，在它的影響下，詞義的結構類型大致可以分爲射綫結構、水波結構和樹形結構，使看上去雜亂的多個義項有了"歸屬"和"綫索"。當然並不是所有的詞都有核心義、都有分析核心義的價值，研究的重點放在多義的動詞和形容詞上。同時需區分引申和通假：同源通用的詞共享核心義磁場，而同音假借的詞則不在核心義統攝的範圍之內。核心義具有理論和應用價值，理論上爲多義詞研究和傳統引申規律提供了新的思路，應用方面有助於理解本義、辨析同義詞、分析實詞虛化和詞典的編纂。在論述和舉證中，又總結出核心義研究的思路和方法。① 全書基本上涵蓋了核心義理論的大多數內容。

隨後，將該理論運用於個別詞義考辨的期刊論文、學位論文逐漸增多。例如，楚艷芳、王雲路《"點心"發覆——兼談詞的核心義對語素搭配的制約性》認爲心有"小"的核心義、腹有"大"的核心義，由於漢語詞語搭配在詞性、詞義等方面都要具備一致性，因此本義爲小黑點的"點"就祇能與"心"搭配構成"點心"，而"腹"祇能説"充腹"。② 相關論文較多，具體篇目可參本書附錄一。

在對外漢語教學領域，"核心義"也起到了一定作用。如張江麗《提供核心義對漢語第二語言學習者多義詞詞義猜測的影響》以"薄"爲例從北京師範大學的 63 名外國留學生中進行測試調查，根據平均分的情況得出結果，"在提供核心義的情況下，被試對多義詞詞義的猜測成績優於提供非核心義時猜測詞義的成績。"③ 該方法有待通過實踐進一步完善。

近兩三年核心義研究的更顯著特點是：從單音詞擴展到了雙音詞。王雲路《論核心義在複音詞研究中的價值》舉"凌晨""搖頭""習慣"三

---

① 參王雲路、王誠《漢語詞彙核心義研究》，北京大學出版社 2014 年版。
② 參見楚艷芳、王雲路《"點心"發覆——兼談詞的核心義對語素搭配的制約性》，《漢語史學報》第十三輯。
③ 張江麗：《提供核心義對漢語第二語言學習者多義詞詞義猜測的影響》，《語言文字應用》2013 年第 4 期。

例，説明組成同義并列複音詞的前提條件是核心義相關聯。① 王雲路等《再論核心義在複音詞研究中的價值》一文探討了核心義在鑒別詞語假借義、準確闡釋詞義、揭示義項間聯繫等幾方面的作用，所舉例證大多爲雙音詞。② 王誠、王雲路《試論并列式複音詞語素結合的深層原因——以核心義爲視角》從同義并列和反義并列兩方面討論了複音詞的構詞問題，認爲并列語素的結合不僅是由表層語素義，也取決於深層語義的關聯。③

可以説"核心義"從一個模糊的概念被提出，到目前真正建立爲一個理論，并且在訓詁實踐中經過驗證并發揮出獨特巧妙的作用，已經比較完善了。不過仍有一些問題尚待探討，覆蓋的字詞還不夠廣泛，因此本書嘗試從兩個部首的字詞爲切入點進行分析。

第三節　本書研究的範圍和方法

一　研究範圍和對象

本書雖以漢語木部、艸部字標目，但着重探討的是詞彙問題而非文字問題，即文字的構造方式、構形層次、異體字、古今字、正俗字、形體的簡化和繁化等不在研究之列，除非涉及詞的本義和詞的引申義列。也就是説，研究對象是漢語中木部、艸部字所代表的詞。

這些字來源於《漢語大字典》（第二版）的木部和艸部。之前對字書中某一個部首的研究主要圍繞許慎的《説文解字》，許慎根據小篆字形和造字本義分出540個部首，大部分比較科學，據中華書局影印大徐本《説文》記載，其中木部字421個，重文39，新附12字；艸部字445個，重文31，新附13字。《漢語大字典》是目前爲止形音義收錄最完備、規模最大的一部漢字字典，包括《説文》未收字和後起字，歸納了先秦文獻詞義和之後經過演變和發展的詞義。第二版的修訂又糾正了一些錯誤，增加了字頭和義項，使字典的科學性和實用性增強。而目前核心義的後續研

---

① 參見王雲路《論核心義在複音詞研究中的價值》，《浙江社會科學》2017年第7期。
② 參見王雲路、王誠、王健《再論核心義在複音詞研究中的價值》，《漢字漢語研究》2019年第3期。
③ 參見王誠、王雲路《試論并列式複音詞語素結合的深層原因——以核心義爲研究視角》，《浙江大學學報》（人文社會科學版）2020年第1期。

究，也是本書的目標之一是從典型舉例擴大到普遍分析，對部首在整個漢字系統中所占的意義和地位依賴不多。《漢語大字典》除收字規模、容量大外，部首（偏旁）分類比《説文》精簡，有助於分步驟、分層次、分階段地開展研究，也有利於"核心義辭典"的編纂。因此，最終選定的範圍是《漢語大字典》（第二版）中的木部和艸部字，同時借助《漢語大詞典》的釋義，互相比較參證。

二　核心義探求的方法

在《漢語詞彙核心義研究》一書中已對核心義的推求方法做過總結，分成兩類：一類是單個詞（包括單音節和雙音節），單音節詞從本義入手，雙音詞從語素和構詞方式入手，通假分清是同音假借還是同源通用，若是假借則從借字的本義入手。另一類是同類詞，同源的找共同的構詞理據，同義的根據造字本義找相異之處。① 本書面對的主要是單音節詞，通過具體實例的分析總結出了幾種單音詞核心義的探求方法。

（一）本義抽繹法

適用於本義明確且特徵顯著的詞，如：

【芟】

《説文·艸部》："芟，刈艸也。从艸，从殳。"殳，林義光《文源》解釋作："象手持殳形，亦象手有所持以治物。"② 芟的本義是用工具除草，用來除草的工具也稱芟。《管子·小匡》："今夫農，群萃而州處，審其四時權節，具備其械器，用比耒耜穀芟。"黎翔鳳校注引王紹蘭云："'耒耜穀芟'，《齊語》作'耒耜枷芟'，韋注：'枷，柫也，所以擊草也。芟，大鎌，所以芟艸也。''芟'本刈草之稱，用鎌芟草，因即呼鎌爲芟，猶下文'刈'亦芟艸之稱，用鎌刈草，因又呼鎌爲刈耳。"③

後表示抽象的含義，泛指清除。可以是清除某些人物，《新唐書·吳兢傳》："芟刈股肱，獨任胸臆，可爲寒心。"清除多餘的文字，《清史稿·刑法志》："館修奏准芟除總注。"清除敵對的國家，《明史·地理

---

① 王雲路、王誠：《漢語詞彙核心義研究》，北京大學出版社2014年版，第280頁。
② 林義光：《文源》卷六，中西書局2012年版，第29頁。
③ 黎翔鳳：《管子校注》，中華書局2007年版，第407頁。

志》："分四軍出，芟除秦、晉，訖於嶺表。"

從除草的具體動作可以抽繹出芟的核心義是"削除"。

(二) 同源繫聯法

形聲字多用同源繫聯法，如：

【蕤】

《說文・艸部》："蕤，艸木華垂皃。从艸，甤聲。"段注："引申凡物之垂者皆曰蕤。"《說文・生部》："甤，草木實甤甤也。从生，豨省聲，讀若綏。"段玉裁認爲"甤"與"蕤"音義皆同，都表示"物之垂"，并且將"綏"校作"緌"。① 考蕤與委韻同聲近，蕤爲日母微部，委爲影母微部。《說文・女部》："委，委隨也。从女，从禾。"徐鍇《說文解字繫傳》："徐鉉曰：委，曲也，取禾穀垂穗委曲之皃，當云從禾。"委的核心義是"下垂"，② 有下垂、垂落義，也引申爲放置、堆積匯集（即下游、末尾、結果）等含義。從委得聲的字大多與下垂義相關，如：緌是繫冠繩下垂的部分，《禮記・內則》："子事父母，雞初鳴，咸盥漱，櫛縱，笄總，拂髦，冠，緌，纓，端，韠，紳，搢笏。"孔穎達正義："結纓頷下以固冠，結之餘者，散而下垂，謂之緌。"諉，《爾雅・釋言》："諈諉，累也。"郭璞注："孫云：'楚人曰諈，秦人曰諉。'"邢昺疏："釋曰：謂相累及也。"諉是委的增旁分化字，意思是垂累、煩勞、推脱。萎，形容乾枯委頓，《廣韻・支韻》："萎，蔫也。"今視草木植物枯萎，植株的葉片下垂就是直觀的例子，而人精神不振也説成"垂頭喪氣"。不過同樣取象於"下垂"，委通常與精力流失、被迫無奈相關；蕤則相反，表示生機勃勃，向外擴散，因此蕤的核心義應概括爲"盛而下垂"。

在具體使用中，可以形容草木茂盛，紛披下垂的樣子。《玉篇・艸部》："蕤，葳蕤，草木實垂皃。"葳蕤即委隨，但委隨多用作萎靡不振，葳蕤用以形容紛繁茂盛。或者模擬草木披散下垂的形態，《宋書・謝靈運傳》收錄了他的《山居賦》："散華霏蕤，流香飛越。"形容煙霞雲氣瀰漫的樣子。

作爲名詞，可直接代指草木之花。《文選・張協〈雜詩〉之二》："弱

---

① 參見（清）段玉裁《說文解字注》，上海古籍出版社 1981 年版，第 274 頁。
② 參見王雲路、王誠《漢語詞彙核心義研究》，北京大學出版社 2014 年版，第 77—79 頁。

條不重結，芳甤豈再馥。""芳甤"即盛開芬芳的花。象草木及其花朵紛披下垂的物體也可稱甤，《漢書·揚雄傳》："風㸒㸒而扶轄兮，鸞鳳紛其御甤。"顔師古注："甤，車之垂飾纓甤也。"

又指抽象的下垂。"甤賓"是十二律之一，十二律指黄鐘、大吕、太簇、夾鐘、姑洗、中吕、甤賓、林鐘、夷則、南吕、無射、應鐘，與十二月相配。"甤賓"爲第七律，大致與五月相當。《續釋名·釋律吕》："甤賓，五月之律，午之氣也。甤，垂也。賓，儐也。言陰氣始起，陽氣自上下垂，儐導之也。"則"甤賓"的得名也與"甤"的詞義特徵相關。

因此甤的核心義都是"盛而下垂"。

(三) 歸納/演繹法

早期釋義已經高度抽象化的詞可從引申關係明確的幾個義項中歸納出核心特徵，并推衍至整個引申義列進行驗證，如：

【苟】

《說文·艸部》："苟，艸也。"《玉篇·艸部》："苟，菜也。"苟的本義似乎是草或菜，但其他詞義却與此完全無關。《大詞典》所列的義項有：①隨便；馬虎；不審慎。②暫且；勉强。③苟延。④貪求。⑤卑下。⑥表示推測或希望。⑦假如；如果；衹要。⑧姓。漢代有苟參。這些義項反映出苟所表示的詞，有"局限"的隱含之義，即保持最低限度。

所謂"苟且"是對自己、他人以及周圍的環境没有過多要求，《論語·子路》："子謂衛公子荆：善居室，始有，曰'苟合矣'，少有，曰'苟完矣'，富有，曰'苟美矣'。"邢昺疏："此章孔子稱謂衛公子荆有君子之德也。善居室者，言居家理也。始有曰苟合矣者，家始富有不言己才能所致，但曰苟且聚合也。少有曰苟完矣者，又少有增多但曰苟且完至矣。富有曰苟美矣者，富有大備但曰苟且有此富美耳。終無泰侈之心也。"引申爲態度的隨便，《禮記·曲禮上》："不苟訾，不苟笑。"不隨便地譏毀訾笑，後凝結爲一個詞"不苟言笑"，形容態度莊重。現代漢語口語中有"苟着""苟下去"等自嘲的說法，描述自己得過且過，不與人相争的態度。

被動地（不得不）降低標準以適應環境，義爲"勉强"或"衹要"。《詩·王風·君子于役》："君子于役，苟無饑渴。"描述婦人對服役丈夫的思念和叮囑，既然歸來之日遥遥無期，衹好退一步希望他在外免受饑渴之苦。然而古訓往往采用隨文釋義的方法，使"苟"的幾個詞義之間看上去毫無關聯。如：《易·繫辭下》傳曰："苟非其人，道不虛行。"《左傳·昭公二十八年》："女何以爲哉？夫有尤物，足以移人。苟非德義，則必有禍。"孔穎達正義："苟，誠也。"王引之《經傳釋詞》："苟，猶若也。"這裏的"苟"都可以用"祇"來解釋，"祇是""祇要"，在句中有假設語氣，但不能與"誠""若"等同。

　　苟之所以有"局限"義，《説文》注家認爲本當作"苟"。《説文·艸部》"苟"字條，惠棟云："《苟部》之苟从芉省，从包省，从口，下云'自急敕也'。从口猶慎言也，音紀力切，今皆作苟，則《儀禮》'賓爲苟敬'又何説乎？竊疑苟敬之苟當从苟部，苟敬者，自急敕也。二字同部，誼亦當同也。"① 苟甲骨文字形作 ᚼ（前八·七·一）②，像人拘謹地跪坐。劉心源《奇觚室吉金文述》卷三："𤕟爲苟省，亦即敬省。敬從苟，故古刻即以苟爲敬。如毛伯彝惟𤕟德、牧𣪘𤕟夙夜是也。"③ 可備一説。但假如"苟"爲"敬"的古文，詞義却與"敬"朝着相反的方向引申，"敬"所表示的拘束是要求高，而"苟"表示的局限是要求不高。④

　　在本義不甚明瞭的情況下，通過有引申關係的幾個詞義可以歸納出它們的共同點。苟的核心義就是"局限"。

　　以上方法往往需要交叉使用，同時也可以參考生物學、考古學等其他領域的研究成果，進行綜合分析。

第四節　核心義表述的改進

一　核心義表述中出現的問題及其原因

　　隨着單個詞核心義分析的逐步擴展，筆者發現在核心義的表述上存在兩個問題：

---

① （清）惠棟：《惠氏讀説文記》，中華書局1985年版，第23—24頁。
② 中國社會科學院考古研究所編：《甲骨文編》，中華書局1965年版，第381頁。
③ 古文字詁林編纂委員會：《古文字詁林》，上海教育出版社2010年版，第166頁。
④ "苟"從草句聲，從句得聲的字多有拘束、局限義，"苟"的本義或爲草的勾曲貌。"苟"的上部與艸形近而訛，遂并爲一字。

（1）非同源的詞"共享"一個核心義：釭、霝（包括櫺、輅、筈、篹、靈、舲）、聰（包括蔥）的核心義是"中空"；驕、矜、翹、卓、桀，核心義是"高"；什、猥，核心義是"多、雜"；隙、間、澗，核心義是"間隔"；但、徒，核心義是"空無"；標、頭，核心義是"頂端"；過、出，核心義是"過界"；偶、耦，核心義是"兩相對應"；保、約、服，核心義是"依附"；族、都、緝，核心義是"聚集"等。

（2）一些詞的核心義非常接近，存在交叉。"當、對"一類：午（忤逆，即相對）、適（當、對）；"通"一類：徹（通）、逞（通）、道（通道）、利（順暢、通暢）、通（經過內部除阻，連接對立的兩個方面）、達（暢利到達，上出）；"延伸"一類：陳（引申、伸展）、呈（延伸、展開）、棚（鋪排、比并）；"始"一類：元（始）、自（始、開端）、原（最初、初始）、新（開始）；"交接、接續"一類：呂（相連）、相（交接）、繹（連續不間斷）、嗣（接續）、緒（首尾相接，連續不斷）、績（接續，強調前後相續）、屬（順接）、結（相交）、繼（兩個事物的連接）、續（同一事物不同部分的連接）等。

首先看第（1）種情況。一組核心義相同的詞，其中幾個存在同源關係，由於這些詞都是從一個根詞派生出來，接收了同樣的語源義，因此也具有共同的核心義磁場。譬如"霝"和"櫺""靈"，"聰"和"蔥"，"間"和"澗"，"偶"和"耦"，在字形上就能直接體現。"霝"和"輅、筈、舲、篹"，"驕"和"翹"，"但"和"徒"，在音義上也相通。"驕"從喬得聲，"喬"從高省，"高""驕"都屬見母宵部，《尚書·禹貢》："厥草惟夭，厥木惟喬。"孔傳："喬，高也。"馬高六尺為"驕"，向高處舉起為"撟"，山銳而高曰"嶠"，長尾雉為"鷮。"① "翹"從堯得聲，"堯"從垚在兀上，垚以三個土相堆叠表示累土而高，兀為孤高而上平，合體會高遠之意。"垚""堯"疑母宵部，"翹"群母宵部，與"高""驕"并韻同聲近，《說文·羽部》："翹，尾長毛也。"聲符堯、喬常可互換而詞義不變。例如："蹻"是舉足行高，或作"翹"②或"跤"③，《詩·大雅·崧高》："四牡蹻蹻，鈎膺濯濯。"毛傳："蹻蹻，壯貌。"陸

---

① 《爾雅·釋鳥》："鷮雉。"郭璞注："即鷮雞也，長尾，走且鳴。"
② 朱駿聲《說文通訓定聲》："蹻，今多以翹為之。"
③ 《玉篇》："跤，舉足也。"

德明《經典釋文》引作"驍驍牡馬",可見"驕"與"翹"同源。"但"本指赤裸上身,後作"袒""裼",段注:"凡曰但、曰徒、曰唐,皆一聲之轉,空也。"則説明"但""徒"同源。① 然而"釭"和"䩶""聰","驕/翹"和"矜""卓""桀","什"和"猥","隙"和"間/澗","標"和"頭","過"和"出","保"和"約""服","族"和"都""緝"均不存在語音上的關聯,也就無所謂同源了。

再看第(2)種情況。以"當、對"一類爲例,"午"和"適"就兩個物體發生接觸、觸碰的狀況而言是相同的,但從"午"得聲的字重在"違逆",從一方的視角看另一方的行動方向、作用力與之相反,使其不順。"適"和"氐"相似,《説文·氐部》:"氐,至也。"《爾雅·釋詁上》雖以"往"來釋"適",兩者并不相同。"往"是個動作過程,翻譯成現代漢語爲"去";"適"強調目的性,有個參照物,可翻譯成"到……去"。② "適"也可表示在時間上、空間上以及心意想法上的重合,因此可以概括爲"正當 dāng、正對"。用圖來表示兩者的區別如圖0-1:

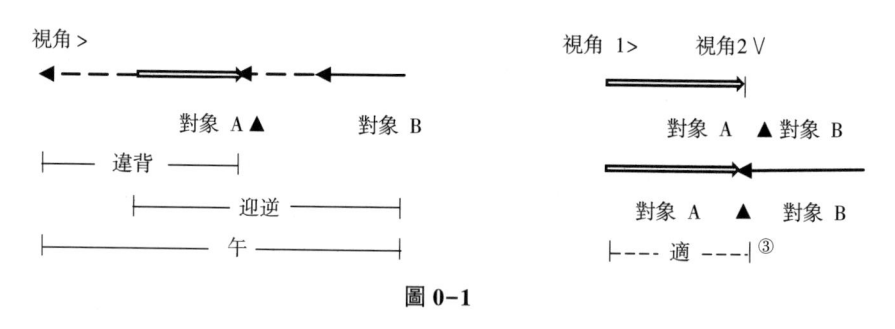

圖 0-1

▲所標示的的點是從"午"得聲的字與"適"相同的部分,即"當、對",但從全體看差別比較顯著,在核心義上也應該有所體現。另外同源的詞共享核心義磁場,然而"呈"和"逞"(至少在表述上)却分别屬於

---

① 也可參見王雲路、王誠《漢語詞彙核心義研究》,北京大學出版社2014年版,第30頁;王力《同源字典》,商務印書館1982年版,第148頁。

② 蔣紹愚認爲:"上古的'往'是個純粹的内動詞,'往'的目的地是不説出或不能説出的;上古的'適'是一個外動詞或準外動詞(有人稱爲關係内動詞),'適'的目的地是必須説出的。"參見蔣紹愚《古漢語詞彙綱要》,商務印書館2005年版,第215頁。

③ "適"範圍内的運動路徑主要是爲了抵達某個點,與某物相牴觸,它在"適"的詞義中占的比重相對較小,所以用虛綫表示。

"延伸"和"通"兩個類別。從語言事實來看,"逞"的"通"和"呈"的"延伸"是密切相關的,《説文·口部》:"呈,平也。"段注:"壬之言挺也。"又《壬部》:"壬,一曰象物出地挺生也。""呈"從口壬声,有平直伸展進而得以顯露之意,以"呈"作爲聲符兼義符的"桯"是平直的柱子、床几;"裎"是對襟單衣,《方言》卷四:"襌衣,有袌者,趙、魏之間謂之袏衣;無袌者,謂之裎衣,古謂之深衣。""袏"猶左、佐,是有外襟(袌)的單衣,可以進行包縛,而"裎"無袌,袒露。能够平直地伸展必然没有遇到障礙,所以《説文·辵部》:"逞,通也。"又《耳部》:"聖,通也。"那麽如何在核心義中反映出這種聯繫,是用同一個核心義還是稍有變化,如果有所變化又該怎麽看待語源義和核心義之間的關係,這是需要深入思考的問題。

出現以上現象,可能有多方面的原因。

第一,核心義雖然是隱藏在具體使用語義背後相對穩定的要素,能够反映先民的"本質"認識,但畢竟還不是通過科學實驗、數理邏輯定義出來的術語,仍然具有模糊性。

第二,通過對核心義的探求和整理,能够發現核心義一般來説是對事物的形體特點、作用功能、相對位置、運動路徑等方面的總結歸納,因而體現出的也是以形容詞、動詞居多(當然表示核心義的形容詞和動詞,與實際語用的動詞、形容詞不是一個層面的概念),如長、寬、高、多、少、大、小、雜、純、無、聚集、通暢、貫穿、交接、比并等,這是最常接觸到、最基礎也是最重要的幾個特徵,發生重合也不足爲怪。

第三,在技術操作上仍有改進的必要。"概括和抽象是詞義最重要的特點。詞義的形成是一個抽象的過程,經過對客觀事物的抽象,形成了詞的本義;經過歸納,又將詞所標示的事物的本質特徵從其所指示的對象中分離出來,歸結爲它的核心義。從這個角度講,核心義的確認是一種'二次抽象'的過程。"[1] 當這個已經較爲高度抽象的意義(核心義)用字詞而不是代碼之類的形式表述出來時,一方面就會與自然語言混淆,另一方面會不自覺地用最簡潔的方式進行描述,通過範圍的擴大、邊界的模糊來追求正確率而不是精確率,尤其當這兩個方面相互交錯、共同發揮作用時,就容易造成和《釋"大"》類似的問題。不過《釋"大"》主要是

---

[1] 張聯榮:《談詞的核心義》,《語文研究》1995年第3期。

就詞的某（幾）個義位進行繫聯，核心義要綜合考慮整條引申的脈絡甚至同源的分化，相對而言重合的概率要小得多。儘管如此，仍需要對描述核心義的語言作一個層次的區分，以及表述上的規範化，使之後在核心義的提取上能有可供借鑒的標準，并減少由於主觀取詞的不同造成的誤差。

針對上述問題，本書的預想是借助"元語言"的相關理論重新審視核心義的地位及其表述。

二　"元語言"理論的研究背景

"元語言"（Metalanguage）最早是由波蘭邏輯學家塔爾斯基（Alfred Tarski）和德國哲學家卡爾納普（Carnap）提出，爲了解決哲學領域中的"説謊者悖論"而形成的語言分層理論，將原本混爲一談的表達和被表達内容區分爲對象語言、元語言和元元語言。哈特曼（P.R.K.Hartmann）和斯托克（F.C.Stork）的《語言與語言學詞典》將"元語言"定義爲："元語言，純理語言。指用來分析和描寫另一種語言（被觀察的語言或目的語［Object language］）的語言或一套符號，如用來解釋另一個詞的詞或外語教學中的本族語。"① 其中"用以代表或指稱外部世界事物的語言叫做'對象語言'（Object language），用以描述或解釋語言本身的語言叫做'元語言'（Metalanguage）"。② 從哲學領域出發，"元語言"被廣泛地應用於詞典編纂、語義分析和認知等其他方面。如波蘭裔的魏尔兹比卡（Anna Wierzbicka）創立了自然語義元語言（Natural Semantic Metalanguage，簡稱 NSM）理論。她認爲人類語言中存在普遍共享的語義原子，是語義上不能再被分割的原子性語義成分，通過對自然語言的提取可獲得語義原子，

---

① ［英］哈特曼、［英］斯托克：《語言與語言學詞典》，上海辭書出版社 1981 年版，第 213 頁。

② 劉福長：《語言學中的"對象語言"和"元語言"》，《現代外語》1989 年第 3 期。也有不同的理解，如陳新良認爲："元語言指用以分析或描述對象語言的語言，不是一般日常生活中運用的語言，它是高一層的語言。而對象語言（Object language）是被指稱的語言。"見陳新良《元語意識習得研究》，《佛山科學技術學院》2001 年第 2 期。李葆嘉認爲："語言學的元語言不限於哲學或邏輯學中的對象語言和工具語言之間的關係，已理解爲用於解釋一部分語言符號的另一部分語言符號。比如用已經掌握的詞語解釋没有掌握的詞語，用常用詞解釋非常用詞等。"見李葆嘉《漢語元語言系統研究的理論建構及應用價值》，《南京師大學報》（社會科學版）2002 年第 4 期。不過我們還是傾向於劉文的看法，如果對象語言和元語言可以互换就消减了層次性，它們在抽象程度、概括能力上應有所差別。

并用這些簡單的原子來解釋所有語言的詞彙和語法結構意義，這樣可以避免詞典中經常出現的釋義不明、釋文冗長、循環釋義等問題。漢語"元語言"的研究也有不少，主要集中在對現代漢語的分析上，如：

李葆嘉於 2002 年發表的論文《漢語元語言系統研究的理論構建及應用價值》提出了一個"元語言工程"，旨在做系統的理論建構。從語言學的立場出發可以將元語言分成邏輯學元語言和語言學元語言，其中語言學的元語言又依據所處語言層面和應用功能分爲詞彙元語言、釋義元語言、語義元語言和認知元語言。随後出版的專著《現代漢語析義元語言研究》着重於對詞進行義徵分析（也就是義素分析），以作爲辭典釋義的依據，其特點是：（1）對開放性的詞彙做封閉性處理，并且制定離散化程序。（2）使用自然語言的同時添加一定的符號，如修飾關係用（），限制關係〈〉，陳述關係⟷，支配關係→，補足關係←，析取關係∨，合取關係∧，呼應關係……之後就大量具體名物詞、肢體動作詞、常用性质詞、形貌類別詞、動作類別詞、範圍、時態、程度詞的義徵挖掘，并提出"析義元符號集"的構想。[①]

蘇新春《漢語釋義元語言研究》運用 MICRO ACCESS 軟件製成的"《現代漢語詞典》語料庫"和"現代漢語自動分詞軟件""Czjs"檢測軟件、"CCLANG"軟件對原始的釋義語料進行處理和人工干預，然後通過 EXCEL、SPSS 做詞頻統計進行選取，最後以《同義詞詞林》爲參照系來保證基本義類都有釋詞入選、相關義類的合并和替換。經過多義詞的義頻考察、同義詞語的選擇、突出釋義元詞的强組合性、釋義方式的調整與變更、百科釋詞的篩選這幾項程序，篩選掉"同義""近義""同類"等可替代性詞語 300 餘條，得到 6 類、4000 條釋詞。其中 1—4 類約 3500 條構成釋義元詞集的内容，即事物類、運動變化類、狀貌情態類、成句表達類，還有的百科術語類和釋義術語類不在釋義元詞集中，祇有特别情況下才增加作詳細説明。

宋文輝在《漢語辭書元語言研究》中總結了中西方之前關於元語言研究的一些情況，提出應該區分强還原和弱還原兩種元語言理論，"强還原論主張嚴格限定元語言詞彙及其組合規則的數目、範圍；弱還原論雖然也主張詞義的分解和還原，甚至主張限定元語言詞彙及其組合規則的數目

[①] 參見李葆嘉《漢語元語言系統研究的理論建構及應用價值》，《南京師大學報》（社會科學版）2002 年第 4 期。

和範圍，但是不做硬性規定，使它保持準開放狀態，應視被釋詞的情況而做相應調整"。① 由於強還原論成立和操作的條件都很難滿足，因此作者認同辭書元語言的弱還原性，體現在選詞上有一部分是詞義描寫的核心成分，範圍較穩定，另一部分如百科知識等的詞彙範圍可以相對開放。此外還主張不同性質的辭書可以有不同的元語言系統，這個系統不是絕對的標準，而是一種抽象的程序性的標準。

三 從"元語言"的角度看核心義

用來描述核心義的詞和它們在實際語言交際以及書面表達中的意義是不同的。以"空"爲例，《大詞典》中分設三個字頭"空$_1$""空$_2$""空$_3$"，"空$_1$kōng"下有 11 個義項：①空虛，中無所有。②罄盡；空其所有。③廣闊；空曠。④空間；天空。⑤岑寂；幽靜。⑥使明淨無挂礙。⑦穿通；破。⑧謬妄；虛假。⑨副詞。(1) 徒然；白白地。(2) 衹；僅。⑩道家謂虛靜之性。⑪佛教語。(1) 謂萬物從因緣生，没有固定，虛幻不實。(2) 指佛門。"空$_2$kǒng"下 5 個義項：①穴；洞。②口，嘴巴。③墓穴。④見"空$_2$道"。⑤中醫用語。指血管，經絡。"空$_3$kòng"下 7 個義項：①窮困；貧乏。②缺少；虧欠。③間隙；間隔。④空子。可乘的機會。⑤尚未占用的時間或地方。⑥騰讓出來。⑦閑着；多餘。② 這些義項涉及實詞和虛詞，有用作名詞、動詞、形容詞、副詞，有日常用語也有文化、醫學術語，還用不同讀音進行標示。但是在核心義中，"空"一般衹有一個讀音 kōng，一個意義"空虛，中無所有""不包含什麽，裏面没有東西或没有内容"。又如"多"，在《大詞典》中有 12 個義項，"少"分"少$_1$shǎo" 9 個和"少$_2$shào" 8 個義項，而用爲核心義時，基本上分别表示"多，數量多"，"少 shǎo，數量少"。這樣的詞還有很多，它們的讀音、意義是相對穩定的、唯一的、抽象化程度比較高，和處在語境支配下的具體詞彙不同，可以把"空$_1$""空$_2$""空$_3$""多""少$_1$""少$_2$"看作"對象語言"，是被分析的目標語；核心義所使用的"空""多""少"是一種"元語言"，用來分析"對象語言"的"工具語言"，衹不過這個"工具語言"一般不採用機器處理以及義素分析法中的符號，而是直接從

---

① 宋文輝：《漢語辭書元語言研究》，上海辭書出版社 2011 年版，第 45—46 頁。
② 參見羅竹風編《漢語大詞典》第九卷，上海辭書出版社 2008 年版，第 409—410 頁。

"自然語言"中提取，因此在表面上看來兩者并沒有什麼差别。①

如果把核心義視作一種"元語言"，和目前已經存在的"元語言"理論特别是釋義元語言、語義元語言等既有聯繫又有區别，這是由其各自的研究對象和範圍、價值和功用所決定的。以釋義元語言、析義元語言爲例進行比較，釋義元語言以現代辭書中的釋義部分爲基礎材料來分析、提取、歸納釋義元語言詞集，考察句法語義和篇章組織的結構。它需要解釋說明每一個義項，并且要處理詞彙意義和百科意義、字面意義與比喻義之間的關係，具體表現爲詞、短語或句子。可以說面對的是一個數量龐大、結構複雜的對象，儘管經過整理減少了繁蕪的同義詞、句子也更精練規範，但是既不能過"細"，加重使用者學習的負擔，也不能過"疏"，削弱辭典區分義項、精確釋義的功能，因此這項工作的任務是比較艱巨的。《朗曼當代英語詞典》大約用2000個常用詞來釋56000個詞條，威斯特和因迪科特的教學詞典（第4版）用1490個詞解釋24000個詞條，法國古根海姆兩卷本詞典元語言包括1374個"成分詞彙"和55個下定義詞。② 蘇新春《釋義元語言研究》選出了4000條"釋義元詞"，安華林《現代漢語釋義基元詞研究》提出的元語言詞匯表大約有3000個，宋文輝《漢語辭書元語言研究》認爲中型漢語詞典5000—6000個較爲合適。

而核心義面對的是多義詞，核心義的分析服務於一個詞內部義項的統括、同源詞語源的繫聯，以及判斷辭典義項的設立是否科學合理，是一個"全景式"的觀察，而不是對"細節""微粒""原子"的捕捉。因此需要分析核心義、分析的價值比較突出的詞不是太多。就已有研究（不包括本書討論的），張聯榮《談詞的核心義》有15條，相關的《詞義引申中的遺傳義素》30條，付建榮博士論文《漢語詞彙核心義研究》65條，王雲路、王誠《漢語詞彙核心義研究》涉及246條，歸并後共有249條，保守估計總數不會超過1500條，完全在可理解和接受的範圍内，其結構基本上由單音詞、雙音詞、短語所構成。以"解"爲例來看釋義、析義、核心義三種元語言解釋同一個詞呈現出來的形式：

辭典釋義：解 jiě，把束縛着或繫着的東西打開。

---

① 對這兩種層次的語言沒有必要做表面上的區分，如改變字體大小、添加［］等符號，因爲在探求、表述以及應用於詞典編纂時會明確說出某一個詞的"核心義是"這樣的標示語。

② 參見張志毅、張慶雲《詞彙語義學》，商務印書館2001年版，第346頁。

義徵分析：解，[+動作][+上肢][+手指][+双手][+處置→（束縛）物體][+致使→分開]

拆，[+動作][+上肢][+手指][+双手][+處置→（組合）物體][+致使→分開]

松，[+動作][+上肢][+手指][+單手][+處置→（手中）物體][+致使→分開]

繫，[+動作][+上肢][+手指][+双手][+處置→（條形）物體][+致使→結合]①

核心義：解，按照紋理（條例）分開。②

不過大多數核心義形式仍過於簡練，容易出現本書開頭提到的（1）的情況，是否能如上所舉的"解"的歸納，在"分開"或者"分離"之前增加一些限定性的語素；能不能總結出核心義的詞集，用一個高頻或被廣泛接受的詞替換同義而多樣的其他詞彙，以盡量避免出現（2）的情況，這需要結合古漢語的實際與核心義的規模、研究進展做具體分析。

四　核心義的整理和提純

首先，仍然要借助傳統訓詁學的材料，尤其是許慎《説文解字》和以段玉裁《説文解字注》爲代表的字書、古代文獻和注釋來探求核心義，與對核心義的整理提煉共同進行，互相完善。在推求中可以運用歸納法、演繹法、同中求異法、逆推求同法等相對來說比較成熟的方法，同時也在一定程度上依賴研究者的語感和概括能力。

其次，對共享核心義以及核心義非常接近的詞進行二次分析，其中重合的、頻率較高的部分可以當作"基詞"來使用。

大多數的"基詞"沒有必要再做核心義分析，"高：從下向上距離大"，"大：在體積、面積、數量、力量、強度等方面超過一般或超過所比較的對象"，"小：跟'大'相對"，"多：數量大"，"少：數量小"，"密：事物之間距離近；事物的部分之間空隙小（跟'稀、疏'相對）"，

---

① 李葆嘉：《現代漢語析義元語言研究》，世界圖書出版公司2013年版，第279頁。

② 王雲路、王誠：《漢語詞彙核心義研究》，北京大學出版社2014年版，第157—158頁。付建榮的博士學位論文中"解"的核心義爲"分離"，本書認爲前者更準確。

"無：没有"等等，一般不会產生歧義；有些多音詞、多義詞的兩個或幾個意義使用都較頻繁，可考慮替換同義詞，如"重"有 chóng 和 zhòng 兩個音，分別表示"重合""厚重"，除了"重"的核心義用 zhòng 外其餘都用 chóng，一方面"重"這個詞不需分析，另一方面如果再遇到類似的情況，看是否能用"厚"來替代；還有一些"基詞"在經過一定說明後再投入使用，如"連"和"接"，"繼"和"續"，"通"和"順""畅"等。下面分兩類舉例說明。

（一）在"基詞"上添加特徵語素

以高類爲例：【卓】【桀】【翹】【驕】【兀】

這幾個詞的核心義是："卓：高""桀：高""翹：高""驕：高""兀：孤高"，顯然它們之間不能通用。這是由於特徵語素在引申中尚未丟失，與核心語素同時起着作用。

兀，本義或爲首，與"元"同字，例如，"髡"也寫作"髠"。不過以兀爲聲符的字多取《説文》"兀，高而上平"之義。"杌"是樹木無枝，光秃秃的，又指砍樹剩下的椿子；① "阢"是頂部較平緩的山，《説文·阜部》"阢，石山戴土也"又《山部》"屼，石戴土也"。"屼"又作"砠"，《詩·周南·卷耳》："陟彼砠矣，我馬瘏矣。"毛傳："石山戴土曰砠。""且"是高而上平的樣子，② "兀"也應該表示爲"高而上平"。

卓，造字本義不明，一般釋作"高"或"高遠"，仔細分析"卓"當是"孤高"。《説文·匕部》"卓"字段注："《論語》：'如有所立卓爾。'凡言卓犖謂殊絕也，亦作卓礫。按《稽部》：'稽，特止也。'"所謂的"特"即孤特，強調其獨一。《莊子·大宗師》："彼特以天爲父，而身猶愛之，而況其卓乎！"郭象注："卓者，獨化之謂也。"俞樾在《古書疑義舉例·兩句似異而實同例》中便説："卓有獨義。"③ 王逸《九思·逢尤》："世既卓兮遠眇眇，握佩玖兮中路躇。"不單指道路之遠，也體現出獨自行路無人陪同之感。成語"遠見卓識"的"卓"與"遠"相對，不過還強調眼光見識的獨特，無人能及。因此，"卓"的核心義可以概括爲"孤高"。

---

① 《集韻·迄韻》："杌，刊餘木。"
② 參見王健《釋"砠"——兼論"戴""載"的詞義關係》，《漢語史學報》第十三輯。
③ （清）俞樾等：《古書疑義舉例五種》，中華書局 2005 年版，第 17 頁。

桀，構形之義諸家解說不同。鄒曉麗認爲桀、乘同源："字形是一正面的人（大）站在樹上。'大'（即人）身上或畫出兩隻脚而作'大'形，這就是'乘'（'乘風'的'乘'，'在××之上'的意思）；有的字形保存'舛'（雙足）而失去'大'，就寫成'桀'。所以'桀''乘'同源。"① 黃德寬《古漢字譜系疏證》："楚簡桀，从人、从屮在木上，會高出之意。"② 郭店簡《尊德義》"桀不易禹民"字作"㲒"。③ 不管"桀"上部的形體是否爲"舛"，整體的詞義顯示出借由登上木樁、木柱之類的工具，使其高於其他事物。《詩·王風·君子于役》："鷄棲于桀，日之夕矣，羊牛下括。"毛傳："鷄棲于杙爲桀。"之後登高的動作被隱含，泛指高而突出，如用桀來指稱才能出衆的人，也作"傑"。㵦，謂波浪涌起；嶵，指山高聳峙立。故"桀"的核心義是"高而突出"。

翹，有"舉起"之義，《莊子·馬蹄》："翹足而陸，此馬之真性也。"成玄英疏："翹，舉也。"陶潛《歸去來兮辭》："策扶老以流憩，時矯（《晉書》作翹）首而遐觀。"翹首也就是抬頭仰望。需要注意的是，"桀"和"翹"都有高出的意思，不過"桀"是登上而能高，"翹"是舉起自身的一部分，往往呈現出高而曲的形狀。《急就篇》："春草鷄翹鳧翁濯。"顔師古注："鷄翹，鷄尾之曲垂也。""曲垂"指鷄的尾羽很長，舉起前部，後端就垂順下來，呈現出一個弧度。用羽毛、珊瑚、翡翠等材質製成，像鳥羽一樣或上彎或曲垂的首飾都可稱爲"翹"；古代漢族傳統建築屋頂轉角處的"飛檐"常挑起上翹，脊面坡度彎曲向上，若飛舉之勢；現代漢語説"翹舌"，也叫"捲舌"。從這方面看，又能佐證"翹"與"驕"的同源。再來看"驕"：

驕，從喬得聲，它的源詞是"喬"，《説文·夭部》："喬，高而曲也。"徐灝《説文解字注箋》以爲以喬爲聲之字一部分取高意、高聲，如"僑、驕、蹺、撟"，另一部分取曲意、夭聲，如"橋、矯、繑、蟜"。其實曲義和高義在大多數從喬聲的字中都得到或多或少的繼承，即舉起、呈高而曲貌。"僑"作"寄寓、僑居"解是把縱向的舉高引申爲水平的遷移至遠處，還有一個意思"高僑"今多寫作"高蹺"，把脚抬起來，整個腿

---

① 鄒曉麗：《基礎漢字形義釋源》（修訂本），中華書局2007年版，第73—74頁。
② 黃德寬：《古文字譜系疏證》，商務印書館2007年版，第2404頁。
③ 參見荊門市博物館編《郭店楚墓竹簡》，文物出版社1998年版，第55頁。

的狀態必然有屈曲。"撟"是舉手，泛化後凡是舉的動作都可稱撟，《史記·扁鵲倉公列傳》："目眩然而不瞚，舌撟然而不下。""舌撟然"即舌頭翹起，這是以高爲主導兼有曲義。"橋"古時指人造拱橋，中間向上拱起，平直的橋稱爲"梁"，梁有木梁、石梁，也有以浮舟相連爲梁，後來凡架在水上、陸地上的都統稱爲橋。"矯"既可表示揉曲使直、矯正，又可表示強壓、抑制，總而言之，"矯"是違背、改變物體原本的性狀，故矯首是使頭頸彎曲，同時也意味着抬頭舉高。"嶠"是山高，《爾雅·釋山》："山小而高，岑。鋭而高，嶠。"《釋名·釋山》："山鋭而高曰喬。形似橋也。"畢沅疏證："今本作'土鋭而長曰嶠'。"這是以曲爲主兼有高義。結合"驕"和"翹"的同源詞，可以把兩者核心義表述爲"高，屈曲健舉"。

通過以上分析可知，"兀"的核心義是"高而上平"，"翹""驕"是"高，屈曲健舉"，"桀"的核心義爲"高而突出"，"卓"則是"孤高"，既能看出它們在"高"這一意象上的聯繫，又有各自的特點。

（二）適當繁化再簡化

以接續類爲例：【績】【嗣】

"績"的核心義是"接續，強調前後相續"；嗣的核心義是"接續"。粗略一看似乎没有什麼問題，但仔細推敲便知"續"指的是同一事物不同部分的連接，而"績""嗣"則没有連貫的屬性，反倒與"繼"（兩個事物的連接）更爲接近。

績，雖在捻麻的意思上與"緝"混言不別，其内在理據則與"丵"相同。《說文·丵部》"丵"字段注："凡程功積事言丵者，如版上之刻，往往可計數也。""'丵'因其刻如鋸齒狀而得名。所以'丵'的核心義是'依次叠加'。"[1] 績，段注云："績之言積也，積短爲長，積少爲多。""績"義爲步迹，是個中性詞，成績是成功的業績；敗績是業績的敗壞，因此"績"的核心義也可以概括爲"依次叠加，前後相繼"。

嗣，《說文·册部》："諸侯嗣國也，从册、从口，司聲。"段玉裁把从口解作从囗："囗者，國象也。""嗣"的本義是諸侯嗣國承位，需要在宗廟由史官宣讀册命。[2] 從"國祚""國統"的角度來説是得到了延續，

---

[1] 王雲路、王誠：《漢語詞彙核心義研究》，北京大學出版社2014年版，第114頁。
[2] 李學勤主編：《字源》，天津古籍出版社2013年版，第159頁。

不過"嗣"通常意味着後者取代前者,有更迭、更新、替換的含義,《詩·鄭風·子衿》:"縱我不往,子寧不嗣音。"鄭箋:"嗣,續也。女曾不傳聲問我,以恩責其忘己。"鄭玄雖以"續"釋"嗣",後補充"傳聲問我",就說明不是聲音的綿長延續。《韓詩》"嗣"作"詒",孔穎達正義:"詒,寄也,曾不寄問也。"字雖不同,但表示的意思都是傳遞。《詩·大雅·生民》:"載燔載烈,以興嗣歲。"毛傳:"興來歲、繼往歲也。"鄭箋:"嗣歲,今新歲也。以先歲之物齊敬犯載而祀天者,將求新歲之豐年也。"明確有先歲、今歲的新舊之分。嗣位是先王讓位儲君繼位,嗣子是繼承父祖的名號、家業等,成語有"後繼有人"而不作"後續",指兩個事物之間的關係,所以"嗣"的核心義應該表示爲"承繼"。

如此,"交接""接續"一類詞就基本上能分成"繼"和"續"兩個部分,也將減少"繼""續"在被區別的同時又被當作同義詞來概括核心義的矛盾。

在後文分析木部、艸部字時也將注意這些問題。

第一章

木部艸部字詞的特殊性

在漢語中，漢字"木"和"艸"分別是樹與草的象形，泛指植物。以木、艸爲部首的字詞，就有很大一部分是植物的名稱；也有一部分表示用草木等原材料製成的器物，因此木部和艸部字詞最顯著的一個特點是：多植物、宫室、車馬、器用之名。

當然與植物、器具等相關的部首不止艸和木，還有竹、禾、麥、豆、舟、車、金、石、土、皿、缶、矛等。這些部首中的字與木部、艸部字常構成異體，如：棋—碁、輗—梘、蓄—稸、蓑—簑、椀—碗、艘—艘、樽—墫—鱒、櫓—艣、朽—圬、檐—簷等，① 主要在於材質變化造成了字形差異，本質上記録的是相同的詞。而另有一些則是純粹的形近而訛，以及俗寫造成的混同，譬如"艸"與"竹""木"與"手"混用的例子繁多，它們就屬於不同的詞。這是木部艸部字詞的第二個特點。

就本書的主旨來說，爲了探討詞義的發展脈絡，名物詞的確切解釋以及得名理據是繞不開的話題。故本章將回顧前人的研究成果，嘗試對幾個存在爭議的名物詞做出更爲合理的解釋，并分類說明名物詞的探源與核心義研究的關係。

第一節 木部艸部名物詞研究述略

一 《說文》《釋名》

古代的字書、訓詁書不僅保存了字形和詞義，有時也對詞義的來源進行說明，這裏以《說文》《釋名》以及相關的論著爲例。

---

① 參見林瑞生編《異體字手冊》，江西人民出版社1987年版。

東漢許慎在《説文解字》中分出了540個部首，除《艸部》《木部》以外，《屮部》《蓐部》《茻部》《林部》等也與草、木相關，其釋義較爲簡略，偶有對植物特徵、物品性狀的描述，暗示了名稱的由來：

《艸部》："芌，大葉實根駭人，故謂之芌也。""萱，令人忘憂草也。""苵，茾苵，一名馬舄，其實如李，令人宜子。""葛，艸，枝枝相值，葉葉相當。""菡，菡萏，芙蓉花未發爲菡萏，已發爲芙蓉。""蓍，蒿屬，生十歲百莖，《易》以爲數：天子蓍九尺，諸侯七尺，大夫五尺，士三尺。""蕣，木堇，朝華暮落者。""葦，大葭也。"①

《木部》："柚，條也，似橙而酢。""橀，柔木也，工官以爲㸚輪。""榗，木也，从木晉聲。《書》曰：竹箭如榗。""栁，香木也。""楓，木也，厚葉弱枝善搖，一名蘽。""梗，山枌榆，有朿，莢可爲蕪荑者。""櫾，昆侖河隅之長木也。""楣，秦名屋欚聯也，齊謂之檐，楚謂之梠。""樴，梠也。""檽，屋欚聯也。""檐，樴也。""楣，闌楣也。""欚，龜目酒尊，刻木作雲雷象，象施不窮也。"②

隨後《説文》注家如徐鍇《説文解字繫傳》、段玉裁《説文解字注》、桂馥《説文解字義證》、朱駿聲《説文通訓定聲》、王筠《説文句讀》、徐灝《説文解字注箋》等也多有發明。

東漢劉熙所撰《釋名》通過聲訓的方法對詞義及事物命名的緣由有所揭示，其中《釋宫室》《釋床帳》《釋書契》《釋用器》《釋樂器》《釋兵》《釋車》《釋船》《釋喪制》所收木部、艸部字較集中，其他散見各篇。如：《釋天》："木，冒也，華葉自覆冒也。"《釋山》："山中叢木曰林。林，森也，森森然也。"《釋道》："四達曰衢。齊魯間謂四齒杷爲欋。欋杷地則有四處，此道似之也。"《釋形體》："樞，機也，要髀股動摇如樞機也。"《釋言語》："蓋，加也，加物上也。"《釋飲食》："菹，阻也，生釀之，遂使阻於寒温之間，不得爛也。"《釋首飾》："梳，言其齒疏也，

---

① （東漢）許慎：《説文解字》，中華書局1963年版，第16—26頁。
② （東漢）許慎：《説文解字》，中華書局1963年版，第114—122頁。

數言比。比於梳,其齒差數也。比,言細相比也。""華勝。華,象草木華也。勝,言人形容正等,一人著之則勝,蔽髮前爲飾也。"正如前人所説,《釋名》的訓釋方式以兩兩音同牽引出意義之間的聯繫,有一定的臆測和附會成分。但語言起於生活,通過目驗、耳聞、碰觸等直觀的方式瞭解事物特性,進而對其命名;文字非一時一地之物,尤其後起之字易被賦予文化的含義,則《釋名》中看似"無稽之談"的釋義未必没有根據,需要更多例證來證成或證僞。

清代王先謙集王啓原、葉德炯、孫楷、皮錫瑞、蘇興之力進行校勘注釋,并整理成《釋名疏證補》一書,包括畢沅《釋名疏證》《續釋名》《釋名補遺》和王氏自作《釋名疏證補附》一卷,有重要參考價值。

二　雅類

名物制度在傳統訓詁學中占有很大比重,經學家、小學家對記録這些典章制度、草木鳥獸、宫室器具的雅類著作也尤爲重視。"夫《爾雅》者,所以通詁訓之指歸,叙詩人之興咏,摠絶代之離詞,辯同實而殊號者也。誠九流之津涉,六藝之鈐鍵,學覽者之潭奥,摛翰者之華苑也。若乃可以博物不惑、多識於鳥獸草木之名者,莫近於《爾雅》。"[1]

今傳世本《爾雅》共19篇,木部、艸部字集中於《釋宫》《釋草》《釋木》,相當於經典中出現的物名匯總。西晉郭璞爲《爾雅》作注,宋邢昺作疏,之後黄侃又作音訓,廣泛徵引文獻,使釋義更加詳細,如《釋宫》:"杗廇謂之梁,其上楹謂之棳……檐謂之樀。"郭璞注:"棳,侏儒柱也。"邢昺疏:"《禮器》云'藻棳'者,謂畫梁上柱爲藻文也。一名侏儒柱,以其短小故也。"黄侃繼續闡發敷衍,解釋道:

> "棳,《釋文》作梲,云本或作杕。掇棳與侏儒一聲之轉,與𦕈方言:𦕈,短也。掇《莊子·秋水》注:掇,短也。叕《淮南·人間》注:叕,短也。窡《説文》:短面也。惙《應音》四引《聲類》:惙,短氣貌。并有短義,猶蜘蛛亦有蝃及蝃蟗及朱儒之三名矣。《急就篇》注:棳,小梪也,故引申爲短柱矣。"[2]

---

[1] （晉）郭璞注,（宋）邢昺疏:《爾雅正義》,上海古籍出版社2010年版,第4頁。
[2] 黄侃箋識,黄焯編次:《爾雅音訓》,上海古籍出版社1983年版,第130頁。

按"梲""㭼"古音相同,與"短"同爲舌音、韻部元月對轉,《釋名·釋宮室》另作"㭼儒,梁上短柱也。㭼儒猶侏儒,短,故以名之也",可見郭璞、邢昺、黃侃釋之甚確。黃侃所作《爾雅音訓》以聲音爲綫索,將同實異名的詞串聯起來,甚至跨越了物類的界限:"蒥薂猶析鏉,細密也,於蟲曰斯彌,於木曰楲樠。也就是《本草》中的蜚蠊,陶注'輕小能飛'。"① 不過部分條目音轉太多,缺少論證。

在黃侃之前,清代馬國翰著《爾雅古注》、邵晉涵《爾雅正義》、郝懿行《爾雅義疏》,主要爲名實之辨,個別涉及命名的理據。清末王國維著《爾雅草木鳥獸蟲魚釋例》,收入《觀堂集林》,篇幅短小精煉,提出的釋名通例既是經驗之談,也對後世的考證助益良多。

曹魏時期的張揖仿照《爾雅》體例并增廣之,著有《廣雅》,也包括了《釋宮》《釋器》《釋草》《釋木》等諸篇。清代王念孫作疏證,除校勘外還有名物的考據和訓詁,通過分析文字的構造指出詞義的由來。如:

> 卷七下《釋器》:"案謂之榻。"疏證:"案之言安也,所以安置食器也。榻之言寫也,《説文》:'寫,置物也。'"

按,"案"也就是几案,一般爲木製。"安"既是聲符也兼表義,指向下的動作。"榻"從木寫聲,"寫"從宀舄聲。"舄"象鳥張翅之形,本義爲鵲,疑"寫"是以鵲鳥飛入屋中棲止來表示"下卸"。今書寫的"寫",義爲傾吐;"瀉"爲傾瀉;"卸"意思是去掉或拿下來;"礩"是柱子下的基石;"褉"指褉衣、褉器;"榻"則是可以下放的几案,以"木"爲偏旁。王念孫也擅長通過繫聯音義相同相近的字進行類比:

> 卷十上《釋木》:"梢、校、㭣,柴也。"疏證:"《説文》云:'柴,小木散材也。'《月令》鄭注云:'小者合束謂之柴。'案柴之爲言佌,佌然小也。《爾雅》云:'佌佌,小也。'……㭣,柴也。"

按,小木散材爲柴,大者可析爲薪。"㭣"與"柴"同,"㭣"在精母侯部,"柴"崇母支部。"鮆"有小義,《史記·貨殖列傳》"鮆千石"

---

① 黃侃箋識,黃焯編次:《爾雅音訓》,上海古籍出版社1983年版,第206頁。

中的"鱎"是小魚；《漢書·張良傳》"鱎生説我距關毋内諸侯"中的"鱎生"指小人。而從木的"楙"就是小柴、柴木。由於王念孫不拘泥於部首的分隔，常援引木部、艸部字考證其他部首字詞，因此《廣雅疏證》整本值得借鑒的資料非常豐富。

北宋陸佃的《埤雅》今有二十卷，包括《釋魚》二卷、《釋獸》三卷、《釋鳥》四卷、《釋蟲》二卷、《釋馬》一卷、《釋木》二卷、《釋草》四卷、《釋天》二卷。集中解釋了"桃""甘棠""梅""李""楓""槐""棗""棘""木瓜""穀""楊""柚""橘""唐棣/栘""常棣""栗""柳""楸""櫻桃""柏""梧""桐""柘""椒""梓""榛""槢""樕""桂""枌""棋""竹""蓬""蒿""蘩""荇""藻""海藻""蕭""菠""虞蓼""萑""芥""芡""蔥""菘""蒲盧""蘢""長楚""薗蔞""蘪蕪""蘋""蓍""葦""莢"等植物。①

宋代羅願著《爾雅翼》，其中《釋草》八卷、《釋木》四卷，其特點是以文學詩賦、俗語逸聞説明植物草木的形態、名稱。在此略舉數例——茈草："茈即紫也，以其可染紫，故名茈。"蕨又稱蘩："俗云其初生似蘩脚，因以名焉。"葵："《説文》云：'揆，葵也。'即所謂揆之以日者。"蒿："孫炎乃云：帝登蒿山，遭蒴芋草毒，將死，得蒜，乃噬之解毒，乃收植之，能殺蟲魚之毒，攝諸腥膻，則是蒿是山名，其上出蒜耳。"莍："莍，茎豬，郭氏以爲五味，今五味子是也。皮肉甘酸，核中辛苦，都有鹹味，味既具矣，故其字從味。"蕵："《陳風》男子悦女，比之曰'視爾如蕵'，言如戎葵之葉小而可愛也。"②書中所輯各地異名、俗稱是瞭解植物主要特徵的關鍵，將其與古稱、雅言關聯，能有不少發現。不足之處在於，作者有追求發明異説的傾向，部分名稱的解釋缺乏足夠證據。

此外，還有明朱謀㙔撰的《駢雅》、方以智《通雅》，清代吳玉搢的《別雅》、洪亮吉《比雅》等。從《孔叢子》中輯出的《小爾雅》，依類編排，《廣名》《廣服》《廣器》《廣物》等篇收錄木部、艸部名物詞，可與《爾雅》及其他雅類書參互比照。

三 《詩》與三禮

在《論語·陽貨》篇中，孔子勸誡他的弟子："小子！何莫學夫

---

① 參見（宋）陸佃《埤雅》，浙江大學出版社2008年版。
② 參見（宋）羅願《爾雅翼》，黃山書社1991年版，第40、43、44、53、73、88頁。

《詩》?《詩》,可以興,可以觀,可以群,可以怨。邇之事父,遠之事君。多識於鳥獸草木之名。"《詩》是我國最早的詩歌總集,常借飛禽植物起興作喻,抒發情性、表露志意,其中十五國風記録各地風物尤多。同時這部詩集也是儒家經典之一,對於追求"致知格物"的儒家學者來説,《詩經》名物考證和《爾雅》一樣有着悠久的傳統。不過像毛傳、鄭箋以及相關注疏偏重於由名物而探討經義,其目的是疏通文句,爲讀經服務。專門考釋《詩經》名物的作品當首推西晉陸機的《毛詩草木鳥獸蟲魚疏》,共上下兩卷,上卷釋草木,下卷釋鳥獸蟲魚等動物。但木部和艸部字的釋名在陸機的書中仍然不多,大概祇有蒹葭、荣、芍藥和棠(杜)。

清代小學大盛,出了幾種從文字訓詁方面深入研究《詩經》名物的著作,如牟應震《毛詩物名考》七卷。徐鼎所撰《毛詩名物圖説》,上半頁有圖,下半頁徵引他書,或加按語,解釋植物形態、用途及得名原由。馬瑞辰《毛詩傳箋通釋》在毛、鄭基礎上增加文字考訂,如《詩·小雅·巧言》:"荏染柔木,君子樹之。"毛傳:"荏染,柔意也。柔木,椅、桐、梓、漆也。"鄭箋:"此言君子樹善,木如人心思數善言而出之。"馬瑞辰曰:

> 荏染二字雙聲。荏者,絭之假借。《説文》:'絭,弱貌。'又與恁同。《廣雅》:'恁、絭,并云:'柔也。'又曰:'恁,弱也。'染者,冄之假借。《説文》:'冄,毛冄冄也。'段玉裁曰:'冄冄者,柔弱下垂之貌。'《説文》又曰:'姌,柔長貌。'亦从冄會意。《傳》以柔木爲椅、桐、梓、漆,而《箋》以善木申釋之,蓋讀柔如'柔嘉維則'之柔,柔即善也。非泛言柔弱之木。①

梓木文理細緻而柔韌,是建築、造船和製器的嘉木,因此稱荏染、柔木。②

日本學者對《毛詩》也頗有研究,例如岡元鳳纂《毛詩品物圖考》,分六卷,每卷包含幾首詩,在原文之後引用毛傳、詩集傳和其他文獻對名物詞作簡要説明,個別加有按語。前兩卷草部和木部中直接討論命名理據的有"卷耳""蘩""蓬""諼草""蓷""蒹""楚""鬱李"等。③細井

---

① (清)馬瑞辰:《毛詩傳箋通釋》,中華書局1989年版,第653頁。
② 參見夏緯瑛《植物名釋札記》,農業出版社1990年版,第184頁。
③ 參見[日]岡元鳳纂,藝文類聚編《毛詩品物圖考》,浙江人民美術出版社2017年版。

徇《詩經名物圖解》分植物卷和動物卷兩大部分，繪圖較岡元鳳的插圖更爲精美，使讀者對《詩》中的草木植物能有直觀的感受。

學《禮》有四端：一曰禮之義，二曰禮之節，三曰百官之職，四曰禮之具，四者中以禮之具爲先要。① 《周禮》《儀禮》《禮記》有關的禮器、樂器、宮室、車馬、武備、斂具等名物，鄭玄注三《禮》時或有説明，如《儀禮·士冠禮》："尊於房户之間，兩甒有禁。"鄭玄注："禁，承尊之器也。名之爲禁者，因爲酒戒也。"與《詩》相似，禮學的名物考據偏重形制、位置和在禮節儀式中的次序、意義，并非專門爲了解釋命名的理據。可參考者有宋代聶崇義《新定三禮圖》關於槁、柷、枏、楅、朱極三、楚焞、菁韇、車蓋、桓圭、概尊、禁、梜、鉶柄、碗俎、棋、箸尊、纊極、衺、析、杭席、苞、茵、桁、椑、柳車等器用的圖和解説。清代黄以周《禮書通故》卷四九《名物圖》中的櫛、桓圭、英蕩、箸尊、概尊、禁、斯禁、陳饌梜、椀俎、棋俎、槃、柄、橋、杖、拊相、柷、蒯桴、楅、朴、朱極、楔、苞、茵、桁、柩車、柩飾等。

《考工記》是記録先秦手工業技術的專著，今收入《周禮》，以充《冬官》，除鄭玄注、賈公彦疏外，清戴震著《考工記圖》二卷，程瑶田《考工創物小記》八卷、《磬折古義》一卷，兼考據與圖解。程瑶田另有《九穀考》《螺蠃轉語記》對動植物釋之甚詳。

四 《山海經》《博物志》與醫藥本草類著作

《山海經》大致成書於戰國時期，關於這本充滿了上古神話、異域風情、奇珍異獸的作品，其性質是信史還是小説在歷史上爭論不休。不過最早爲《山海經》作注的郭璞是視之爲"實録"的，《山海經·西山經》："又西六十里曰石脆之山，其木多椶樹。"郭璞注："椶樹高三丈許，無枝條，葉大而員，枝生梢頭，實皮相裹，上行一皮者爲一節，可以爲繩，一名栟櫚。音馬駿之駿。"椶猶棕櫚，有棕皮纖維，如馬的鬃毛，故名椶。明代楊慎著《山海經補注》，條目不多但於郭注有所補充，如《山海經·南山經》："洵山，洵水出焉，而南流注於閼之澤，其中多茈蠃。"郭璞注："紫色螺也。"楊慎補注："螺色白，磨之則紫文生，余親見之。"與羅願《爾雅翼》釋"茈草"爲紫草同。清吴任臣《山海經廣注》及郝懿

---

① 參見錢玄《三禮名物通釋》自序，江蘇古籍出版社 1987 年版。

行《山海經箋疏》則增加了更多辨析和疏解。

古時，博聞強記是衡量"君子"智識的一條標準，尤其到漢晉時期，博物學大盛，被譽爲"博物洽聞，世無與比"的張華著《博物志》，隨後宋代李石《續博物志》、明游潛《博物志補》、董斯張《廣博物志》等遞相仿效，清代編修《古今圖書集成》有《博物彙編》一卷，其中就包括《草木典》。這些典籍正如其名"博"和"彙"，多藝文典故、形態特徵的匯集。而從實際用途來分，植物、器具又是農耕、醫藥、建築、手工等着重關注的內容。以醫藥爲例，中藥取動植物或金石礦物爲原料，但名實之間的對應却往往存在差異，明代李時珍就在繼承前代著述的基礎上撰《本草綱目》，專闢，"釋名"一項，列出各個異名，以及形態、用途、得名原因等，略舉幾例：

肉蓯蓉〔釋名〕肉鬆容、黑司命。〔時珍曰〕此物補而不峻，故有從容之號。從容，和緩之貌。

秦艽〔釋名〕秦糺、秦爪。〔恭曰〕秦艽俗作秦膠，本名秦糺，與糾同。〔時珍曰〕秦艽出秦中，以根作羅紋交糾者佳，故名秦艽、秦糺。

白芷〔釋名〕白茝……〔時珍曰〕王安石字説云：茝香可以養鼻，又可養體，故茝字從臣。臣，養也。

蘆〔釋名〕葦、葭……〔時珍曰〕按毛萇《詩》疏云：葦之初生曰葭，未秀曰蘆，長成曰葦。葦者，偉大也。蘆者，色盧黑也。葭者，嘉美也。①

同時李時珍也關注到外來詞音譯的問題，并非僅從字面上強行解釋，如："茉莉〔釋名〕奈花〔時珍曰〕嵇含《草木狀》作末利，《洛陽名園記》作抹厲，佛經作没利，《王龜齡集》作没利，《洪邁集》作末麗。蓋末利本胡語，無正字，隨人會意而已。"②

另，明代王象晉《群芳譜》、清汪灝等《廣群芳譜》，以及吳其濬《植物名實圖考》等對草木植物形態、名稱多有著錄。

---

① （明）李時珍：《本草綱目》（校點本），人民衛生出版社1975年版，第727、783、845、1001頁。

② （明）李時珍：《本草綱目》（校點本），人民衛生出版社1975年版，第895頁。當然，關於茉莉原產地的問題還存在爭議。

五　現代研究專著及論文

現代的著作、論文主要圍繞以上諸如《說文》《釋名》《爾雅》《詩經》《山海經》等典籍進行校勘整理、詞彙考釋和專名研究。劉興均《〈周禮〉名物詞研究》，是從語源的角度來釋義。論文有賈雯鶴《〈山海經〉專名研究》（四川大學博士論文，2004年），李艷《〈說文解字〉所收蔬菜及糧食作物詞疏解》（浙江大學博士論文，2006年），曾令香《元代農書農業詞彙研究》（山東師範大學博士論文，2012年），韓忠治《〈農政全書〉詞彙研究》（河北師範大學博士論文，2014年），以及碩士學位論文，篇數較多不再贅舉。胡繼明《〈廣雅疏證〉同源詞研究》（四川大學博士論文，2002年）、王建莉《〈爾雅〉同義詞考論》（浙江大學博士論文，2004）也有所涉及。

出土文書的物品名稱，有些在傳世文獻中已經出現，而有些涉及俗名、特産、宗教的則較爲罕見。蔣禮鴻《敦煌變文字義通釋》、曾良《敦煌文獻字義通釋》是兼名物考證與文字考釋的兩本著作。杜朝輝《敦煌文獻名物研究》（浙江大學博士論文，2006年）、張春秀《敦煌變文名物研究》（南京師範大學博士論文，2013年）、黑維强《敦煌吐魯番社會經濟文獻詞彙研究》（蘭州大學博士論文，2005年）和不少單篇論文都有部分考證。

綜合性的名物研究，如夏緯瑛《植物名釋札記》共308條，於慣用、俗稱的名字後常常列有現代植物學專名和英譯，并廣泛徵引文獻解釋名稱的由來，其中辯駁了不少習以爲常的說法。如：樟，李時珍《本草綱目》及王象晉《群芳譜》謂木有文理故名樟，夏緯瑛則將樹木之名樟與動物的獐相聯繫，認爲取義於氣味顯著。[1] 譚宏姣《夏緯瑛〈植物名釋札記〉補正》對個別條目發表了不同觀點。譚宏姣博士學位論文《古漢語植物命名研究》（浙江大學博士論文，2004年）現已出版成書。

孫機《漢代物質文化資料圖說》和《中國古輿服論叢》著錄了大量考古發現和器物的手繪圖，并結合文字來說明器物的名稱和形制。黃金貴《古代文化詞義集類辨考》按照國家、經濟、人體、服飾、飲食、建築、交通、什物分類，將義近之字匯集一處，探討共性中的特性。以類爲對象

---

[1] 參見夏緯瑛《植物名釋札記》，農業出版社1990年版，第42頁。

的論文有廖敏《中國古代農具命名研究》（西南大學碩士論文，2009年）、朱遠璋《古楚方言器物詞考釋》（中南民族大學碩士論文，2015年）等。

第二節　名物詞釋例

儘管前人已有豐碩的研究成果，但部分名物詞的得名緣由却被遺漏未作解釋，或者諸家解説不同。故擇幾例進行説明。

【芝】

芝本義是靈芝，《説文・艸部》："芝，神艸也。"也通"芷"，指一種香草。神草或香草受人喜愛，因此"芝"就帶上了美好、高尚的寓意。《孔子家語・在厄》"芝蘭生於深林"，"芝"從艸從之，之與止同，或許就取義於需入深山才能獲得瑞草。"芝"還用於"芝麻"這一名稱。芝麻原稱胡麻，是重要的油料作物，因此也被稱爲"油麻""脂麻"。"芝麻"當是"脂麻"的同音替换。

【葪】

葪，草名。在《爾雅・釋草》中有兩條記載："葪，王蔧。"郭璞注："王帚也，似藜，其樹可以爲埽蔧。江東呼之曰落帚。"又"葪，山莓。"郭注："今之木莓也。實似麃莓而大，亦可食。"木莓也叫作普盤、懸鉤子，懸鉤樹高四五尺，枝幹挺立而叢生，其莖白色，有倒刺，葉有細齒。王蔧又叫地膚，屬藜科草本植物，"一科數十枝，攢簇團團直上，"① 幼時莖枝較嫩，將老時可製成掃帚，故在"蔧"的基礎上加"艸"，別名"王蔧"。另有幾種植物也被稱爲"葪"，例如《通雅》卷四四記載："鄭漁仲則以葪王蔧爲椶櫚。方言木細枝曰葵。"② 椶櫚本身的得名是由於具有與馬鬃毛相似的堅韌細密的纖維，也可製成帚；椶櫚無枝有葉，葉的裂片尖鋭硬挺，如同芒刺。從這些形態來看，山莓、王蔧、椶櫚名"葪"或都來源於"箭"。而"車前"有時寫作"車葪"，則衹是表明了它的植物

---

① （明）李時珍：《本草綱目》（校點本），人民衛生出版社 1975 年版，第 1059 頁。
② （明）方以智：《通雅》，中國書店 1990 年版，第 531 頁。

屬性。

【茛】

"茛"一般也指兩種植物，一爲毛茛，"多年生草本植物，莖葉有茸毛，單葉，掌狀分裂，花黃色，有光澤，果穗作球狀。植株有毒，可入藥"；[1] 一爲野葛，也叫作鉤吻、斷腸草。夏緯瑛據《本草綱目》"《肘後方》謂之水茛，又名毛建，亦茛字音訛也。俗名毛堇，似水堇而有毛也"，認爲"毛茛"是"毛堇"的音轉。在"堇"條又解釋道："堇"一指堇菜，因植株細小而名堇；一指烏頭，又名"芨"，"芨"與"戟"同音，凡物有毒能戟刺人者可以名"戟""芨"或"堇"。[2] 按，夏說是，在此略作補充。"堇"與"緊"真文旁轉，與"及"聲近韻部文緝對轉，因此也寫作"芨"。"緊""急""及"都有"收縮""收緊"的含義，例如"及"是距離變小，"急"是時間短小，"緊"是距離、體積或心理狀態上的收緊。植物名"堇"一方面偏指外觀上的細小，一方面偏指有毒而使中毒之人腸胃抽搐。"蘇恭云：毛茛是有毛石龍芮也。"[3] "芮"與"柔""細"相關，毛茛的莖也比較細小，因此毛茛之名"茛"既有外形的因素，又有藥性的考慮。而"鉤吻"在語音上是"茛"的緩讀，語義上與毒性相關，因此陶弘景云"鉤吻言鉤人喉吻，入腹爛腹"可以說是形象化的表達。

【葵】

《詩·豳風·七月》："六月食鬱及薁，七月亨葵及菽。"我國古代的"葵"大多指的是葵菜，也叫滑菜，即現代植物分類學上所稱的錦葵屬植物冬葵（Malva verticillata），幼苗及嫩莖葉可食用。[4] "葵"從艸癸聲，"'癸'是'揆'的古字。從'址'，象兩腳。古人以手足爲測量深、長的標準。伸臂爲尋，所以手有度量之義。《說文》說'寸，法度也，亦手也。'——凡表示法度之義皆從'寸'。測土地用步、跬，所以從'址'

---

[1] 參見羅竹風編《漢語大詞典》第九卷，上海辭書出版社2008年版，第396頁。
[2] 參見夏緯瑛《植物名釋札記》，農業出版社1990年版，第167—169頁。
[3] （明）李時珍：《本草綱目》（校點本），人民衛生出版社1975年版，第1224頁。
[4] 參見馬剛、王寶卿《葵菜的起源發展變遷及其影響研究》，《中國農史》2016年第1期。

之字有測量義，與從'寸'之字有法度義相同"①。也就是邁開腿進行測量。"圭"也可當作一種測量工具，量度日影時，垂直於地面的爲"表"，水平放置於地面的名"圭"。"奎"從大圭聲，指兩髀之間，與"跨""跬"等同源，有張大之義。"葵"在見母脂部，"圭"在見母支部，聲同韻近。"葵"以"癸"爲聲，當也與"大"的含義相關。視冬葵的葉片較其他蔬菜而言更大，正如"芋"由於"大葉實根"而得名的理據相同。本草中收録有蜀葵、龍葵、大黄葵（向日葵，原産於美洲），都有較大的葉片，此即名"葵"的緣由。

【蓡】

《説文·艸部》："蓡，人蓡，藥艸，出上黨。""人蓡"也就是通常所説的"人参"，"参"本義爲参星，西方白虎七宿之一，字形從晶（星）、㐱聲，從本義看"人参"之"参"當爲俗寫，本字作"蓡"。不過在讖緯的影響下，人們把天文現象與地理物候聯繫起來，如《春秋運斗樞》曰："揺光星散爲人参。廢江淮山瀆之利，則揺光不明，人参不生。"人参因其外形似人，被當作神艸看待，解説名稱時也帶有神秘的色彩：

〔時珍曰〕人薓年深，浸漸長成者，根如人形，有神，故謂之人薓、神草。薓字從薓，亦浸漸之義。薓即浸字，後世因字文繁，遂以參星之字代之，從簡便爾。然承誤日久，亦不能安矣，惟張仲景《傷寒論》尚作浸字。《别録》一名人微，微乃薓字之訛也。其成有階級，故曰人銜。其草背陽向陰，故曰鬼蓋。其在五參，色黄屬土，而補脾胃，生陰血，故有黄參、血參之名。得地之精靈，故有土精、地精之名。②

而夏緯瑛主要從植物形體出發，進行解釋：

---

① 陸宗達、王寧：《古漢語詞義答問》，中華書局 2018 年版，第 54 頁。"癸"的本義仍有爭議，朱駿聲、羅振玉等學者的説法，認爲"癸"是"戣"的本字，表示兵器，參見鄒曉麗《基礎漢字形義釋源》，中華書局 2007 年版，第 223—224 頁。

② （明）李時珍：《本草綱目》（校點本），人民衛生出版社 1975 年版，第 699 頁。

《廣雅·釋器》："鋟，錐也。""鋟"與"蔞"爲同聲之字，亦可同義。人蔞之根作錐形，而又有分歧，若人之有四肢者，故名爲"人蔞"耳。①

"鋟"不見於《說文》，有異體作"韱"，指錐形銳利的器具，動詞用法表示鐫刻。人參藥用價值主要在根，外形確如纖細的錐形，此說似可從，但略顯迂曲，且"鋟"晚出，却舍"韱"取"浸"爲聲符不合常理。察與"浸"同聲符的"侵""駸""祲"都有往前進取的含義。疑"蔞"的取名着眼於根鬚在地下朝縱深或旁側延展生長。"人以天地之氣生，四時之法成"，②人形植物根鬚在土中蔓延，似吸收土地之精華而成，故又名"地精"；有滋補人體的作用，又名"海腴"。"蔞""參"同在生母侵部，"浸""滲"音義俱近，"人蔞"寫作"人參"也就不足爲奇，還有"蓡""葠"等其他寫法。在此基礎上，根據外形、功用、產地等差別又有了"沙參""紫參""丹參""黄參""高麗參"等不同品種名稱。

【菊】

《說文·艸部》："菊，大菊，蘧麥。"大菊又名瞿麥，多年生草本植物，種子如燕麥。同時菊也是菊科植物的名稱，即今天最常見的菊花。這裏所討論的是菊花的命名。大致有兩種主要解說：

（1）李時珍《本草綱目·草部》："按陸佃《埤雅》云：菊本作鞠，從鞠。鞠，窮也。《月令》：九月，菊有黄華。華事至此而窮盡，故謂之鞠。"③

（2）黄侃《爾雅音訓》："蘜之名以似麴塵也，《周禮·內司服》'鞠衣'，注：'鞠衣，黄桑服也，色如麴塵。'此蘜之得名，亦以黄如麴矣。"④

按，菊花開在秋季，但冬季仍有臘梅、水仙、蘭花開放，且都是常見的品種，以"華事至此而窮盡"解釋菊不符合常識。菊花多黄色，清吴

---

① 夏緯瑛：《植物名釋札記》，農業出版社1990年版，第14頁。
② 周鴻飛、范濤點校：《黄帝内經素問》，河南科學技術出版社2017年版，第48頁。
③ （明）李時珍：《本草綱目》（校點本），人民衛生出版社1975年版，第929頁。
④ 黄侃述，黄焯編次：《爾雅音訓》，上海古籍出版社1983年版，第223頁。

其濬《植物名實圖考》："雩婁農曰：菊種至繁，而或者爲真菊之說，獨以黃色爲正色。"因此菊色黃似麴塵的說法也最容易被接受，夏緯瑛《植物名釋札記》即贊同此說。

麴在《説文》裏寫作䴹："䴹，酒母也。从米，𥷚省聲。"𥷚象拘繫犯人進行審問，也作鞠。鞠同鞫，鞫字從革匊聲，《説文·勹部》："匊，在手曰匊。从勹米。"本義是用手掬，故以匊爲聲的字多有屈曲團聚之義。蹴鞠之"鞠"，是革製的皮球；鞠躬的"鞠"，身體彎曲下來；鞫身的"鞫"，或許取義於拘問。酒麴從原始的碎塊鬆散狀經過加工變成團麴或餅麴（經過壓製但仍有一定厚度），《齊民要術·造神麴并酒》載之甚詳：

> （作三斛麥麴法）七月取中寅日，使童子着青衣，日未出時，面向殺地，汲水二十斛。勿令人潑水，水長亦可泄却，莫令人用。其和麴之時，面向殺地和之，令使絕強。團麴之人，皆是童子小兒，亦面向殺地。有污穢者不使。不得令人室近。團麴，當日使訖，不得隔宿。屋用草屋，勿用瓦屋。地須净掃，不得穢惡；勿令濕。畫地爲阡陌，周成四巷。作"麴人"，各置巷中，假置"麴王"，王者五人。麴餅隨阡陌比肩相布。①

則麴即是團塊狀的物體，俗又作麯，或直接寫作曲，酒曲。再看菊，菊花是我國本土原産的花卉品種，其原祖被認爲是野菊、甘菊或小紅菊。這些菊花在莖頂有傘狀花序分枝，中部花心呈半圓形，一般爲黃色，而後世經過栽培的觀賞性品種除了花心外，花瓣也有向內彎曲包籠的形狀。陸佃《埤雅》卷一七："菊……一曰鞠如聚金，鞠而不落，故名'鞠'。"② 麴、菊都有團屬的屬性，至於鞠衣的黃色是由於麴塵還是菊花則不可知。③

總而言之，從字形和語源來看，菊花的命名最主要的依據還是這類植

---

① 繆啓愉：《齊民要術校釋》，農業出版社 1982 年版，第 359 頁。
② （宋）陸佃：《埤雅》，浙江大學出版社 2008 年版，第 171 頁。
③ 一般顏色詞多根據自然界中的常見動植物色彩命名，如藍來自蓼藍、橙來自橙子、皂的黑色義來自皂斗，則菊黃色很可能就是指菊花的顏色，而非從麴塵得名、菊花再因色如麴塵而名菊。

物的花向內團聚的形態。

第三節 名源探索與核心義研究的關係

　　木部、艸部字詞中包括了大量解釋花草樹木、宮室器具等名物的專有名詞，它們的特點在於內涵豐富而外延很窄，也就是指稱明確、意義固定，可供聯想或引申的空間較小。在一般情況下，一個詞包含的義項越多越豐富，核心義統攝的功能就越顯著，分析的價值就越高。因此，這些專名很大一部分并不適合於核心義的分析，研究的重點應當是多義詞。但是多義詞中如果涉及名物，就需要具體區分對待。

一　命名理據不明例

　　由於年代久遠、資料缺乏，相當一部分名物詞的命名理據無法查考；有些是俗稱或俗字，在文獻中記載較少，具體所指有時也不甚明瞭。這類名物詞暫且擱置不議，如：

　　荼：tú ①苦菜。③茅草、蘆葦之類的白花。④雜草。chá 同"茶"。shū ①玉板，古朝會時所執。

　　柂：①〔柂櫨〕木名。②〔柂櫨〕1.濾酒器。2.屋柱上的橫方木。

　　杼：zhù ①織布的梭子。④通"序（xù）"。墙。⑤通"芧"。水草。shù ①木名。櫟樹，即殼斗科的"麻櫟"。

　　柞：zuò ①木名。柞木，大風子科，常綠灌木或小喬木。②木名，即麻櫟。③山名。④古代國名。zé〔柞鄂〕，捕獸裝置。zhà〔柞水〕水名。漢水支流。

　　榯：①木名。②古代盛酒的器皿。

　　桓：①本指古代郵亭旁邊用爲表識的柱子，後也泛指寺、墓、橋梁等用作表識或其他用途的柱子。⑤木名。葉似柳，皮黃白色。⑥山名。在今江蘇省銅山縣東北。①

---

① 參見漢語大字典編輯委員會編纂《漢語大字典》九卷本（第二版），崇文書局、四川辭書出版社 2010 年版，第 3434、1243、1260、1268—1269、1340、1280 頁。

像這樣具備兩個或多個義項，主要用來指稱名物，且各名物之間意義聯繫不明顯的在木部艸部字詞中占了絕大多數。特別是《説文》《玉篇》《廣韻》《集韻》中收録的詞義往往衹簡單地表述爲"草名""木名"，就無法對其形態特徵作更深的追究。

二 得名來源於借字、比擬、諧音、音譯、音轉例

蓽茇，是一種植物的名稱，《南方草木狀》記載："蒟醬，蓽茇也。生於藩國者大而紫，謂之蓽茇；生於番禺者小而青，謂之蒟焉。可以調食，故謂之醬焉。交趾、九真人家多種，蔓生。"① 詞形也寫作畢勃、逼撥、畢茇，則蓽茇是外來的音譯詞，② 無法根據蓽、茇的詞義解釋之。

檀，可指很多不同種類的樹木，現在最常用的意思是檀香木。按字形構造，檀從木亶聲，亶的本義是穀物充實倉廩，引申爲篤厚、嘉善。《詩經》中有名爲檀的樹木，《詩·魏風·伐檀》："坎坎伐檀兮，置之河之干兮，河水清且漣猗。"又《鄭風·將仲子》："將仲子兮，無逾我墻，無折我樹檀。"毛傳："檀，彊韌之木。"檀木木質强勁堅韌，可以做車的部件，這是它得名的來由。而檀香木原產印度等地，全名旃檀，是梵語 Santalum 的音譯，③ 因檀香木呈紅色，檀也有了絳紅這一詞義。故檀香木這一義項不能歸入由亶衍生的檀一組詞中。

音轉、比擬、諧音、聯綿等也同樣不在核心義所涉及的範圍内。如：

【蕪】

蕪的本義是荒蕪，《説文·艸部》："蕪，薉也。从艸無聲。""薉"與"蕪"互訓，都是指田地被雜草覆蓋而荒蕪（不過"薉"强調的是不分明，"蕪"强調不去治理，最後都指向草肆意生長）。從表象上説，是雜草叢生，轉指叢生的雜草。泛指雜多、冗餘，通常指文辭繁複，《世説新語·文學》第89則："孫興公云：'潘文淺而净，陸文深而蕪。'""潘"指潘岳，"陸"指陸機，這裏孫綽評價陸的文風深刻但過於蕪雜。從結果上説是荒廢，《楚辭·劉向〈九歎〉》："孽臣之號咷兮，本朝蕪而不治。"

---

① （晉）嵇含：《南方草木狀》，廣東科技出版社 2009 年版，第 15 頁。
② 參見（明）李時珍《本草綱目》，人民衛生出版社 1977 年版，第 872 頁。
③ 參見夏緯瑛《植物名釋札記》，農業出版社 1990 年版，第 41 頁。

這句既可理解爲朝中之人雜亂，也可理解爲朝政荒廢。

除以上詞義外，"蕪"還是植物蘼蕪的構成語素。其命名理據衆説紛紜：（1）羅願《爾雅翼》引《少司命》曰："秋蘭兮蘼蕪，羅生兮堂下，緑葉兮素枝，芳菲菲兮襲予。夫人兮自有美子，蓀何以兮愁苦？"據此，他認爲："蘭有國香。人服媚之，古以爲生子之祥，而蘼蕪之根，主婦人無子。"[1]（2）李時珍《本草綱目》："蘼蕪，一作蘪蕪，其莖葉靡弱而繁蕪，故以名之。"[2]（3）《上山采蘼蕪》詩云："上山采蘼蕪，下山逢故夫。"崔豹《古今注·問答釋義第八》："牛亨問曰：將離別，相贈之以芍藥者何？答曰：芍藥一名可離，故將別以贈之。亦猶相招召贈之以文無；文無一名當歸也。"[3]"文無"即"蘼蕪"，又名當歸。夏緯瑛於是將蘼蕪解釋作"覓夫"："'蘼蕪'與'覓夫'同意，可以隱喻思念丈夫之意。丈夫出外，婦思而欲覓之，則丈夫自當歸來。藥名也用隱語。隱其'蘼蕪'或'文無'之名，故即可稱之爲'當歸'。"[4]

（1）、（3）説有牽强附會之嫌。李時珍謂蘼蕪指莖葉靡弱而繁蕪，從字面上較爲可信，牆蘼就是取義於草蔓柔靡、依牆而生。但將植物名與鳥獸名結合起來，則又別有一解，王國維將蘼蕪與綿馬、木髦、蠓蠛聯繫起來，這些動植物的外形特徵都有"小"義。[5]《爾雅·釋草》："蘄茝，蘼蕪。"郭璞注："香草，葉小如萎狀。《淮南子》云：'似蛇床。'《山海經》云：'臭如蘪蕪'。"則蘼蕪是個聯綿詞，由於詞形的影響而帶有蔓生柔弱之義。蘼蕪的蕪不在由草長荒蕪出發的引申範圍内，不受核心義"雜亂"的制約。

三　命名理據與詞義引申相關例

（一）作爲同源詞核心義磁場的組成部分

名物詞的命名理據有時可通過字形結構推測出來，這也是漢語木部艸部字詞構造上的一個突出特點，即在省聲或省形的基礎上添加木旁或艸旁，組成新的形聲字。例如：芫，既指禽獸巢穴中的薦草，又指秦芫，一種根可作

---

[1]（宋）羅願：《爾雅翼》，黄山書社1991年版，第21頁。
[2]（明）李時珍：《本草綱目》，人民衛生出版社1977年版，第841頁。
[3]（晉）崔豹：《古今注》，中華書局1985年版，第21頁。
[4] 夏緯瑛：《植物名釋札記》，農業出版社1990年版，第50—51頁。
[5] 參見王國維《爾雅草木鳥獸蟲魚疏》，《觀堂集林》第二册，中華書局1961年版，第223頁。

中藥的草。李時珍《本草綱目》說道："秦艽出秦中，以根作羅紋交糾者佳，故名秦艽、秦糾。"① "艽"以九爲聲符，"九"象"屈曲究盡之形"。② 類似的還有"芳""芐""茋""扰""蓀""蘩""蓼""蕁""薑""枱""桱""桯""樄""槝"等，其聲符提示了語源，即可放入同源詞核心義磁場中（當然還要看源詞有無核心義分析的必要）。接著再舉幾例。

【梳】

梳與篦都是梳理頭髮的工具，"篦"以比爲聲，齒較密集；"梳"從木、疏省聲，齒較稀疏。"據衣飾史專家研究，梳子尚未發明以前，人們多以手指梳理頭髮。到了新石器時代中期，梳子開始出現在獸骨的一端，銼上幾個尖角，就算作梳齒。後來梳子的形制日益完善，但是與齒細而密的篦子相比，梳齒仍然是很粗疏的。"③ 早期"梳"通常寫作"疏"，因木制梳子漸多而改爲木旁。由名詞轉爲動詞，指整理頭髮，泛指整理、梳理，徐鍇《説文解字繫傳》："梳之言導也。"爲了保證通而能導，需要清除障礙、將凌亂糾纏的物體分開，因此梳有分割義。可見"梳"的詞義引申方向與"疏"基本保持一致，它們的核心義都是"開闊"。④

【桐】

桐指幾種不同的用具：抬舉食物的桌案一類器具、有錐防滑的屐、抬土的工具、棋盤。"桐"從木局聲，局是曲、促，限定在一個狹小的範圍內，它的核心義是"有邊界的狹小區域"。⑤《説文·口部》："局，促也。从口在尺下，復局之。一曰博，所以行棋。象形。"徐鍇《繫傳》："人之無涯者唯口耳，故君子重無擇言，故口在尺下則爲局。又人言幹局取象於博局，外有垠埒周限可用，故謂人材爲幹局。口在尺下則爲會意，象博局形。"又《説文·木部》："梟，舉食者。"段注："按梟、桐二字同。梟，四周有圍，無足，置食物其中，人舁以進。""桐"當作抬土用的工具，

---

① （明）李時珍：《本草綱目》（校點本），人民衛生出版社 1975 年版，第 783 頁。
② （東漢）許慎：《説文解字》，中華書局 1963 年版，第 308 頁。
③ 杜朝暉：《敦煌文獻名物研究》，中華書局 2011 年版，第 37 頁。
④ 見王雲路、王誠《漢語詞彙核心義研究》，北京大學出版社 2014 年版，第 133 頁。
⑤ 王雲路、王誠：《漢語詞彙核心義研究》中"局"的核心義是"分隔的狹小區域"，見第 257 頁。

可能也是周圍有遮擋物的筐；登山穿的桐能輔助人穩定在坡道上防止滑落。桐的核心義也可以歸納爲"有邊界的狹小區域"。

【楦】

楦，做鞋用的模型。《說文》未收，但有楥字："楥，履法也。"徐鍇《說文解字繫傳》："楥，織履中模範也，故曰法。"在這些字書中，"楥"是正字，"楦"是俗字。"楦"從木、宣聲，宣从宀、亘聲。亘象回水之形，本義是回旋，因而有四周回環、周遍之義。宣字從亘得聲，可以指天子的宮殿大室；周遍、普遍；宣傳、散布；彰顯、宣揚等，它的核心義是侈大。① "楦"有將物體中空的部分填實或撐大這個義項，清李漁《閑情偶寄》："鞋與履之未經楦者，因其皺而未直，故淺者似深，淡者似濃，一經熨楦之後，則紋理陡變，非復曩時色相矣。"由此知鞋楦就是用模型將內部撐起來，使表面平整而具備一定的形狀。"楦"共享"宣"的核心義"侈大"。

【薰】

薰草是一種香草，又名蕙草、黃零草、零陵香。《左傳·僖公四年》："一薰一蕕，十年尚猶有臭。""臭"在這裏義爲氣味，"薰"與"蕕"相對，薰草的名稱來自這種草能散發出香氣。古時有用香薰灼藥草進行沐浴、齋潔、祭祀的習俗，《周禮·春官·女巫》："女巫掌歲時祓除釁浴。"鄭玄注："歲時祓除如今三月上巳如水上之類，釁浴謂以香薰草藥沐浴。"薰草的香氣能熏染人，給人舒適溫和之感，當作形容詞時表示溫和的，如"薰風""薰然"；用作名詞時，可指煙氣或和風，宋方回《三月十七夜大雷雨用韻酬俞好問四首》："花盡春殘不須惜，好謀歸棹趁南薰。"

用作動詞時，詞義虛化，引申爲漸染、侵染，不僅可表示受到美好事物、品性的薰陶，也可表示接收到壞的、惡劣的影響。《易·艮卦》："九三：艮其限，列其夤，厲薰心。"說的是當止不止，以至於錯過時機、危及自身，危亡之憂薰灼其心。再引申爲漸及、牽連，《漢書·敘傳下》："烏呼史遷。薰胥以刑。"顏師古引《詩·小雅·雨無正》"若此無罪，淪胥以鋪"作對比，謂"胥"爲"相"，"鋪"爲"遍"，"薰者，謂相薰

---

① 參見張聯榮《談詞的核心義》，《語文研究》1995 年第 3 期。

蒸，亦漸及之義耳。此叙言史遷因坐李陵，橫得罪也。"

薰不但指香氣濃郁，也可指其他氣味的濃烈。"葷""薰"同在曉母文部，《儀禮·士相見禮》"夜侍坐，問夜，膳葷，請退可也"，鄭玄注："古文葷作薰"。"葷"訓"臭菜"，也就是有氣味的菜。祇不過在實際使用中，"葷"更多指葱薤等具有刺激性氣味的辛菜，而"薰"偏指具有香氣和熱氣的物品。《爾雅·釋訓》："爞爞、炎炎，薰也。""薰"從艸熏聲，熏象火從窗口上出，因此有燒灼、熏炙、蒸騰、侵襲等詞義。① 因此，"熏""薰"的核心義都可以概括爲"侵染"。

【莞】【菀】

莞，草名。一指蒲草，《爾雅·釋草》："莞，苻蘺；其上蒚。"郭璞注："今西方人呼蒲爲莞蒲，蒚謂其頭臺首也。今江東謂之苻蘺，西方亦名蒲，中莖爲蒚，用之爲席。"一指紫菀，可當藥用，《佩文韻府》卷七六："紫蒨，《本草》：紫菀名紫蒨，其根色紫而柔菀，故名。"又有女菀，李時珍《本草綱目》："女菀〔釋名〕白菀、織女菀、女復，茆。〔時珍曰〕：其根似女體柔婉，故名。"② "菀"從宛得聲，是在宛的基礎上增加了艸部。《說文·宀部》："宛，屈草自覆也。从宀，夗聲。"徐灝《說文解字注箋》："夗者，屈曲之義。宛从宀，蓋謂宫室窈然深曲，引申爲凡圓曲之稱，又爲曲折之稱。"宛可指凹下或隆起，碗就是這樣中間呈圓弧凹進的形狀。或是彎曲、曲折，引申爲說話的宛轉曲折以及心意上的委曲順從。"莞"與"菀"音同義通，則"宛""莞""菀"的核心義都可表示爲"屈曲"。

（二）構成自身的核心義和核心義磁場

記録這一類詞的漢字的構造可以是形聲也可以是其他方式，與上一類相比，這些字詞本身的詞義發展更加豐富，如：

【蘇】

蘇，紫蘇。《爾雅·釋草》："蘇，桂荏。"郭璞注："蘇，荏類，故名

---

① 《說文·中部》："熏，火烟上出也。从中从黑。中黑，熏黑也。"又《黑部》："黑，火所熏之色也。从炎，上出㐭。㐭，古窻字。"

② （明）李時珍：《本草綱目》（校點本），人民衛生出版社1975年版，第1032頁。

桂荏。"郝懿行義疏："《説文》用《爾雅》,《繫傳》云：'荏，白蘇也；桂荏，紫蘇也。'按《方言》云：'蘇，荏也。'則二者亦通名。古人用以和味，鄭注《内則》'薌無蓼'云：'薌，蘇荏之屬也。'陶注《本草》云：'蘇葉下紫而氣甚香，其無紫色不香。似荏者名野蘇，生池中者爲水蘇，一名雞蘇，皆在荏類也。'今按，荏與蘇同，唯葉青白爲異。蘇之爲言舒也，《方言》十云：'舒，蘇也。楚通語也。'然則舒有散義，蘇氣香而性散。"[①] 概括言之，蘇得名於香氣舒散，同時也意味着使人感到舒暢。蘇的其他大部分詞義也都與通順、舒暢相關。

死而復生爲蘇，引申爲生息。《戰國策·楚策一》："秦王聞而走之，冠帶不相及，左奉其首，右濡其口，勃蘇乃蘇。"《吕氏春秋·正月紀》："東風解凍，蟄蟲始振。"高誘注："蟄伏之蟲乘陽始振動蘇生也。"因此蘇的俗字也寫作甦。又可表示蘇息、緩解，《尚書·商書·仲虺之誥》："傒予后，后來其蘇。"孔安國傳："待我君來，其可蘇息。"使他人得到生息就是拯救、解救。虛化後指精神層面的開悟，在朦朧混沌的狀態中醒悟過來。《楚辭·九章·橘頌》："蘇世獨立，横而不流兮。"王逸注："蘇，寤也。"

取草、割草也稱爲蘇。《莊子·天運》："及其已陳也，行者踐其首脊，蘇者取而爨之而已。"成玄英疏："取草曰蘇。"用作名詞義爲被割取的柴草。泛指取、拿。蘇從艸、穌聲，《説文·禾部》："穌，把取禾若也。"朱駿聲《説文通訓定聲》："秆皮散亂，把而梳取之。"穌、蘇和舒、梳、疏、胥同源，將障礙物清理掉使其開闊通暢。流蘇的蘇就是絲綫等物體呈穗狀一條條下垂，而非纏束在一處。

從本義到引申義，從植物名稱到表示其他的含義，蘇都指"舒暢、通順"，這就是蘇的核心義。

【栗】

栗，栗樹及其結的果實栗子。早先常按照《論語·八佾》篇"夏侯氏以松，殷人以柏，周人以栗，曰使民戰栗"來解釋栗的命名，這是一種附會的説法。栗的讀音接近於荔，栗，來母質部，荔，來母錫部。《説文·艸部》："荔，艸也。似蒲而小，根可作㕞。"荔實又叫蠡實、馬帚、

[①]（清）郝懿行：《爾雅義疏》，中國書店1982年版，第20頁。

鐵掃帚，它的根有較堅韌的須，可作刷子和掃帚。芀，木名，羊矢棗，《資治通鑒·唐宣宗大中十二年》有"芀木"，胡三省注："史炤曰：芀，都聊切，又音調。余按《廣韻》，芀，都聊切。又音調者，葦華也，其字從艸、從刀。又《類篇》有從艸、從力者，香菜也，歷得切。昔嘗見一書從艸從力者，讀與棘同。棘，羊矢棗也，此木可以支久……范成大《桂海虞衡志》：芀竹，刺竹也，芒刺森然。"從"芀"本身的詞義來看，"芀"與刺相關。栗的得名也是源自植物本身的特徵，甲骨文字形作 🌿 （前二·一九·三）、🌿 （後二·一六·一三），① 突出栗子果實外殼有星芒狀絨毛。栗有時假借爲音近的裂，《詩·豳風·東山》："有敦瓜苦，烝在栗薪。"鄭玄箋："栗，析也。言君子又久見使析薪，於事尤苦也。古者聲栗裂同也。"裂，來母月部，與來母葉部的鬣音近。鬣，馬頸部的毛，"栗"與"鬣"也音近義通。②

再看栗的其他幾個義項，栗可表示栗子，或者表示結果，果實成熟飽滿，引申爲成就。《詩·大雅·生民》："實堅實好，實穎實栗。"鄭玄注："栗，成就也。"孔穎達疏："栗，爲穀熟貌。"指人的態度、儀容威嚴莊重，或品質的堅韌。《荀子·法行》："溫潤而澤，仁也；栗而理，知也。"楊倞注："鄭云：'栗，堅貌也。'"過於敬畏、謹慎就有恐懼、竦縮之貌，《公羊傳·文公二年》："主者曷用？虞主用桑，練主用栗。"何休注："栗，猶戰栗，謹敬貌。"

則木名栗同在栗的引申義列中，其核心義是"強直"。

名物詞在漢語木部和艸部字詞中占有很大比例，儘管由於材料和能力所限無法對所有名物的命名理據作全面分析，但從已釋的幾個名詞來看，所謂理據不外乎形狀輪廓、大小、顏色深淺、氣味香臭、口味辛辣酸甜、以及作藥作器等用途，這些特徵通常也是這個詞後續引申發展的依據，也就是它的核心義；反過來，根據其他引申的綫索，在核心義統攝的範圍內可以推知植物命名的緣由。

---

① 中國社會科學院考古研究所編：《甲骨文編》，中華書局1965年版，第302頁。
② 參見夏緯瑛《植物名釋札記》，農業出版社1990年版，第278頁。

第二章

多義詞核心義分析的複雜性

核心義最主要的任務是整理多義詞的義項。在處理多義詞時，首先要確定詞的"同一性"，"從漢語詞彙意義的變化考察詞的同一性，面對的問題有兩個：第一，一個字下面的各項意義之間有無聯繫。第二，如果有，是一種什麼樣的聯繫，某項意義有無獨立成詞的可能性"。① 也就是說，最理想的對象是詞形固定、詞義豐富、意義之間聯繫密切，一般有從實到虛的轉變的字詞。不過實際情況遠爲複雜，根據字和詞之間的關係，有三類需要單獨説明，異詞同形、派生同形和同詞異形。

第一節 異詞同形

異詞同形反映的基本上是"同形字"的問題，已有不少學者對此進行了界定和研究。

裘錫圭《文字學概要》認爲同形字包括以下三種類型：（1）"分頭爲不同的詞造的、字形偶然相同的字"，如"鉈"；（2）"由於形借而產生的、用同樣的字形表示不同的詞"，如義爲"收穫"的"隻"和義爲"祇是"的"隻"；（3）"有些本來不同形的字，由於字體演變、簡化或訛變等原因，後來變得完全同形"。② 這是廣義的理解。

蔣紹愚《古漢語詞彙綱要》將其定義爲："同形字是分別爲兩個不同的詞造的字，而結果是形體相同。這樣，同一個字就記錄了兩個詞。"③ 這是狹義的同形字。

---

① 張聯榮：《古漢語詞義論》，北京大學出版社 2007 年版，第 139 頁。
② 裘錫圭：《文字學概要》，商務印書館 1988 年版，第 208—219 頁。
③ 蔣紹愚：《古漢語詞彙綱要》，商務印書館 2005 年版，第 188 頁。

張涌泉《漢語俗字叢考·前言》從造字和用字兩個角度進行説明："由於造字者造字角度的差異或字形演變的關係，俗字往往會發生跟另一個漢字同形的現象，這種形同而音義不同（有時讀音相近或相同）的字，一般稱爲同形字。"①

近幾年出版的著作和相關論文較多，這些成果對於辨析字詞關係、整理詞義發展脉絡有重要參考價值。以張文冠博士學位論文《近代漢語同形字研究》爲例，文中提及的木部、艸部字詞有：荶、蕤、苐、柩、櫝、榛、枒、苍、柚、榕、枛、柢、枕、㧍、蓳、柳、槁、萩、苊、橽、艳、樻、茉、枏、坛、芸、栊、棆、楔、欄、榜、權、櫨、櫙、茸、杕、槝、椅、橡、橛、苓、櫟、椀、茐、芘、蘇、秩、枩、椴、杬、棕、遘、椪、槗、桑/葉、荇、蔆、樗、栒、樣、芳、栢苑、林菁、橈、欔、机。作者採用的是比較寬式的定義，"形體相同而代表的詞不同的字"，② 排除了派生同形，收録了部分假借造成的異詞同字，並將同形字産生的途徑歸爲"造""借""變""混"四類。如果换一個角度，可劃分爲兩種情況，一是在使用中出現、但未收入字典辭書的同形字，通常以近代俗字、訛字居多；二是被收入辭典、成爲固定義項，同一詞頭下幾條釋義之間毫無關聯的異詞同形，以早期造字、假借爲主，兼有近代用字。試舉幾則進行説明。

一 俗寫、訛誤造成的同形

【襟】

[jìn《廣韻》居蔭切，去沁見。] 竹木格。一説用以扞門。《方言》卷十三："襟，格也。"郭璞注："今之竹木格是也。"《集韻·沁韻》："襟，謂今竹木格，一曰所以扞門。"

按："襟"又同"擒"，《龍龕手鏡·木部》："襟，俗，音同上（擒），捉也。"古籍文字木旁、手旁常相混訛，"襟""擒"實際上指

---

① 張涌泉：《漢語俗字叢考》，中華書局 2000 年版。
② 張文冠：《近代漢語同形字研究》，博士學位論文，浙江大學，2014 年，第 7 頁。

的是"襻""擒"。"擒"古作"捡",《玉篇·手部》:"捡,急持衣衿行也。襻,同捡。"唐玄應《一切經音義》卷一五"捡牽"條:"又作襻,同。渠林反。《說文》云:'急持衣襟也。'《埤蒼》:'捡,捉也。'"

"襻"又同"襟",衣襟。南宋葉适《水心集·姚君俞墓志銘》:"春時獨出滿心寺,蔽著松襻間。"元黄溍《文獻集·諸暨州勸農文》:"是州地産素薄,兼之襻山帶湖,旱澇相半,仍歲凶歉,民多阻饑。"清姚鼐《惜抱軒詩文集·唐伯虎赤壁圖》:"青楓揺落幽竹林,湘君窈立風滿襻。"同樣是由於木旁、衣旁的形體訛誤,使"襻"多了"衣襟"這一含義。

【杯】

[bēi《廣韻》布回切,平灰幫。之部。] ①古代盛羹及注酒器,橢圓形,兩側有耳,也稱"耳杯"。今泛指盛飲料器。②杯狀物。③量詞。④佛家語。舟船。晉僧有常乘木杯渡水者,人稱杯渡和尚,後因以杯借指舟船。

亦作"柸"。①古代盛羹及注酒之器。②指酒。……⑥通"柸"。麩皮。

按:"杯"通"柸",實際也是偏旁或部首的混用,如甲骨文的歷,或從木或從禾,𣎳(一期前1·33·1)、𥝩(四期京津4387);積,《集韻·真韻》:"積,艸木根相迫迮也,或從木。"①

"杯"又同"坏",今通作"坯"。《説文·土部》:"坏,丘再成者也。一曰瓦未燒。从土,不聲。"唐慧琳《一切經音義》卷一四"杯器"條:"《考聲》云:瓦器未燒者也。或作砥也。""丕"爲"不"的轉注,"木"和"土"是材質的差異,或有"原始、質樸"這層含義而通用。

---

① 參見王慎行《古文字與殷周文明》,陝西人民教育出版社1992年版,第62—63頁;劉釗《古文字構形學》,福建人民出版社2006年版,第42—43頁。

二 假借、造字出現的同形

【楚】

chǔ [《廣韻》創舉切，上語，初。][《廣韻》瘡據切，去御，初。]亦作"檚"。①木名。又名牡荊。落葉灌木，或小喬木，枝幹堅勁，可做杖。②泛指叢莽。③古代的刑杖或督責生徒的小杖。④拷打。⑤痛苦。⑥酸痛、疼痛。⑦齊整；清晰。⑧鮮艷，華麗。⑨儈俗，粗俗。⑩謂粗糙。⑪叢生。⑫—⑭古國名。⑮姓。

按："楚"本義爲"叢木，一名荊也"。①。灌木叢生説明人迹罕至，結合"草""莽"的詞義發展，"楚"也可引申出粗俗、粗糙的含義，則①②③④⑨⑩之間存在聯繫。那麼痛苦、酸痛以及整齊、鮮艷是否可包含在"楚"的引申義列之中？陸宗達、王寧《訓詁方法論》認爲：

"痛楚"字於《説文》當作"齭"。《二下·齒部》："齭，齒所傷酢也，从齒所聲，讀若楚。"即"酸楚""痛楚"字。"激楚"按《説文》應作"欪所"。《八下·欠部》："欪，所謂也。"此處應作"欪，欪所，謂也。""衣冠楚楚"依《説文》當作"黼"。《七下·黹部》："黼，合五采鮮色。从黹虘声。《詩》曰：'衣裳黼黼。'"而"楚"行，"齭""黼"廢用，"所"也不曾用於"欪所"。②

如果按照字詞嚴格對應的標準并以《説文》作爲依據，"酸楚""鮮艷"就是"楚"的假借義。至於"齊整；清晰"或仍從本義引申，所謂"荊棘"，"棘"取義於植物有刺，"荊"表示枝幹堅硬，如"牡荊""紫荊"。"荊棘""荊條"的外部特徵是大多没有粗壯的主幹，枝條叢生，羅列於地面。"楚"以"疋"爲聲，"疋"有分疏的含義，因此可形容齊整、清晰之貌。"楚楚"又有"繁盛"義，《詩·大雅·楚茨》："楚楚者茨，

---

① （東漢）許慎：《説文解字》，中華書局1963年版，第126頁。
② 陸宗達、王寧：《訓詁方法論》，中華書局2018年版，第56頁。

言抽其棘。"枝條各自清楚分明地羅列而又大量叢生，是荊棘的特點，也是"楚"本義所蘊含的意象。綜合來看，除姓和國名外，"楚"的詞義可理出三條綫索：由本字本義引申的①②③④⑧⑨⑩，假借"斵"表示⑤⑥，借"櫫"表示⑧，分屬三個不同的詞。

【柤】

[zhā《廣韻》側加切，平麻莊。魚部。]①木欄，指木栅、行馬和水堰之類的阻攔物。②斫餘的殘樁。③同"樝（楂）"。木名。即山楂。④渣滓。

[zǔ《集韻》壯所切，上語莊。]通"俎"。古代的祭器。

[zū《集韻》宗蘇切，平模精。魚部。]春秋時楚地名。故址在今江蘇省邳州市西北。①

按：在"柤"這一字形下，至少包括以下幾個詞：

（1）阻，用以阻攔之物名柤。《説文》："柤，木閑。""閑，闌也。""闌，門遮也。"都起到了遮蔽、阻攔、阻擋的作用，因此徐鍇、王念孫分別解釋道"柤之言阻也""柤之言阻遏也"。"柤"上古屬精母魚部，"阻"在莊母魚部，聲近韻同，《説文解字音證》："柤，音租。"② 則"柤"可以認爲是據"阻"所造的分化字。這一義項也被保留在現代方言口語中，例如：陝西商縣張家塬 [ts'a³⁵]："你快把水柤住，要叫望地裏流啦！"③

（2）俎，祭祀時放置祭品的器物。《説文·且部》："禮俎也。从半肉在且上。"改換偏旁構成"柤"，《魯相韓敕造孔廟禮器碑》"爵鹿柤桓，籩柉禁壺"④ 就用到了這一字形。關於"且"的本義歷來有諸多説法，許慎在《説文》中解釋爲"且，薦也"，段注："所以薦也。"即墊在下面，用以盛放、擺設物品的几案一類器物。朱駿聲更指出"且，疑即俎字之古

---

① 參見漢語大字典編輯委員會編纂《漢語大字典》九卷本（第二版），崇文書局、四川辭書出版社 2010 年版，第 1265—1266 頁。

② 賈海生：《説文解字音證》，浙江大學出版社 2014 年版，第 720 頁。

③ 許寶華、[日] 宮田一郎主編：《漢語方言大詞典》，中華書局 1999 年版，第 3825 頁。

④ 《歷代碑帖法書選》編輯組編：《漢禮器碑》，文物出版社 2007 年版，第 9—10 頁。

文",則"柤""橺"都是增旁的後起字。

（3）樝,簡化爲柤。《說文·木部》:"樝,果似棃而酢。"樝子是薔薇科植物木桃的果實,又名和圓子、西南木瓜、木桃、樝梨等,味酸澀,可食用。①《救荒本草》形容其"樹高丈許,葉似冬青樹葉稍闊厚,背色微黄,葉形又似棠梨葉,但厚,結果似木瓜,稍團。味酸、甜、微澀,性平。[救飢] 果熟時採摘食之,多食損齒及筋。"②"樝"常簡省作"柤",《莊子·人間世》書作"柤棃橘柚",《山海經·中山經》上多"柤栗橘櫾",郭璞注:"柤似棃而酢澀。"將左右結構變換爲上下結構,又寫作"查",訛誤爲"查",因表示樹木植物,複加偏旁而通作"楂"。《本草綱目·果部》"楂子"條李時珍釋名曰:"木瓜酸香而性脆。木桃酢澀而多渣,故謂之楂。"③ 山楂或因生於山林之中,形體較楂子更小但同樣有渣而得名。又"榠楂"條:"俗呼爲木梨,則榠楂蓋蠻楂之訛也……榠楂乃木瓜之大而黄色無重蒂者也。楂子乃木瓜之短小而酢澀者也。榅桲則楂類之生於北土者也。三物與木瓜皆是一類各種。"

從這裏可以看到,"楚"的不少義項借用了他詞他義,"柤"是在造字階段由不同的詞改換偏旁而構成了文字上的同形、具備多個義項。這些義項之間存在的聯繫不多,也就無法總結出一個核心義。

第二節 派生同形

派生是"一個詞的意義引申到距離本義較遠之後,有的襲用原音,也有的音有稍變,在一定條件下脱離原詞而成另詞。"④ 當這個派生而成的新詞在字形上没有發生變化,就與"舊詞"構成了同形,章太炎又稱爲"假借"⑤:"故有意相引申,音相切合者,義雖少變,則不更爲製一字,此所謂假借也。"⑥ 引申是一個動態的過程,在相同字形下,新詞和舊詞

---

① 參見付笑萍、馬鴻祥《〈食療本草〉校注》,河南科學技術出版社 2015 年版,第 102 頁。
② 周静:《救荒本草彩色藥圖》,貴州出版集團、貴州科技出版社 2017 年版,第 233 頁。
③ (明)李時珍:《本草綱目》(校點本),人民衛生出版社 1975 年版,第 1771 頁。
④ 陸宗達、王寧:《訓詁方法論》,中國社會科學出版社 1983 年版,第 181 頁。
⑤ 章太炎的"假借"與造字法有關,本書提到假借時仍沿用字法的"假借"定義,即語源不同,衹是讀音相同而借用。
⑥ 章太炎:《轉注假借説》,《國故論衡》,上海古籍出版社 2003 年版,第 36 頁。

很難説有明確的界限。

　　當然可以提出以讀音的變化爲條件，古時有"破讀"，即"四聲別義"，漢代鄭玄的《三禮注》、高誘的《吕氏春秋》《淮南子》注、應劭的《漢書音義》等開其端緒，① 中古經師葛洪、徐邈、顔之推、陸德明、顔師古等多有發明。近現代學者則結合音韻變化規律和語法修辭等方面作了更爲詳細的討論，如張聯榮《古漢語詞義論》、孫玉文《漢語變調構詞研究》等。而另一部分讀音没有發生變化的詞，判斷詞義引申是否構成新詞就更加困難。我們遵從吕叔湘、尹庸斌等幾位先生的意見：

　　　　一個語素可以有幾個意思，祇要這幾個意思連得上，仍然是一個語素。②

　　　　讀音和意義兩者完全相同的，原則上作爲一個語素……意義相同包括一切派生關係在内，祇要意義上有派生關係，即使派生關係拉得很遠，一綫相連，一般仍算作意義相同。祇有那種没有派生關係或者至少一般的人已經看不出它有什麽派生關係的情形，才算作意義不相同。③

　　派生同形的詞祇要意義之間存在聯繫，仍當作一個詞處理，根據它的本義和引申義來抽繹其核心義。例如：

【横】

　　"横"有多個讀音，最常見的是 héng 和 hèng，國家語委於 1985 年公布的《普通話異讀詞審音表》對其做了區分："横：（一）héng~肉/~行霸道（二）hèng 蠻~/~財。"之後字典辭書基本按照這個標準來標注讀音、分立義項，但在具體的詞上出現了分歧。如：

　　《現代漢語詞典》：héng⑦蠻横；凶惡。注意與"横"（hèng）

---

① 周祖謨：《四聲别義創始之時代》，北京大學出版社 2010 年版，第 31—38 頁。
② 吕叔湘：《漢語語法分析問題》，商務印書館 1979 年版，第 15—16 頁。
③ 尹庸斌：《漢語語素的定量研究》，《中國語文》1985 年第 5 期。

①義相近，但衹用於成語或文言詞中。①

《漢語大字典》：hèng ①放縱；橫暴。②枉，冤屈。③意外；不測。④中醫術語。1. 指腠理不順。2. 脉象名。3. 病名。②

《漢語大詞典》：hèng（或讀héng）①橫暴，放縱。②枉，冤屈。③意外，突然。④勇敢。⑤暴烈，猛烈。⑥硬，强③。

那麼區別héng和hèng的標準是什麼，表示橫暴的"橫"與表示縱橫的"橫"是否存在關聯？考"橫"的本義，有兩種不同觀點。

一説爲木欄之類的遮擋物，整體叫作"橫"。④《詩·陳風·衡門》："衡門之下，可以棲遲。"毛傳："衡門，橫木爲門，言淺陋也。"一説指施於門上的橫闌，起到類似門閂、關楗等進行加固的作用。張舜徽《説文解字約注》："許云闌木者，謂距門使不得開之木也，非謂凡遮闌木也。今俗閉門時，內有一木橫距之，故謂之橫。今湖湘間謂門杠，讀古雙切，即橫聲之轉也。"⑤ 不論哪種觀點更接近"橫"的本義，其目的都在於設置障礙、阻擋直行的通路。《説文·告部》："告，牛觸人，角箸橫木，所以告人也。"又《角部》："衡，牛觸，橫大木其角。"古時常在牛角上橫置一木，以防止牛角傷人，叫作"楅衡"。"衡"古同"橫"，"橫"與"縱"相對。"縱"往往表示直的、順的，而"橫"則意味着從旁攔遮，使之不順。

①名詞。橫的方向。可以是地理位置，也可以人爲規定縱向，夾角相交即爲橫向。

②動詞。主動或被動地去呈現橫的方向和位置，可表示橫置、橫陳、橫亘、橫渡、橫斷、遮擋等含義。例如：《慎子·外篇》："二十八宿，日所經爲黄道，橫絡天腹，中分二極爲赤道。"指二十八星宿位於太陽所經

---

① 參見中國社會科學院語言研究所詞典編輯室《現代漢語詞典》（第7版）紀念版，商務印書館2017年版，第536頁。

② 參見漢語大字典編輯委員會編纂《漢語大字典》九卷本（第二版），崇文書局、四川辭書出版社2010年版，第1366頁。

③ 參見羅竹風編《漢語大詞典》第四卷，上海辭書出版社2008年版，1239頁。

④ 《説文·木部》："橫，闌木也。"段注："闌，門遮也。引申爲凡遮之稱。凡以木闌之皆謂之橫也。"

⑤ 張舜徽：《説文解字約注》卷一一，中州書畫社1983年版，第78頁。

過的黄道帶上，橫貫天空、在南北兩極中間的平面軌道爲天球赤道。詩詞中的"橫"意義更豐富多樣，有時顯得"虛無縹緲"，難以作出確切解釋。如韋應物的《滁州西澗》，其中有一句"春潮帶雨晚來急，野渡無人舟自橫"。"春潮帶雨"描寫西澗之水急速奔流的場景，在觀察者的視綫中是縱向遠去的，而小舟橫陳於水流方向，表現出一種不隨波逐流的叛逆姿態，正好反映作者既無可奈何又保持内在自尊的複雜情感。再如韓愈《左遷至藍關示侄孫湘》："雲橫秦嶺家何在，雪擁藍關馬不前。"李白《古風十九首（之十四）》："荒城空大漠，邊邑無遺堵。白骨橫千霜，嵯峨蔽榛莽。"一般解釋作"遮擋、遮蓋"，特別是後一首"橫"與"蔽"對文互見。不過詩歌的解釋往往比較靈活，詩人爲了押韻以及追求"陌生化"的藝術效果，有時刻意改變字詞排列的邏輯順序，① 從而體現整體意象上的細微差別。李白的詩按原語序"白骨橫千霜，嵯峨蔽榛莽"，可以理解爲白骨橫陳在千年的風霜中，堆積如山甚至遮蔽了榛莽。如果結構與"荒城空大漠"相同，那麼調整後的語序爲"大漠荒城空，邊邑無遺堵。千霜橫白骨，榛莽蔽嵯峨（之骨）"，這時"橫"也可以有"蔽"的含義，形容霜雪橫斷了視綫、遮蔽了白骨，隱隱約約更顯荒涼。與韓愈的"雲橫秦嶺"有異曲同工之處。當然"雲"在山的背景下更"具象化"，而"霜"更稀薄、範圍更廣闊，"千霜遮蔽白骨"不如"白骨橫陳於千霜中"帶給人更震顫的視覺和心理效果。

③副詞。從側旁；意外地。從旁攔截對按照原先計劃或軌迹運行的人或物體而言，通常是出其不意的，因此有"意外、不測"的含義。《左傳·僖公二十八年》："狐毛設二旆而退之，欒枝使輿曳柴而偽遁，楚師馳之，原軫、郤溱以中軍公族橫擊之。"這段記載晉楚城濮之戰，晉國大夫欒枝用車拖着木柴假裝逃走，引誘楚軍追趕，原軫、郤溱趁機以中軍公族攔腰襲擊。"橫"可解釋爲"從側旁，從旁邊"。當然"橫"與"側""旁"不能簡單替換。"側"與"正"相對，"旁"與"中"相對，"旁擊""側擊"指打擊敵軍側面較薄弱部分，有輕襲的意味。"橫"則與"縱"相對，"橫擊之"有三層含義：與對方行軍方向垂直或相交；出其不意；氣勢或戰力凶猛，以達到攔截的目的。

④不順從。"縱"指順着人的心意、照着物類的規則；"橫"則引申

---

① 參見葛兆光《漢字的魔方》第三章《意脉與語序》，遼寧教育出版社1999年版。

出不遵守既定規則、不遵循固有道路的含義,是任意地、恣肆地,用作副詞。譬如《孟子·滕文公上》:"當堯之時,天下猶未平,洪水橫流,泛濫於天下。"形容大水衝破了河道的限制,肆意流淌衝刷地表,給人以混亂無序之感。不順從的行爲可以有或好或壞的結果,可以有或褒或貶的感情色彩。當用來描寫人物,褒義的指"勇敢、堅決"。《吕氏春秋·士容》説作爲士人應保持"柔而堅,虚而實"的體容,需做到"傲小物而志屬於大,似無勇而未可恐狼,執固橫敢而不可辱害"。"執固橫敢"的意思是堅定而勇敢。用於貶義,表示"暴橫,放縱"。《春秋繁露·五行相勝》:"長幼無禮,大小相虜,并爲寇賊,橫恣絕理。"《説苑·至公》:"討有罪而橫奪,非所以禁暴也。"以上兩例分别當作副詞和形容詞來用。

從"横"的詞義引申情況看,幾個意義之間聯繫非常緊密,"蠻横"義與"木欄、縱横、意外、遮擋"等有内在一致性,仍然可以看作一個詞。其核心義是"從旁攔截,使之不順。"至於"横"的讀音,還要考慮古今音義、習慣用法等其他因素。

第三節　同詞異形

與"異詞同形""派生同形"相對,一個詞由於方言音變、引申較遠等原因,脱離了原來的詞形另造一字或借用它字來表示,就出現了同詞而異形的現象。章太炎稱其爲"轉注":"字之未造,語言先之矣,故文字代語言,各循其聲,方言有殊,名義一也。其聲或雙聲相轉、叠韻相迤,則更爲制一字,此所謂轉注也。"[1]

一　方言音轉例

《方言》:楚、鄭謂獪曰蒍。郭璞音指撝。案:蒍、䓆《廣韻》皆韋委切,古蓋一字。《古今字詁》曰:䓆,古花字。《後漢書·張衡傳》注引。《方言》郭注亦讀訓化之蒍爲花。今人謂人狡獪弄術曰起花頭,乾没人財僞作計簿曰開花賬,即《方言》之蒍字也。其謂幻戲曰把戲,或曰花把戲,把即葩字,《一切經音義》引《聲類》

---

[1] 章太炎:《轉注假借説》,《國故論衡》,上海古籍出版社2003年版,第36頁。

云：秦人謂花爲葩。花即蒍字。一曰：《說文》㛮讀若撝，元、歌音轉，故知㛮、蒍同文，蒍、譌同字。①

《說文》：撝，裂也。許歸切。音轉爲華，若華、䕒相通也。《曲禮》：爲天子削瓜者副之，爲國君者華之。注：華，中裂之，不四析也。今謂以刀分物爲華開。②

對於"華"來說，表花頭、花賬、花把戲等意思時，本字爲"獪"。《廣韻·泰韻》："獪，狡獪，小兒戲。"《資治通鑑·宋順帝昇明元年》："左右止之曰：'若行此事，官便應作孝子，豈復得出入狡獪。'"胡三省注："江南人謂小兒戲爲狡獪。"與"獪"的"狡詐"義相關，都是"不登大雅之堂"的小把戲。"華"表示用刀分物時，雖然與"撝"存在音轉關係，但不能說"撝"是本字、"華"是借字，它與"華"的語源義很貼近（詳見第三章），因此應當歸入"華"的義項，不過是否在核心義統攝下則當再作分析。

二 引申造字/借字例

王筠《說文釋例》有所謂"分別文"和"累增字"："字有不需偏旁而義已足者，則偏旁爲後人遞加也。其加偏旁而義遂異者，是爲分別文，其種有二：一則爲正義、爲借義所奪，因加偏旁以別之者也；一則本字義多，既加偏旁祇分其一義也。其加偏旁而義仍不異者，是謂累增字，其種有三：一則古義深曲，加偏旁以表之者也；一則既加偏旁，即置古文不用者也；一則既加偏旁而世仍不用，所行用者反是古文也。"③ 主要以添加偏旁爲造字的方式。

這裏所討論的"引申造字/借字"則注重於詞義引申較遠，通過另造新字或借用他字記錄這個引申義的情況，其造字方式有的甚至改變整個字形結構而不僅僅是添加偏旁。這類字有不少爲《說文解字》收錄，如"豪"今有豪傑、強健等義，但在《說文》中"豪"的本義是"䶅，豕，鬣如筆管者，出南郡"，另有一字"敖"："敖，健也。从力敖聲，讀若

---

① 章太炎：《新方言》，《章太炎全集》，上海人民出版社2014年版，第52頁。
② 章太炎：《新方言》，《章太炎全集》，第74頁。
③ （清）王筠：《說文釋例》，武漢古籍書店1983年版，第327頁。

豪。"段玉裁以爲豪傑、强健之"豪"的本字當作"勞"①。木部、艸部中也有類似的情况，如：

【杜】

"杜"的本義是一種植物，指甘棠。又有"衝擊""堵塞""斷絕"等詞義。陸宗達、楊樹達等學者就認爲當"堵塞""斷絕"講時"杜"是"斁"的借字：

> 三卷《攴部》：斁，閉也。讀若杜。
> 六卷《木部》："杜，甘棠也"，是"斁""杜"音同義異。《周禮·大司馬》："犯令陵政則杜之。"杜是禁閉。《漢書》："杜門不出朝請。"杜門，閉門。皆用"杜"字代替"斁"字。這說明了古代文獻中同音代替的作用。
> 又《公羊傳·成公二年》："使耕者東畝，則土齊也。"土字應作"封閉""堵塞"解，這裏又以"土"字代替"斁"字。②

以上論證主要提到三點：《説文》中"斁"讀若"杜"；文獻通用"杜"代替"斁"；有時"杜"寫作"土"來代替"斁"。試從這幾方面稍微討論。

1. 《説文》"讀若"例

《説文》讀若的情况比較複雜，其性質尚無明確的定論。段玉裁以爲"讀若"主要用來標音："漢人作注，於字發疑正讀，其例有三：一曰讀如、讀若，二曰讀爲、讀曰，三曰當爲。讀如、讀若者，擬其音也，古無反語，故爲比方之詞。讀爲、讀曰者，易其字也，易之以音相近之字，故爲變化之詞。"③ 將"讀若"當成反語產生之前的一種擬音方式。字例很多，如：莠讀若酉、薄讀若督、董讀若厘、茇讀若急、菩讀若威、繭讀若芮、蘸讀若壞、薗讀若婪、楸讀若髦、楢讀若糗、榙讀若皓、椵讀若賈、

---

① 參見（清）段玉裁《説文解字注》，上海古籍出版社1981年版，第701頁。
② 陸宗達：《説文解字通論》，中華書局2015年版，第38頁。
③ （清）段玉裁著，趙航、薛正興整理：《經韻樓集》，鳳凰出版傳媒集團、鳳凰出版社2010年版，第24頁。

欏讀若華、桙讀若鴻、朹讀若仍等，大部分是以常見字注疑難字。

錢大昕認爲"讀若"標注出的是經典通用字，[①] 例如"㯲"，《説文》的釋義爲"車轂中空也，从木㒸聲，讀若藪"。"藪"的本義是草木叢生的湖澤，在經典中常代替"㯲"，《周禮·冬官·考工記》："以其長爲之圍，以其圍之阞捎其藪。"《集韻·厚韻》："㯲，車轂中曰㯲，通作藪。"

陸宗達、王寧通過對《説文》第六卷的抽樣分析，將"讀若"分爲四種情況：（1）異體字，如亼讀若集；（2）同源字，如楠讀若滴；（3）聲借字，如肌讀若舊；（4）後出字，如㦇讀若紱。[②]

既然《説文》"讀若"有以上多種情況，則不足以説明"敚（斁）"和"杜"僅是同音假借的關係。

2. 文獻用例

傳世的儒家經典和史書中，通常用"杜"而不用"敚（斁）"，例如：

（1）《尚書·周書·費誓》："今惟淫舍牿牛馬，杜乃擭，敜乃阱，無敢傷牿。牿之傷，汝則有常刑。"孔安國傳："擭，捕獸機檻，當杜塞之。阱，穿地陷獸，當以土窒敜之。無敢令傷所以牿牢之牛馬。牛馬之傷，汝則有殘人畜之常刑。"

（2）《周禮·夏官·大司馬》："犯令陵政則杜之。"鄭玄注："杜之者，杜塞使不得與鄰國交通。"

（3）《戰國策·秦策一》："杜左右之口，天下莫之能伉。"鮑彪注："杜，猶塞。"

（4）《漢書·楚元王傳》："杜閉群枉之門，廣開衆正之路。"顔注："杜，塞也。"

"敚（斁）"的字形基本上祇保留在字典辭書中，以《説文解字》爲代表，《集韻》沿用，《廣雅·釋詁》篇收録的形體爲"塸"。經典文本之所以呈現出如此統一的用字，可能經過系統的整理和改動，陸德明作

[①] 參見（清）錢大昕《十駕齋養新録》，上海書店 2011 年版，第 64 頁。
[②] 參見陸宗達、王寧《〈説文〉"讀若"的訓詁意義》，《訓詁與訓詁學》，山西教育出版社 1994 年版，第 438—452 頁。

《經典釋文》就提出《尚書》"杜乃擭"的"杜","本又作敖";顏師古注《漢書》"杜門竟不朝"條:"杜字本作敖,音同。"兩宋明清在復古的思潮下,以《說文》爲依據,崇尚古字奇字,"敖(敖)"的使用頻率相對變高:

(5) 北宋周邦彥《汴京賦》:"草竊還業而斂迹,大道四通而不敖。"
(6) 南宋魏了翁《送吴門葉元老歸浮光》:"於其所往,至則敖門,掃軌屏去。"
(7) 明何景明《偏橋行》:"上山下山那敢敖,蠢爾苗民爾母侮,虞庭兩階列干羽。"
(8) 明孫一元《咄咄行》:"此事難再舉,君臣大義從斯敖。"
(9) 清孫詒讓《自題變法條議後》:"蘭陵祭酒敖門久,猶有新書法後王。"
(10)《光緒續纂江寧府志》卷一四《人物》:"朱道新,字净私,溧水籍,乾隆元年歲貢,居江寧東園,敖門讀書,足不出庭户。"

從形義相應的角度看,"杜"的偏旁是木,指一種植物;"敖"以"攴"爲偏旁,顯然是一種動作,帶來"斷絕"這樣的結果,這或許也是許慎在編纂《說文》時將兩字判然劃分的原因。《集韻》編成於宋代,無論從當時用字的實際還是收字的全面角度考慮,收録"敖"都是顯然的結果。然而仔細分析,訓詁學家多用"閉""塞"作注,而不説"斷""絶",從文獻描述的具體情境來看,"杜"和"敖"體現的動作似乎存在細微差别。

3. 字的本義及其内涵

"敖"從攴,攴像手持棍棒等器械進行擊打。從攴之字多有施加威令、用武力驅使、使某人或某物如何的含義。例如:敕是告誡,救是救止,敳訓强取,敬是恭肅,柭是分離。"敖"有時改换形旁作"劇",其義爲判分。《爾雅·釋器》:"象謂之鵠,角謂之觷,犀謂之劍,木謂之劇,玉謂之雕。"郭璞注:"《左傳》曰:'山有木,工則劇之。'"這裏的"劇"應當是"砍削"的意思。"劇"音轉爲"剳":"《尸部》屠字,古書皆以屠剳字。其實屠剳字從刀作剳,見散盤。劇剳亦雙聲轉注字也,今字作刜。"① 由此可見，"斀""劅"的確切含義是"用武力使其斷絕"。

"杜"的本義是甘棠，也稱爲杜梨。之所以名"杜"是因其味澀，《説文·木部》"杜"字段注："赤棠即杜，子澀。"《方言》卷七："杜，躋，澀也，趙曰杜，山之東西或曰躋。"郭璞注："今俗語通言澀如杜，杜梨子澀因名之。"滋味的澀可聯想到行動的慢，"生澀"用來形容動作猶疑，"澀訥"指口齒不伶俐，"澀滯"可表示"險阻；不通暢""不滑潤""言語、思路等遲鈍，不流暢"。對某人或某物施加作用使之受阻就是"杜"。"杜"在上古屬定母魚部，聲轉端母有"堵"字，本義是起阻擋作用的城墻（的面積單位），引申爲堵住；轉章母有"渚"字，指在水中阻礙水流的小塊陸地。"杜"本身從木土聲，土的作用之一是掩埋填塞。植物的根在泥土之中故可稱"土"，加木旁爲"杜"，《詩·豳風·鴟鴞》："徹彼桑土，綢繆牖户。"毛傳："桑土，桑根也。"陸德明釋文："土，音杜。《韓詩》作'杜'，義同。"空氣中漂浮大量烟塵阻隔視綫的現象爲霾，《説文·雨部》："霾，風雨土也。"土由於其本身的特性和作用，可使人聯想到堵塞，"土""杜"時常通用，"杜"也就有了"堵塞阻隔，使其不通"的含義。

上文《尚書》例"杜乃獲"義爲"杜塞其捕獸機檻"，《周禮》"犯令陵政則杜之"意思是"杜塞與鄰國的交通"，《戰國策》"杜左右之口"指"閉口"，《漢書》"杜閉群枉之門"的"杜"與"閉"同義并列，都是"堵塞"的含義。杜塞之則不暢通，就其"順利、流通"的動態效果而言可説是"斷絶"。《大詞典》"杜"條有"斷絶，制止"的義項，② 所引文例《抱朴子·論仙》"杜彼異端"，蘇舜欽《太子太保韓公行狀》"杜其復入"，龔自珍《乞糴保陽》"方當杜海物"，實際上也是制止、禁止，由堵塞阻滯引申而來。從這個角度看，"杜"由味澀引申爲行動等的滯澀，再進一步引申爲阻止禁絶，進而有斷絶的意味，與"斀"和"劅"所表示的意義重合，"坡"的字形正體現了思維過程中的過渡階段。因此，不妨將"斀"看成"杜"詞義引申後所借用的一個詞形。

4. "杜"的核心義和假借義

通過上述分析，基本可整理出"杜"的詞義發展脉絡。付建榮在

---

① （清）馬叙倫：《説文解字六書疏證》，上海書店出版社1985年版，第93頁。
② 參見羅竹風編《漢語大詞典》，上海辭書出版社2008年版，第748頁。

《漢語詞彙核心義研究》中作過比較細緻的梳理：

>"杜"的"堵塞，封閉"，"斷絶，制止""衝擊"義，是從本義"杜梨"逐漸引申而來的，這些意義都貫穿着核心義"阻澀""阻滯"。"杜衡"即"土衡"，"杜"乃"土"字之借。"杜撰"即"肚撰"，"杜"乃"肚"字之借。"杜"的方言用法，當是據"杜撰"一詞類推産生。①

可見"杜"的詞義發展主要沿着"阻澀"的核心義展開。有關"杜撰"和"自家"的詞義來源，在此稍作補充。"杜撰"一詞古今爭論較多，有出自杜默、杜光庭、杜道士等人物逸事的多種説法，現代學者如姚永銘在《"杜撰"探源》中提出：《慧琳音義》記載的"肚撰"當與"杜撰"同義，"肚"字在唐代可指思維器官。②崔山佳藉助"臆撰"間接地證明原應作"肚撰"，因音同而訛爲了"杜撰"③。徐時儀、潘牧天也認爲"杜撰"是個偏正結構的詞，"據慧琳釋'嬌憎'所用'杜撰'一詞可以推測'杜撰'一詞早在唐代已出現，其最初的寫法似爲'肚撰'，後因'杜'與'肚'音同而寫作'杜撰'，'杜'於是有了'虚假'和'憑空'義。"④不過楊琳在《"杜撰"語源考》一文中却有完全不同的看法："杜"是"土"的後出分别文，"土"有"當地的""本地的"之義，"杜""土"通用，於是也便有了"自己、自家"的意思，⑤"杜撰"即自己編造的（話語）。

楊説似更全面，文中提出的疑問是像"杜田""杜園"一類的詞無法用"肚撰"的"肚"進行解釋。以"杜園"爲例，出自陳繹和孔文仲的典故，《東軒筆録》卷六記載："陳繹晚爲敦樸之狀，時謂之'熱熟顔回'。熙寧中，台州推官孔文仲舉制科，庭試對策，言時事有可痛苦太息者，執政惡而黜之。繹時爲翰林學士，語於衆曰：'文仲狂躁，乃杜園賈誼也。'王平甫笑曰：'杜園賈誼可對熱熟顔回。'合座大噱，繹有慚色。杜園熱熟，皆當時鄙語。"未明言"杜園""熱熟"具體所指。查文獻用

---

① 付建榮：《漢語詞彙核心義研究》，博士學位論文，浙江大學，2012年。
② 參見姚永銘《"杜撰"探源》，《語文建設》1999年第2期。
③ 崔山佳：《"杜撰"和"肚撰"》，《辭書研究》2005年第2期。
④ 徐時儀、潘牧天：《"嬌憎"與'肚撰'考略》，《古漢語研究》2018年第1期。
⑤ 參見楊琳《"杜撰"語源考》，《古漢語研究》2000年第3期。

例,"熱熟"多用來表現熟悉、熟絡的情態,如查慎行《喜晴次匠門韻二首(其二)》:"勿論熱熟與生疏,閉户多時出少車。"《靖江寶卷》:"我親記得呱,過咱辰光唄親眷來往熱熟得很,現在我家窮了不上門。"引申爲過於熟絡而幾近諂媚,《虞初新志》:"惡花柳敗殘色,惡熱熟媚人色,惡貴人假面喬妝色。"陳繹事迹在《宋史·列傳第八十八》,與鄧綰、舒亶、王廣淵等人同傳,或"極其佞諛"或"氣焰熏灼",文末説"繹爲政務摧豪黨,而行與貌違,暮年繆爲敦樸之狀",意在指責他爲政上雖無差池但有内外不一致、故作姿態之嫌,與真正的賢人顏回安貧樂道的心境全然不同。至於"杜園",沈作喆《寓簡》道:"凡文字之無所本者曰杜撰,工作之不經匠師者曰杜做。後世并以米之不從商販來者曰杜米,筍之自家出者曰杜園筍,則昔以杜爲劣作,而今轉以杜爲佳品矣。"這裏的"杜"通"土",有"自家"義。《何典》第二回《造鬼廟爲酬夢裏緣 做新戲惹出飛來禍》:"土地老爺也未便杜做主張,就將輕饒放赦。""杜做主張"即"自作主張"。"杜布"是自織的布。"杜米"是自種或本土的米,"杜園"從"自家的園子"凝縮爲"自己的",結構方式與"自家"一致。引申爲粗糙的、不精緻的,故《可齋雜稿·序》中説:"姑俾芟次之,杜園綴緝,淺近卑陋,終不及君房語。"回到孔文仲的故事,陳繹貶損孔文仲太過狂躁直接,粗鄙版的太傅賈誼;而王平甫則認爲陳繹沽名釣譽的行爲才值得諷刺。

總而言之,"杜撰"最初指的是"自己編造",因無外在依據而有"假"的含義,借用了"土"的義項。其他詞義基本圍繞核心義"阻澀"延展,從味澀的杜梨,到阻礙、制止,因制止導致斷絶而可用"斁"來表示,在《説文》中便出現了二字各司其職的情況。

三 分形歸并例

"分形歸并"指的是字形各異、讀音相同或相近、意義相關的同源詞歸并成爲一個詞形,與"同源分化"正好相反。王力在《同源字論》中説:"(同源字)它們在原始的時候本是一個詞,完全同音,後來分化爲兩個以上的讀音,才產生細微的意義差别。有時候,連讀音也没有分化(如"暗、闇"),衹是字形不同,用途也不完全相同罷了。"[1] 同源分化

---

[1] 王力:《同源字典》,商務印書館1982年版,第4頁。

是漢字孳乳、字形增多、職能分化的方式，而與此相對，由於習慣性的書寫方式（如假借）或考慮到"經濟性"的原則，又會以一個詞形囊括多個同源詞的意義和用法，其他的同源詞詞形（字形）就逐漸被"冷落"或"淘汰"。例如：

【蕩】

"蕩"在《大字典》和《大詞典》中都屬艸部，它的使用很頻繁、意義也非常豐富。然而《説文》釋其本義爲"蕩，水出河內蕩陰，東入黄澤"，寫作"蕩"，歸入《水部》。"蕩"的其他義項，另由他字表示。

1. 蕩的各個異體詞形

潒，《説文·水部》："潒，水潒瀁也。从水，象聲，讀若蕩。"段注："潒瀁，叠韻字，搖動之流也。今字作'蕩漾'。"《玉篇·水部》："潒，水潒瀁也。今作蕩。"

盪，《説文·皿部》："盪，滌器也。从皿，湯聲。"段注："盪，凡貯水於器中，搖蕩之去滓，或以硬瓦石和水吪滰之，皆曰盪。盪者，滌之甚者也。"《齊民要術》卷七《塗甕》："以熱湯數斗著甕中，滌盪疏洗之。""盪"指通過水流的搖動洗去污垢，①泛指清除。《楚辭·九歎·惜賢》："盪渨湮之姧咎兮，夷蠢蠢之溷濁。"意爲盡除污濁奸佞之臣。

惕，《説文·心部》："惕，放也。从心，易聲。一曰平也。"段注："與像音義同。《方言》：'婬、惕，遊也。江沅之間謂戲爲婬，或謂之惕。'按《廣韻》作婸。"如段玉裁所言，《説文》中另有"像"字："像，放也。"朱駿聲《説文通訓定聲》："即惕之或體。"聲符"易"屬喻母陽部，"象"屬邪母陽部，易、象常可替換。"惕""像"皆指放佚恣肆。

邉，不見於《説文》，基本詞義是動搖。《史記·扁鵲傳》："周身熱，脉盛者，爲重陽。重陽者，邉心主。"指疾病動搖作爲人體器官之主的心臟，對其有所侵害，故司馬貞索隱"謂病蕩心者，猶刺其心"。《後漢書·張衡傳》："烕汨飂戾沛以罔象兮，爛漫麗靡貌以迭邉。"一本作"迭邉"，"邉"爲遠，"迭邉"不成詞；"迭邉"義爲閃爍，且與上句"雜沓

---

① 蕩從湯聲，楊樹達謂："湯，熱水也，從水，易聲。孳乳爲盪，滌器也，從皿，湯聲。樹達按滌器以熱水也。"參見楊樹達《積微居小學述林》，中華書局1983年版，第154頁。

叢頒颯以方驤"押韻，當作"迭邅"。動搖則站不穩，因此"邅"還指跌倒。

今經典中通用蕩。不妨（從俗）把"蕩"作爲固定詞形來分析其核心義。

2. 蕩的核心義

王引之《經義述聞》"楚薳罷字子蕩"條：

> 罷，讀爲播，罷、播古音相近。罷古音婆，說見《唐韻正》。故借罷爲播也。《公羊》"罷"作"頗"，頗之爲播，猶波之爲播也波與播通，見《左傳》"波及晉國"下。《襄二十五年左傳》"成公播蕩"，杜注云："播蕩，流移失所。"《昭二十六年傳》"茲不穀震盪播越，竄在荊蠻"亦謂流移也。盪與蕩同。播或作波。《莊子·外物》篇："鮒魚對莊周曰：'我，東海之波臣也。'"司馬彪云："謂波蕩之臣。"波蕩即播蕩也。東海之播臣，猶《齊策》云"大魚蕩而失水耳。"流移謂之播蕩，搖動亦謂之播蕩。家大人曰：司馬相如《上林賦》："山陵爲之震動，川谷爲之蕩波。"蕩波與震動對文。張衡《西京賦》："河渭爲之波盪，吳嶽爲之陁堵。"波盪與陁堵對文。蕩波即波蕩，波蕩猶播蕩耳。謹案：李善注《西京賦》曰："波盪，搖動也。"《後漢書·公孫述傳》"方今四海波蕩"，亦謂四海搖動也。《論語·微子》篇孔注云："播，搖也。"《僖公三年左傳》杜注云："蕩，搖也。"①

按照王引之的釋義，可以把"蕩"的核心義預設爲"震動播越"，具體包括"搖動"和"流移"兩個特徵。下面看這個核心義是否能統攝大部分義項：

①水流晃動衝擊。《周禮·地官·稻人》："稻人掌稼下地，以潴畜水，以防止水，以溝蕩水。""蕩"與"蓄""止"相反，指把水引出，且強調非平直和緩地流出，而是從較爲狹小的溝渠奔突而出。晃動、攪動液體可稱爲"蕩"，今中原官話、江淮官話多有沿用，如徐州 [taŋ⁴²]：

---

① （清）王引之：《經義述聞》，鳳凰出版社2000年版，第541頁。

"把茶蕩涼再喝。"鹽城、阜寧："粥太燙了，再拿一個碗來蕩一蕩再吃。"①

②這一動作被抽離出來，義爲動搖，有使動的意味。《左傳·僖公三年》："齊侯與蔡姬乘舟于囿，蕩公。公懼，變色；禁之，不可。""蕩"就是"搖、動搖"。這一情節也引發了齊桓公興師伐蔡的事件。

③詞義虛化，引申爲萌動和震蕩。如《禮記·月令》："是月也，日短至。陰陽爭，諸生蕩。"描述仲冬時節各種生物"蠢蠢欲動"，與孟春之月"天氣下降，地氣上騰，天地和同，草木萌動"相對應，較爲溫和；《清史稿·樂志》："物震蕩，聲靈馳，靡堅不破高不摧。"有相互爭鬥碰撞的激烈之感。

④就結果來說，義爲洗滌、清除，相當於"盪"。《史記·樂記》："天子躬於明堂臨觀，而萬民咸蕩滌邪穢，斟酌飽滿，以飾厥牲。"如果將原先好的東西洗除，則表示破壞，《顏氏家訓·文章》："吾兄弟始在草土，并未得編次，便遭火蕩盡，竟不傳於世。"這裏以火代水，也表示毁壞、破壞，且勢態凶猛，有清除净盡的含義。

⑤恣肆放縱，相當於"婸"。既可理解成受外物干擾而心神不寧，也可解釋成放縱不受拘束。《論語·陽貨》篇："古之狂也肆，今之狂也蕩。"朱熹集注："肆，謂不拘小節。蕩，則逾大間矣。"這裏的"狂"和"蕩"，與後兩句"廉"和"戾""直"和"詐"相同，義近但有程度的深淺，"蕩"比"狂"更加放縱，甚至超過了一定限制。

⑥經過了衝蕩播越，清除了障礙物後，在視覺上顯示出平坦廣遠之貌，在心理上產生寬闊坦蕩之感。表示淺水湖、沼澤、大片蘆葦植物的"蕩"就是由此得名。《論語·述而》："君子坦蕩蕩，小人長戚戚。"也是說胸懷寬廣，無所隱藏。

這些詞義之間都有着緊密的聯繫。在《大詞典》中還有這樣一些義項：

[dàng《廣韻》徒朗切，上蕩，定。]⑯同"簜"。大竹。⑰姓。
[tàng《廣韻》他浪切，去宕，透。]通"趟"。量詞。
[tāng《集韻》他郎切，平唐，透。]古水名。即今之湯水，在河

---

① 許寶華、[日]宫田一郎：《漢語方言大詞典》，中華書局1999年版，第3897頁。

南省湯陰縣北境。①

"蕩水"或"湯水"的名稱，據顧炎武所説是因爲水微温而在唐貞觀年間改名湯水。②"蕩陰""湯陰"即因其地在蕩水以南而得名。"蕩"同"盪"，屬於艸部、竹部混用造成的文字上的混淆。

"蕩"（盪）可作量詞，但未必是"趟"的借字，除《大詞典》所舉《西遊記》九六回"打一回，吹一蕩"外，還見於戚繼光《紀效新書》卷二《緊要操敵號令簡明條款篇》："凡歇處，吹喇叭一盪，火兵即做飯。"又卷七《行營野營軍令禁約篇》："聽中軍掌號一盪，掣起樵字旗，俱出。"以及卷八《操練營陣旗鼓篇》："旗既竪，聽喇叭囉一盪。"都和吹喇叭、軍號有關。而"趟"作爲量詞時通常指行旅的次數。高亞楠、吳長安對量詞"趟"產生發展的動因和機制進行了分析，認爲"趟"最初是用於"跳躍行走"的動詞，到明代初期衍生出動量詞的用法，用來計量"行走"類動詞，之後泛化表示一去一回的行程。③則量詞"蕩"的來源尚有待考證。

以上詞義或是專名或是假借，在"蕩"的引申義列之外，因此從整體看，核心義"震動播越"能夠包括"蕩"的絶大多數詞義。

由於造字、用字導致的字詞不對應，使得在確定研究對象時，都需要對字典中的"多義詞"進行辨別：異詞同形的，首先要排除借字帶來的詞義，其次看各個義項是否存在引申關係，早期造字時的通用現象也不在核心義繫聯之内；派生同形的，不論讀音改變與否，祇要意義之間存在關聯就作爲一個引申義列，可以分析其核心義；同詞異形的，可以根據其内在邏輯關係，當成一個詞來整理各個義項，并概括其核心義。

---

① 參見羅竹風編《漢語大詞典》，上海辭書出版社2008年版，第556頁。
② 參見顧炎武《天下郡國利病書·內黃縣志》："蕩水，《水經》云：'蕩水出河内蕩陰縣西山東，又東至内黃縣入於黃澤。唐貞觀元年以水微温改曰湯水。'"
③ 高亞楠、吳長安：《從顯赫詞類的擴張性看量詞"趟"的語法化歷程》，《古漢語研究》2014年第2期。

第三章

核心義與語源義的關係

核心義與語源義嚴格説來，不是一個層面上的概念。語源義以横向孳乳爲運動方式，結果是産生同源詞，詞形發生變化；核心義以本義爲起點，以縱向引申爲運動方式，結果是産生新的詞義，而詞形不變。但文字的孳乳與義項的引申在一定程度上又有相似性，特别是語源義和核心義作爲"抽象""隱含"的特徵，貫穿詞義的發生和發展，其作用機制相同。本章試圖從宏觀的歷時角度，將核心義納入同源意義系統中，通過比較核心義與語源義之間的繼承、轉化等關係，探討核心義的根源及其類型。

第一節　核心義承襲自語源義

有一部分詞的核心義與語源義相同或相近，這是由於兩者存在前後相承的關係，以"標"爲例：

【標】

《説文·木部》："標，木杪末也。从木，票聲。"段注："杪末，謂末之細者也。古謂木末曰本標，如《素問》有《標本病傳論》是也。亦作本剽，如《莊子》云'有長而無本剽者'是也，標在最上，故引申之曰標舉。"從"標"的本義可以提煉出其核心義是"在最上"。

標從票得聲，票字小篆原作䈐（䙴），"䙴，火飛也。从火、䢒。與䙴同意。"① 按，䙴爲古遷字，《説文·廾部》："䙴，升高也。从廾，囟聲。䙴或从囗。䙴，古文䙴。"是遷早期作䙴，象兩手舉物登進之形。䙴（票）從火、䢒，本義爲騰起的火光，段注："（䙴）此與熛音義皆同，

---

① （東漢）許慎：《説文解字》，中華書局1963年版，第209頁。

《玉篇》《廣韻》亦然。引申爲凡輕銳之稱。《周禮·草人》'輕㯺用犬'，注：'謂地之輕脆者也。'漢有票姚校尉、票騎將軍，票姚，荀悦《漢紀》作'票鷂'，服虔音飄摇……凡從票爲聲者，多取會意。"票聲字多有"上"義。

（1）輕疾，在上

僄，矯捷迅疾。《説文·人部》："僄，輕也。"《漢書·谷永傳》："崇聚僄輕無義小人以爲私客。"顔師古注："僄，疾也。"《後漢書·馬融傳》引馬融《廣成頌》："日月爲之籠光，列宿爲之翳昧，僄狡課才，勁勇程氣。"李賢注："僄狡，勇捷。"引申指態度的輕薄。① "僄"有時用爲"慓"，表示慓悍强勁。

趰，輕行貌。《説文·走部》："趰，輕行也。"桂馥《説文解字義證》："輕行也者，本書'僄，輕也'，馥謂：趰捷，輕便也。"

慓，慓悍。《説文·心部》："慓，疾也。"從其部首歸屬可知"慓"最初指性情上的急躁冒進，展現於外表和行動就表現爲氣勢凌厲。《漢書·高帝紀》："項羽爲人慓悍禍賊。"顔師古注："慓，疾也。悍，勇也。"今"慓悍"也多寫作"剽悍"。

嫖，輕疾。《説文·女部》："嫖，輕也。"段注："與《人部》僄音義皆同。漢霍去病票姚校尉，票姚讀如飄摇，謂輕疾也。"同樣可引申爲輕薄、輕視。②

嘌，勁急。《説文·口部》："嘌，疾也。"《詩·檜風·匪風》："匪風飄兮，匪車嘌兮。"毛傳："迴風爲飄。嘌嘌，無節度也。"上文言"匪風發兮，匪車偈兮"，發是疾風聲，偈是疾驅貌，"匪風飄兮，匪車嘌兮"與之相應，形容車如疾風般驅騁。不過"嘌"從口，後世更多用爲"嘌唱"。宋時唱有慢曲、曲破、大曲、嘌唱、耍令、番曲等，③ 嘌唱指的是用拖長字音、曲折音調、虚實相間的方法唱令曲小詞，風格輕柔綺靡。

旚，旌旗飄摇貌，今作飄。《説文·㫃部》："旚，旌旗旚繇也。"而"飄"的本義爲旋風，與"飈"音近義同。《説文·風部》云"飄，回風

---

① 《方言》卷十："仴、僄，輕也。楚凡相輕薄謂之相仴，或謂之僄也。"

② 字書中常將表示輕疾的嫖標作去聲、表示玩弄女性的嫖標作平聲，有强爲區别之嫌。段注："（嫖）古多平聲，後乃多改爲去聲。師古讀頻妙、羊召二切，殊失古意。證以杜子美詩，益可見矣。"

③ 參見（宋）吴自牧《夢梁録》，浙江人民出版社1984年版，第193頁。

也""飆，扶搖風也"。飄、飆同屬宵部，聲母幫、滂同爲脣音，扶搖即飆的緩讀，謂回旋向上之風。引申爲迅疾，《楚辭·劉向〈九歎〉》："徐徘徊於山阿兮，飄風來之洶洶。"《說苑》："或行安舒，或爲飄疾。""飄疾"同義并列，與"安舒"相對。

漂，浮游。《說文·水部》："漂，浮也。"在水上爲漂，在風中爲飄，今多用"飄零""飄揚"形容緩慢飄落的樣子，與表示回風的"飄"取義不同。《詩·鄭風·蘀兮》："蘀兮蘀兮，風其吹女，叔兮伯兮，倡予和女。蘀兮蘀兮，風其漂女，叔兮伯兮，倡予要女。"毛傳："漂，猶吹也。"意爲吹動使其飄蕩。漂浮之草添加偏旁作"薸"，指無根水草。

（2）頂端，末端

升而至於最上，即頂端、末端。

標，樹梢末端。《說文·木部》："標，木杪末也。""杪，木標末也。""杪"從木、少聲，以少作聲符的如"秒"爲禾末，① "眇"爲微小，"苗"爲植物的幼苗，"毛"爲鬚髮，比喻細碎。杪、秒、眇、苗、毛，同屬明母宵部，則"杪"的同源詞都有"微小的末端"這一特徵。② 標、杪互訓，標的本義爲樹梢的末端，引申而有頂端、末梢、標識、榜樣等義。

鏢，刀室劍鞘末端的裝飾物。《說文·金部》："鏢，刀削末銅也。"削即鞘，用來貯存鋒利的刀刃。"鏢"也寫作"標"或"摽"，"摽木"指刀尖，"摽末之功"比喻微小的功勞。

藨，《說文·艸部》："藨，苕之黃華也。从艸麃聲。一曰末也。"段注："《金部》之鏢、《木部》之標，皆訓末，藨當訓草末。"苕也就是陵苕，又名凌霄、紫葳，附於喬木攀援向上生長。其花黃赤色，在植株的頂端，故名"藨"。"禾穗"也可稱"藨"，《淮南子·天文訓》："秋分藨定，藨定而禾熟。"高誘注："藨，禾穗，粟孚甲之芒也。"

剽，《說文·刀部》："剽，砭刺也。从刀麃聲。一曰剽劫人也。"段

---

① 蔣紹愚在分析段注"渾言""析言"時舉"穎"和"秒"爲例："《說文》：'穎，禾末也。'段注：'穎之言莖也，頸也。近於穗及貫於穗者皆是也。……渾言之則穎爲禾末，析言之則禾芒乃爲秒'。這是說，籠統地說，'穎'（近於禾穗的莖和禾穗）就是禾的末端，準確地說，'穎'還不是禾的末端，禾的末端應是'秒'。"參見蔣紹愚《古漢語詞彙綱要》，商務印書館2015年版，第115頁。

② 黃易青：《上古漢語同源詞意義系統研究》，商務印書館2007年版，第87頁。

注：" 砭刺必用其器之末，因之凡末謂之剽。《莊子》謂本末爲本剽。" 用針尖刺人爲剽。至於其 " 劫奪 " 義，黃易青認爲：" 剽、劫人的財物，特徵是輕疾，謂快速而輕取之。" ① 與上文 " 輕疾 " 相關。

（3）淺色，青白色

從通感角度説，深暗的顏色容易使人聯想到沉重和壓力，而淺近的顏色則有輕快之感。因此票聲字詞往往具有淺近的色彩。

縹，青白色的絹，或青白之色。《釋名·釋采帛》："縹，猶漂也。漂漂淺青色也。有碧縹，有天縹，有骨縹，各以其色所象言之也。"《文選·潘岳〈籍田賦〉》："緫轄服于縹軝兮，紺轅綴於黛耜。" 李善注："縹，帛青白色。"

驃，黃白色的馬。《説文·馬部》："驃，黃馬發白色。一曰白髦尾也。" 馬奔跑飛快，因此 " 驃 " 也有迅疾、驍勇義，相當於 " 標 " 的换形旁字，" 標騎 " 就多寫作從馬的 " 驃 "。" 票 " 與 " 麃 " 同聲，麃聲字也和淺色相關。例如：犥指黃白色的牛，皫是白色。

（4）明顯、清楚

瞟，省視。《説文·目部》："瞟，際也。"" 際，察也。" 錢坫《説文解字斠詮》："際，' 察其所安 ' 字。" ② 又《見部》："覞，目有察省見也。" 則 " 瞟 "" 覞 " 的本義是目光觀察省視而有所見。③ 這一詞義在今方言中仍有使用，冀魯官話、江淮官話用作動詞，義爲監視：" 這個地主很不老實，大家時時刻刻要瞟着他才行。"" 江蘇東臺 [piɔ³¹] 你幫我瞟着格他 "。④《説文·目部》" 瞟 " 字段注："今江蘇俗謂以目伺察曰瞟。" 在吴語區用作形容詞，指看物清晰："浙江寧波。陳訓正《甬諺名謂籀記》：' 目光鋭者見物了然謂之瞟。' " ⑤ 用作監視時，必不直接對視，而是小心地偷偷觀察，因此徐鍇《繫傳》云："瞟，微視之也。"

如果把 " 標 " 及其各個詞義放入從票得聲的同源系統中，用圖表示如圖 3-1：

---

① 黃易青：《上古漢語同源詞意義系統研究》，商務印書館 2007 年版，第 410 頁。

② 參見（清）錢坫《説文解字斠詮》，《續修四庫全書》本，上海古籍出版社 2002 年版，第 532 頁。

③ 參見李學勤主編《字源》，天津古籍出版社 2013 年版，第 763 頁。

④ 許寶華、[日] 宮田一郎主編：《漢語方言大詞典》，中華書局 1999 年版，第 7243 頁。

⑤ 許寶華、[日] 宮田一郎主編：《漢語方言大詞典》，中華書局 1999 年版，第 7243 頁。

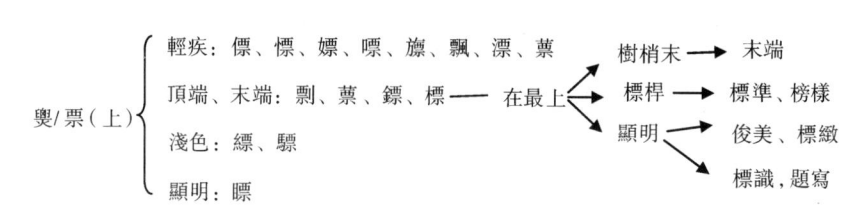

```
                  ┌ 輕疾：僄、慓、嫖、嘌、旚、飄、漂、𥜻
                  │ 頂端、末端：剽、𥜻、鏢、標 ──── 在最上 ─→ 樹梢末 ─→ 末端
奧/票（上）│                                              ↘ 標桿 ─→ 標準、榜樣
                  │ 淺色：縹、驃                                   ↘ 顯明 ─→ 俊美、標緻
                  └ 顯明：瞟                                              ↘ 標識，題寫
```

圖 3-1

　　從上圖可以看到，前半部分同源的繫聯，語源義"上"於"標"字表現為具體的物象"樹梢末"，是一個從隱含到呈現的過程；後半部分標從本義"樹梢末"，圍繞核心義"在最上"，發展出多個引申義，則是一個從具象到抽象的過程。而從整體來看，"標"的核心義與語源義基本保持一致，一脈相承，反映出事物在人的認知中相對穩定的特徵。

第二節　核心義與語源義有別

　　有一部分的核心義和語源義并不相同，這是由於它們在具體的物象上發生了認知上的轉變，即將關注點從一個特徵轉移到了另一個更為顯著的特徵，下文以"英"和"華"為例進行說明。

一　同聲符示源例

【英】

（一）英的語源義

《説文·艸部》："英，艸榮而不實者。一曰黃英。从艸，央聲。"央既表音又表義，英的語源義要從央開始説起。

　　央，最基本的意義是中央，在此基礎上發展出了豐富的義項，諸如久遠、盡、要求、廣遠等。結合央在文獻中的具體用例和以央為聲符孳乳的字，大致可以分為以下兩類。

1. 與本義相關，謂束縛

　　"央"的造字義尚存在爭論，目前主要有這幾種觀點：（1）象人（大）在門內。林義光《文源》："《説文》云：𣅳，中也。從𠆢在𠙴之内。𠆢人也。按古作𣅳虢季子白盤。𠙴象旁有兩界。\示其非中處。大象人居其中。"① （2）象人脖頸上帶着枷鎖。丁山《甲骨文所見民族及其制度》："[字]象人頸上荷枷形。"② （3）象人肩膀擔荷物形。高鴻縉《中國字例二篇》："由物形 ⊢⊣（象扁擔及其所擔之物）生意。擔物必在扁擔之中央，故托以寄中央之意。"③ （4）象矢放置在架中之形。吴其昌《殷墟書契解詁》："考央字實當從⊢⊣從[矢]，象矢倚架之形，矢倚架中，故會意爲中央也。"④

相關的一系列後起字有：鞅、抰、紻、瓷、咉。

鞅，套在牛馬脖頸上的皮帶。⑤《急就篇》："蓋轑俾倪枙縛棠，轡勒鞅鞦輨羈繮。"顏師古注："在頸曰鞅。"詞義虚化後可指束縛羈絆，楊慎《望西山》："痼疾在烟霞，俗鞅縈晨夜。"比喻俗世的種種牽絆困擾。

抰，用繫牲口駕車的皮帶擊打，泛指擊打的動作。《説文·手部》："抰，以車鞅擊也。"用來擊打的器物叫作"柍"，《方言》卷五："僉，宋魏之閒謂之欇殳，或謂之度。自關而西謂之棓，或謂之柫。齊楚江淮之閒謂之柍，或謂之桲。"柍即連枷，用來打穀。

紻，卷曲的冠繫。《説文·糸部》："紻，纓卷也。""纓"爲從冠上下垂到脖頸處繫結、用以固定頭冠的繩子。"纓"在影母耕部，"紻"在影母陽部，纓紻雙聲。

瓷，大腹斂口的盆類陶器，有異體作瓮。《爾雅·釋器》："瓷謂之缶。"郭璞注："盆也。"缶既指汲水儲水用的瓦器，也可當作打擊樂器，《史記》載有藺相如爲維護趙國而逼迫秦王擊缶的故事。缶與琵琶等西北樂器配合，奏成的樂曲慷慨悲壯。瓷和缶的材質形狀相似，與盆屬同類，混言不別。析言之，瓷和缶腹大口小，盆則斂底而敞口。

咉，咉咽，聲音或水流受到阻滯而不通暢之貌。"咉""咽"都從口，

---

① 林義光：《文源》，上海藝文出版有限公司、中西書局2012年版，第209頁。
② 丁山：《甲骨文所見氏族及其制度》，中華書局1988年版，第74頁。
③ 參見古文字詁林編纂委員會編《古文字詁林》，上海教育出版社1999年版，第523頁。
④ 吴其昌：《殷虚書契解詁》，武漢大學出版社2008年版，第339頁。
⑤ 也有說繫在胸腹部。《左傳·僖公二十八年》："晉車七百乘，韅、靷、鞅、靽。"杜預注："在腹曰鞅。"孫機釋馬車的組裝和繫駕法："西漢空心磚模印之車，其靷已與軛鞘分離，兩靷連爲一體，在繞過馬胸的部位上加寬爲鞅，亦名胸帶。馬拉車時由胸帶承力，稱爲'胸帶氏繫駕法'。"參見孫機《漢代物質文化資料圖說》，上海古籍出版社2011年版，第135—136頁。

本用來形容因心情悲傷而難於發出聲音的樣子，與"哽咽"相似。《集韻·蕩韻》："呧，呧咽，悲也。"當水流受阻時，其水聲必然發生變化，如同人聲的難以發出，因此可表示水流阻塞不通。《文選·左思〈魏都賦〉》："山阜猥積而踦嶇，泉流迸集而呧咽。"李善注："字書曰：呧咽，流不通也。"

這些字所表示的含義都和拘束有關，具體說來是在頸部的位置用繩索、皮革等繫縛，收口、緊縮、壅蔽，使其不得敞開、伸展。再回到"央"，它的本義就可能是在脖子上套枷鎖、繩子甚至裝飾品等，義爲束縛。

2. 從本義出發，受字音影響，指居中穿出并向外擴散

央屬影母陽部，與同在陽部的"卬""昜"存在音義上的關聯。《莊子·列禦寇》："緣循，偃佒，困畏不若人，三者俱通達。"偃佒即偃仰。《爾雅·釋詁下》："卬……，我也。"郭璞注："卬猶姎也，語之轉耳。"桂馥《說文解字義證》"姎"條："又通作婸、陽。楊慎曰：《漢書·西南夷傳》：'西南之夷人自稱曰婸徒。'《方言》：'巴濮之人自呼曰阿陽。'陽之言我也。《爾雅》引《魯詩》：'有美一人，陽如之何？'言我奈之何也。""卬"有向上抬起、高昂的意思；"昜"是向外、向遠處擴散；央的本義是被物體繫套住脖子，脖頸處於中心，在語音的影響下，便有從中間穿出并向外擴散之義。以央爲聲符的另一批字能較爲完整地體現這一動態過程。

（1）中央；中間

央，中央。《韓非子·初見秦》："趙氏，中央之國也，雜民所居也。"尹知章注："趙居邯鄲，燕之南，齊之西，魏之北，韓之東，故曰'中央'。"儘管"央"與"中"常并列連言或互相訓釋，嚴格說來兩者并不完全相等。"中"有"内部"義，《周禮·冬官·考工記》："匠人營國，方九里，旁三門，國中九經、九緯，經涂九軌。"這裏的"國中"指城内。有内就有外，内部被外部所包圍裹藏，於是就有了"藏"義，《禮記·鄉飲酒義》："北方者冬，冬之爲言中也，中者藏也。"概括言之，"中"的確定是先有了外部範圍，可以是二維的綫條或平面，也可以是三維的立體空間，甚至包括四維的時間。"中"在這個範圍内的某一處，最特殊的一種是到兩端或四方邊界的距離相等，就是正中間。而"央"一般沒有明確的外部邊界，是一個相對的概念，因此也常以"央"所指的

區域或物體爲着眼點，由內向外推衍。

胦，肚臍，在人體之中央，《集韻·陽韻》："胦，脟胦，臍也。"

（２）初始；幼小

從中間穿出向外發散必有一個初始的階段，表現出的往往是幼小之貌。從央聲的一組字：英、秧、駚就在這個意義上承襲了央族的語源義。

秧，禾苗。《説文·禾部》"秧"字段注："今俗謂稻之初生者曰秧，凡艸木之幼可移栽者皆曰秧。"① "秧" 既是植物的幼苗，也指初生的幼小動物，如魚苗也叫作魚秧。

（３）興起；充盈

經過初始階段，數量逐漸變多、體積變大，就要向上、向外擴散。

盎，謂向上浮起，高漲洋溢，成語 "春意盎然" "興趣盎然" 所取的就是這個意思。"盎齊" 是濁酒的代稱，也作 "醠"。《周禮·天官·酒正》："辨五齊之名，一曰泛齊，二曰醴齊，三曰盎齊，四曰緹齊，五曰沈齊。" 鄭玄注："盎，猶翁也，成而翁翁然，葱白色，如今鄭白矣。" 陸德明《釋文》："鄭白，即今之白醠酒。" 這裏的 "翁" 即 "滃"，是説這種酒有渣滓，浮起來就呈現出葱白色的渾濁貌。

泱，雲起貌。《集韻·陽韻》："泱，《説文》：'滃也'，謂雲氣起兒。一曰 '泱泱'，水深廣也。" 後多用新造字 "霙" 來表示。

怏，不滿、不服。"怏" 通常用爲成語 "怏怏不樂"，形容鬱悶惆悵的樣子，與 "央" 的 "束縛" 義相關；因他人外力制約而導致鬱悶不展，就會產生不服的情緒，甚至有抵觸、抵抗的意味。《説苑·正諫》："夫人臣内不得意，外交諸侯，自以先王謀臣，今不用，常怏怏，願王早圖之。" 記録的是太宰嚭在吴王夫差面前挑撥陷害伍子胥，説他常 "怏怏"，顯然不單是暗自鬱悶，應當表現出了對吴王的不滿，才有必要 "圖之"。

駚，跳躍撲騰。《山海經·中山經》："又東南三十里，曰依軲之山，其上多杻橿多苴，有獸焉，其狀如犬，虎爪有甲，其名曰獜，善駚牪。" 郭璞注："跳躍自撲也。"《廣韻·蕩韻》："駚，駚䮻，馬容。" 據《周禮·夏官·司馬》"馬八尺以上爲龍"，故在 "龍" 下加 "馬" 以示類别，或在 "馬" 上加 "龍" 以示驍勇，"駚䮻" 就是善於跳躍自撲的良馬。

---

① （清）段玉裁：《説文解字注》，上海古籍出版社1981年版，第326頁。

（4）久遠、深邃、廣袤、波及等

由初始到興起、充盈，進一步向外延申，從長度上來説是"久"，從程度上來説爲"深"。

央，廣袤、深遠。《文選·司馬相如〈長門賦〉》："撫柱楣以從容兮，覽曲臺之央央。"李善注："央央，廣貌。"從時間上看是深遠長久，《素問·生氣通天論》："味過於辛，筋脉沮弛，精神乃央。"王冰注："央，久也。辛性潤澤，散養於筋，故令筋緩脉潤，精神長久。"此外，"央"還表示"央求、懇求；連累、拖累"，《大詞典》在第五個義項下解釋道："通'殃'。禍害。"① 這裏似乎没有通假的必要，"央"的擴散擴大意味波及，"央求""央告""央托""央祈""央煩""央請""央懇"等都是向外求助，牽連進他人。當央及不幸事件時就容易使他人遭受災禍，因此有時用從歹的"殃"。

峡，央的增旁後起字。《文選·左思〈魏都賦〉》："開胸殷衛，跨躡燕趙。山林幽峡，川澤迴繚。""幽峡"意思是深邃。

軮，漫無邊際貌，《文選·揚雄〈甘泉賦〉》："據軨軒而周流兮，忽坱圠而無垠。"李善注："軮軋，廣大貌也。"

泱，形容水流深廣或水聲洪大，常叠用作泱泱，《詩·小雅·瞻彼洛矣》："瞻彼洛矣，維水泱泱。"毛傳："泱泱，深廣兒。"

（5）終盡，消散

從初始穿出的狀態到慢慢興起、擴大直至消失終了，是"央"及其同源字所能表現的整個過程。"央"的"終盡、消散"義也是由此而來，多組成"未央"連用。詩文中常見的"夜未央"，即是"夜未盡"。以爭論較多的《詩·小雅·庭燎》篇爲例，原詩作：

夜如何其，夜未央。庭燎之光，君子至止，鸞聲將將。
夜如何其，夜未艾。庭燎晣晣，君子至止，鸞聲噦噦。
夜如何其，夜鄉晨。庭燎有煇，君子至止，言觀其旂。②

因"央"可表示"中""深；久""盡"等不同意義，歷來對"夜未

---

① 參見羅竹風主編《漢語大詞典》第二卷，上海辭書出版社2008年版，第1476頁。
② （清）阮元：《十三經注疏》，中華書局1980年版，第432頁。

央"所指的時間有各自的看法。譬如《大詞典》"央"和"未央"條下皆引此詩爲例，但解説不同："央：②盡，完了。""未央：未半。"① 張新超認爲"夜未央""夜未艾""夜鄉晨"有明顯的遞進關係，把"央"釋作"中"更恰當；并進一步推測三者是西周時用來紀時的專用名詞，"'夜未央'一般稱爲'夜未中'或'夜未半'，指24小時制中的21：45—23：15，相當於十二時辰紀時法中的亥時。'夜未艾'相當於秦漢時期的'夜過半（中）'，指0：45—2：15，大致屬丑時。'夜鄉晨'相當於'雞鳴'的'雞三號'，當指3：15—3：45，屬寅時。"② 李燦基本持相同觀點，祇不過"夜未央""夜未艾"不當是確指，而是古人對"夜中"前後時間的模糊描述。③ 查閲古注，幾家説法却是比較一致的：

毛傳："央，旦也。庭燎，大燭。君子，謂諸侯也。將將，鸞鑣聲也。"

鄭箋："夜未央，猶言夜未渠央也。而於庭設大燭，使諸侯早來朝，聞鸞聲將將然。"

陸德明釋文："央，於良反。《説文》云：久也，已也。王逸注《楚辭》云：央，盡也。"

孔穎達正義："未央者，前限未到之辭，故箋云：'夜未央猶言夜未渠央也。'故漢有未央宫，《詩》有樂未央。傳言'央，旦'者，旦是夜屈之限，言夜未央者謂夜未至旦，非謂訓央爲旦。故王肅云'央，旦。未旦，夜半'是也。"

孔穎達解釋得很清楚，"未央"之所以釋作"未旦"是説明還没到白天，於夜晚則是未盡。後文將從昏到第二天旦的時間段比喻成人之一生，人年老稱"艾"，夜將盡稱"夜艾"。全詩若如毛傳所説，是讚美宣王之詞，問夜早晚，燃起庭燎，以待諸侯來朝，則從事理上判斷不可能在半夜。《周禮·秋官·司烜》："凡邦之大事，共墳燭庭燎。"鄭玄注："墳，

---

① "央""未央"分别參見羅竹風編《漢語大詞典》，上海辭書出版社2008年版，第二卷第1476頁，第四卷第688頁。

② 張新超：《〈詩經〉"夜未央""夜未艾""夜鄉晨"另釋——對西周紀時制度的補充》，《寧夏大學學報》（人文社會科學版）2014年第1期。

③ 李燦：《"未央"詞義新考》，《湖北第二師範學院學報》2019年第10期。

大也。樹於門外曰大燭，於門內曰庭燎，皆所以照衆爲明。"即便勤政也不至於從午夜開始樹立庭燎，徹夜難眠。後一句説"君子至止，鸞聲將將"當是宣王猜測之詞，他仿佛隱約聽見鸞鈴的聲響，以爲諸侯早早來到，想要提前做好準備，才問夜晚到了什麽時候。"夜未央""夜未艾""夜鄉晨"應該都比較接近早朝的時間，即便有層層推進，相距也不會太遠。"渠央"義爲完結，"未央宫"取名於没有災難、長樂、長生，① 其他文例如《楚辭·離騷》"及年歲之未晏兮，時亦猶其未央"以及《文選·劉楨〈贈五官中郎將〉之一》"四牡向路馳，歡誠悦未央"中的"央"都是"盡"。因古時朝見諸侯時間較早，"夜未央"仍在深夜。

從以上分析可以得知，"央"聲字整體包含的意象是：束縛（頸部），居中穿出，并向外擴散。其中第二個語源義又可細分爲中央、初始、興起、充盈、廣遠、深邃、長久、波及、光耀、遮蔽、消散等幾個源義位。"英"從艸央聲，其本義是草本植物的花，取象於花從莖的頂端發育、抽出，有"初始"之義。

(二) 英的核心義

在《大詞典》中，當"英"讀爲於良切（yāng）時，表示草木初生的苗。這與"秧"屬於同音同義，都是從"央"分化而來，指草木時加艸部、指禾苗時加禾部。

還有一個讀音於驚切（yīng）包含的義項就比較多。

①花。上文已説明"英"承襲了"央"的語源義"初始"，具體表現爲草本植物的莖頂端發育、抽出花芽。

②精華。花被認爲是植物最精粹的部分，受天地之氣凝聚而成，花開各有季節是受到不同時令之氣感應的結果。② 引申爲凡物之精華，也作"菁華"。《晉書·文苑傳序》："《翰林》總其菁華，《典論》詳其藻絢。"菁是韭菜花，精爲睛之假借，都是神采和活力的象徵。

③精靈、神靈。孔稚珪《北山移文》："鍾山之英，草堂之靈，馳煙驛路，勒移北庭。"將山想象成神靈，賦予了人格，與②的內涵一致。

④矛上的羽飾。《詩·鄭風·清人》："二矛重英，河上乎翱翔。"揚

---

① 參見譚前學《西漢"未央宫"宫名含義小考》，《文博》2010年第1期。
② 劉燦《支雅》："冬至陰極陽生，梅桃李杏花皆五出；夏至陽極陰生，葳靈仙鹿葱射干梔子花皆六出，桂應秋令花四出，陰陽奇偶之數物不能違也。"

之水《詩經名物新證》考證："矛柄上，常用羽毛爲飾。詩中之'英'，指羽飾……但是'重英''重喬'，却不是如同兩簇絲穗，垂懸於矛葉下端的鈕，若後世之紅纓槍，而是羽尖向上，纏縛在積竹矜上。"① 考古出土的實物也能證明"英"指裝飾矛向上突出的羽飾，如同花的秀出。

⑤兩山相重。《爾雅·釋山》："山三襲，陟；再成，英；一成，坯。"郭璞注："襲亦重。"是説山祇有一層（一個山丘）的稱爲坯，也寫作"壞"；三層的如同臺階逐級增高，稱作"陟"；而兩層的，一低一高如同抽出的花芽一般，稱作"英"。郝懿行《爾雅義疏》形容得尤爲精到："成猶重也……英本華萼之名，華萼相銜與跗連接，重累而高，故再重之山取此爲名。"②

⑥德才超群的人。"草之精秀者爲英，獸之特群者爲雄"，因此才能智慧超群、勇武過人的人被稱爲"英雄"。

這幾個義項都從花抽出的形象比擬而來，指秀出、突出。另外，由花的鮮艷引申出美好之義。

⑦優美、美好。"英妙""英茂""英俊"既指才智出衆的人，也用來形容俊美之貌。

⑧光華、光彩。《楚辭·九懷·哀時命》："願至崑崙之懸圃兮，采鍾山之玉英。""瑛"就是玉的光彩，也指似玉的美石。"朠"則是月亮的光彩，《玉篇·月部》："朠，月色也。"

通過上述整理，"英"的核心義可以概括爲"突出、鮮明"。若把"英"的語源義和核心義繪製到同一張圖中，其結構關係表示如圖 3-2：

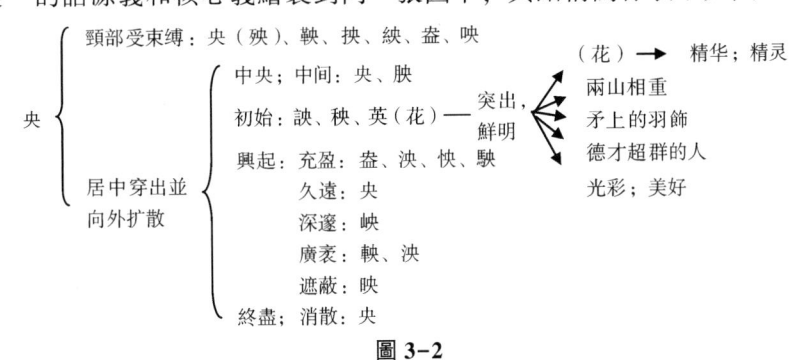

圖 3-2

---

① 揚之水：《詩經名物新證》，北京古籍出版社 2002 年版，第 280—281 頁。
② （清）郝懿行：《爾雅義疏》，中國書店 1982 年版，第 11 頁。

二 非同聲符孳乳例

【華】

（一）華的核心義

在《大詞典》中，"華"有四個讀音、多個義項，讀作呼瓜切（huā）時，表示"剖開"，可與空媧切（kuā）合并，兩者有相同的語義來源，說見後。讀作胡化切（huà）時，一爲山名"華山"，一爲姓，春秋宋國有華元。作爲專名可暫不考慮。主要來看 huā 音下的"花"以及 huá 音下的幾個義項。

"華"的本義是花，《説文·華部》："華，榮也。從艸從雩。"又《雩部》："雩，艸木華也，從亏聲。"巫即垂字，華從雩，雩從巫，象草木的花朵開放、舒展下垂之貌。"華"也作"荂"，《爾雅·釋草》："華，荂也。"又作"葩"，《玉篇·艸部》："葩，草木華也。"以及"蘤"，《廣雅·釋草》："蘤，華也。"花的特徵之一是開放、艷麗，《説文·艸部》"葩"字段注："古光華字與花實同義同音。葩之訓華者，草木花也。亦華麗也。艸木花取麗，故凡物盛麗皆曰華。""盛麗"就是華的核心義。①

核心義"盛麗"可統攝以下義項：

①開花，②果實。

③出現在太陽或月亮周圍的光環。是對花的外形的模擬想象，也有光彩之義。

④光彩、華麗。既可當名詞，也可作動詞。既指具體某物的盛麗，也能虛化指榮耀光華，以及有文采的言辭。《大詞典》收錄的"華瀚""華宗""華誕"應都與此相關。

⑤時光。一般將"時光""年歲"説成"韶華"時，往往帶上喜愛的心理，與"花"被當成"精華"相同，時間也是最可珍貴的。引申爲年輕、年少。

⑥（頭髮）花白。"花白"非純白，通常是灰白相間，類比於花色的駁雜。

huā 音下還有三個義項，喧嘩，通"譁"，屬通假；漢語，如"英華

---

① 參見王雲路、王誠《漢語詞彙核心義研究》，北京大學出版社 2014 年版，第 54—56 頁。

辭典",這是由於我國古稱華夏。至於"華夏"一名的解釋,歷來也有幾種不同看法:(1)華服説,有禮儀之大爲夏,有服章之美爲華。① (2)華山説。章太炎《中華民國解》:"夫華本華山,居近華山而有華之稱。後代華既稱廣,忘其語原,望文生訓,以爲華美,以爲文明,雖無不可,然非其第一義,亦猶夏之訓大,皆後起之説耳。"② 詹鄞鑫《華夏考》也認爲,"華""夏"本來分别指華山和大夏,兩者對峙於黄河南北,遥遥相望,"華夏"一帶是上古三代和秦的核心重地,故被視爲"中土",轉化爲"中國"的代稱。③ (3)夏舞之羽蓋説。劉宗迪《華夏名義考》從人類學的角度分析了原始舞蹈與人類族群建構的關係,"'華'字的初文象徵此種羽葆之形……華夏先民,以其飾羽而夏舞,謂之'夏',以其舞於立'華'之所,則謂之'華',合稱之則謂之'華夏'……也就是説,'華夏'一名的意義本於華夏先民藉以聚族成群的原始舞蹈。"④ 這三種説法孰是孰非尚待考證,故此處存而不論。

(二) 華的語源義

華,在《廣韻》中有三個讀音,⑤ 上古分屬兩音:一爲户花切,屬匣母魚部;一爲呼瓜切,屬曉母魚部。與華在音義上俱相關的有:刳,溪母魚部;夸,見母魚部;瓠,見母魚部。見溪是牙音旁紐,曉匣是喉音旁紐,牙音與喉音發音部位接近,且韻部相同,讀音上存在關聯。再看語義。

刳,《説文·刀部》:"刳,判也。从刀,夸聲。"段注:"《内則》云:'刲之刳之。'按刲謂刺殺之,刳謂空其腹,《繫辭》'刳木爲舟',亦謂虚木之中。"刳指從中間剖開再挖空。"刳"轉換了部首作"挎"。挎的另一個意思是把東西挂在肘部或肩頭、脖子、腰上,以一端爲定點,物體分兩頭下垂。"夸"的本義是兩髀之間,字又作"胯",用爲動詞寫作"跨"。章太炎《文始》:"跨謂之胯,股也。旁轉支則爲趌,半步也。所

---

① 《尚書·周書·武成》:"華夏蠻貊,罔不率俾,恭天成命。"孔安國傳:"冕服采章曰華,大國曰夏。"
② 章太炎:《中華民國解》,《章太炎全集》,上海人民出版社1985年版,第253頁。
③ 詹鄞鑫:《華夏考》,《華東師範大學學報》(哲學社會科學版)2001年第5期。
④ 劉宗迪:《華夏名義考》,《民族研究》2000年第5期。
⑤ 參見周祖謨《廣韻校本》,中華書局2011年版,第167、168、425頁。

以赴謂之奎，兩髀之間也。"① 古時一步即今兩步，兩足各舉一次；半步即今一步，正好是左右足前後的距離。"奎"意味着兩腿可以叉開，《集韻·紙韻》："踎奎，跬踵，開足兒。或省。"二十八宿中的奎取兩髀之象形，《爾雅·釋天》："降婁，奎婁也。"郝懿行義疏："奎者，十六星旁殺而下垂，象兩髀。"此外還有"圸"，《玉篇·土部》："圸，土墟也。""垮"是倒塌，大致呈錐形，字形晚出或是俗字，瓜夸見溪旁紐。這些字表示的詞，意義特徵都是"張開，有一端相連"。

辜，本義是重罪，配以重刑亦謂之辜。《周禮·秋官·掌戮》："凡殺其親者焚之，殺王之親者辜之。"鄭玄注："辜之言枯也，謂磔之。"辜的行刑方式仿自用牲畜祭祀，《周禮·春官·大宗伯》："以血祭祭社稷五祀五嶽，以貍沈祭山林川澤，以疈辜祭四方百物。"又《地官·牧人》："凡外祭毀事，用尨可也。"尨，雜色，這裏指摻有黄毛顔色不純的狗，披磔牲體以祭風。《禮記·月令》中又叫"磔禳"："（仲春之月）命國難，九門磔禳，以畢春氣。"把牲畜的胸腹剖開，取出内臟，喻發散陳氣、寒氣，以禳除災疫。疈即副字，《説文·刀部》："副，判也。"又"剖，判也"，副、剖指用刀從中間破開；辜謂之刳，將内部掏空，使之敞開，因此《周禮》"疈辜祭四方百物"鄭玄注爲："疈，疈牲胸也。疈而磔之，謂'磔禳'。"則辜是刳腹，不是斷裂肢體。②

觚，古代的一種飲酒器，上口似喇叭，長頸、細腰、高圈足，是最早的酒器之一，與尊成套出現。出土的器形如圖 3-3、3-4、3-5。③

"華"的本義是花，和觚的外形相像，或説觚的器形如植物開花的形狀，故將這種器物定名爲觚。"華"之表示花朵，取義於花瓣上部披散開而下部連着花萼，④和"刳""辜"的有一端相連另一邊張開是類似的意象。因此，"華"有剖開義。⑤《周禮·夏官·形方氏》："形方氏掌制邦國之地域而正其封疆，無有華離之地。"杜子春將"華離"校作"華雜"，鄭玄注："華讀爲佤哨之佤，正之使不佤邪離絶。"賈公彦疏："王者地有

---

① 章太炎：《文始》，《章太炎全集》，上海人民出版社 2014 年版，第 185 頁。
② 參見陸宗達《説文解字通論》，中華書局 2015 年版，第 86—87 頁。
③ 中國青銅器全集編輯委員會編：《中國青銅器全集 2 商》，文物出版社 1997 年版，第 107—128 頁。
④ 參見黄易青《上古漢語同源詞意義系統研究》，商務印書館 2007 年版，第 148 頁。
⑤ 《禮記·曲禮上》："爲國君者華之，巾以絡。"鄭玄注："華，中裂之不四析也。"

第三章 核心義與語源義的關係

圖 3-3　商代晚期獸面紋觚

圖 3-4　商代晚期父甲觚

圖 3-5　商代晚期亞址方觚

佹邪離絕，遞相侵入不正，故今正之。佹者，兩頭寬，中狹；邪者，謂一頭寬，一頭狹。"佹離、華離正與"華"之語源義相關。如果把"華"的核心義和語源義也畫入一張圖中，如圖3-6：

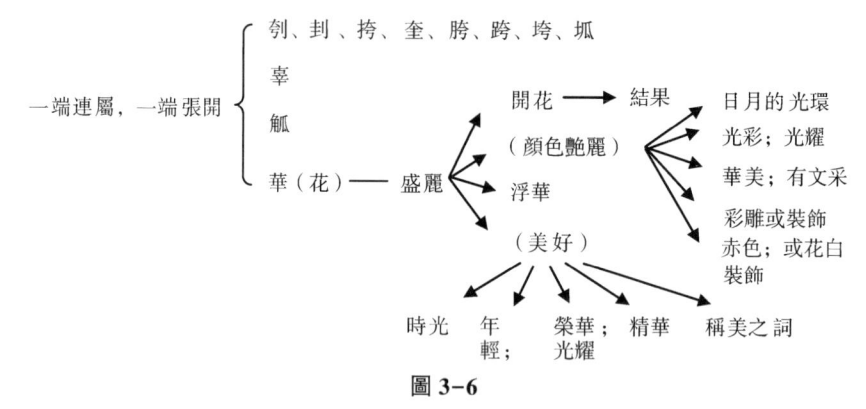

圖 3-6

華經過同源繫聯得出語源義"一端連屬，一端張開"，沒有所謂的"根詞"，分散到各個字形中，分別表示不同的內容，例如："辜"是剖開胸腹的刑罰或祭祀方式，"觚"是侈口收腰的酒器，"華"是開放的花朵。與"華"相比較，"英"同樣可以指稱花，但它的語源義是從中間穿出時的初始狀態，因而常指小花、草本植物的花，一般而言不像木本植物能夠結果，因此《說文》釋"英"爲"榮而不實者"。

不過，"英"和"華"在承受了語源義之後，後續的詞義引申變化却并非完全沿着這個語源義展開，而是在花這個具體意象上發生了一定程度的轉折，有了艷麗光彩、鮮明耀眼的意味。這是核心義超出了同源系列的範圍，於某個義位上發生了轉變的情况。

第三節　有語源義而核心義不明確

有些詞在根據語源義造字表示一個具體物象後，本身詞義發展并不豐富。張聯榮《談詞的核心義》曾談及核心義的概念："詞義的形成是一個抽象的過程，經過對客觀事物的抽象，形成了詞的本義；經過歸納，又將詞所標示的事物的本質特徵從其所指示的對象中分離出來，歸結爲它的核心義。從這個角度講，核心義的確認是一種'二次抽象'的過程。"[①] 如

---

① 張聯榮：《談詞的核心義》，《語文研究》1995年第3期。

果嚴格遵循這個定義，則無法確定這些詞的核心義。以"柢"爲例。

【柢】

《説文·木部》："柢，木根也。从木，氐聲。"桂馥《説文解字義證》："戴侗曰：'凡木命根爲氐，旁根爲根，通曰本。'""柢"的本義是樹木的主根。其引申較簡單，義項不多，《大詞典》將其歸納爲：①樹根。特指直根。②物體的底。③根基，基礎。④源，本源。⑤通"氐"。大概；大略。⑥通"胝"。牲之本體，古代用於祭祀。⑦通"抵""觝"。[1] 柢有前四項相關，且除了表示"物體的底"稍特殊外，其他兩項都是直接由樹根的作用生發出來的聯想引申。

但如果追究柢的語源義，則可以上溯到氐。《説文·氐部》："氐，至也。从氏下箸一。一，地也。""氐"的構形本義尚不清楚，楊樹達謂："祇者，《説文》十二篇下《氏部》云：'巴蜀名山岸脅之旁著欲落墥者曰氏。氏崩，聞數百里。象形，乁聲。'按 E 爲山脅旁著欲墥之形，有落墥之勢而不墥，此初民所視爲神異者一也。崩而聲聞數百里，初民所視爲神異者二也。電爲天上至神之象，氏爲地上至神之象，故天神謂之神，地神爲之祇矣。"[2] 這個説法有一定的想像演繹成分，不過甲骨、金文氏字的形體作 ㇈（後二·二一·六）、[3] ㇈（頌簋），[4] 確象物體下落。氐在金文中作 ㇈（虢金氏孫盤），[5] 在氏字下加一橫，象物落觸地。

氏聲的字大都有兩物接觸、到達目標之義。如底，《左傳·昭公二十六年》："茲不穀震盪播越，竄在荆蠻，未有攸底。"杜預注："底，至也。"又《襄公九年》："夫婦辛苦墊隘，無所底告。"底也是至，把心意傳達給別人，讓他人知道。抵，《史記·蒙恬列傳》："始皇欲遊天下，道九原，直抵甘泉。"抵達則兩物相接觸，有觸碰義，《山海經·海外北經》："相柳之所抵，厥爲澤谿。"郭璞注："抵，觸。"

氏表示垂直下落或水平移動到達目標，則底部、尾部、後部是與目標

---

[1] 參見羅竹風編《漢語大詞典》第四卷，上海辭書出版社 2008 年版，第 920 頁。
[2] 楊樹達：《積微居小學金石論叢》，中華書局 1983 年版，第 16 頁。
[3] 中國社會科學院考古研究所編：《甲骨文編》，中華書局 1965 年版，第 488 頁。
[4] 容庚：《金文編》，中華書局 1985 年版，第 815 頁。
[5] 容庚：《金文編》，中華書局 1985 年版，第 819 頁。

體、對當物相觸碰的部分，可以稱爲"氐"，用作名詞。底，《説文·广部》："底，山居也。一曰下也。从广，氐聲。"段注："下爲底，上爲蓋。今俗語如是。""底"就是底部、下面。低，《説文新附·人部》："低，下也。"用作動詞表示低垂、向下，低頭即俯首。骶，尾椎骨，《字彙·骨部》："骶，臀也，脊尾曰骶。"《素問·刺熱》："七椎下間主腎熱，榮在骶也。"王冰注："脊節之謂椎，脊窮之謂骶。"詆，用言語貶低、譴責別人。柢，樹根，也是在底部。"柢"由"氐"分化而來，在使用中有時仍通用，"氐"也可表示底、根本。二十八星宿中的東方蒼龍包括角、亢、氐、房、心、尾、箕七宿，其中氐象徵龍足，① 《史記·天官書》："氐爲天根。"司馬貞索隱："孫炎以爲角、亢下繫於氐，若木之有根。"是"氐""柢"皆指根本、底部。

到達了目標或者由於兩物接觸的作用力使之停頓，因此"氐"有留止和阻擋義。邸，府邸，原是諸侯朝見天子時在京師的住所，泛指館舍，《漢書·文帝紀》："至邸而議之。"顏師古注："郡國朝宿之舍，在京師者率名邸。邸，至也，言所歸至也。"坻，水中的小塊高地，《説文·土部》："坻，小渚也。《詩》曰：'宛在水中坻。'从土，氐聲。汷，坻或从水，从夂。渚，坻或从水，从者。"楊樹達《積微居小學述林·釋坻》篇釋之甚詳：

坻之爲言底也，迟也。《爾雅·釋詁》云："底，止也。"……《説文》二篇下《辵部》云："迟，怒不進也，从辵，氐聲。"水遇坻而止，滯著不進，故名坻也。坻或从者作渚，按渚之爲言稽也。《説文》六篇下《稽部》云："稽，留止也，从禾，从尤，旨聲。"坻从氐，義爲底止，渚从者，義爲留止也。……十一篇上《水部》云："沚，小渚曰沚，从水，止聲。《詩》曰：于沼于沚。"《釋名·釋水》云："小渚曰沚，沚，止也，小可以止息其止也。"……愚謂：止者，水之所止也。十四篇下《𨸏部》云："陼，如渚者陼丘，水中高者也，从𨸏，者聲。"字通作渚。……渚之言著也。《國語·晉語》云："底著滯淫。"韋注云："著，附也。"《一切經音義》三引《字書》云："著，相附著也。"渚者，言水之所附著也。……水所底謂之坻，水

---

① 參見劉操南《古代天文曆法釋證》，浙江大學出版社 2009 年版，第 416 頁。

所止謂之沚，水所著謂之陼，字義同則語源同也。①

　　扺本義爲推擠，排而相距，引申爲抵抗。兩物接觸意味着會合、相當，勢均力敵則可以互相抵消。牴，用角相觸碰，《法苑珠林》卷五三："於道中見二特牛，方相牴觸。"字或從角作觚，《淮南子·説山訓》："熊羆之動以攫搏，兕牛之動以抵觸。"

　　柢在同源中的位置關係及其詞義引申見圖3-7：

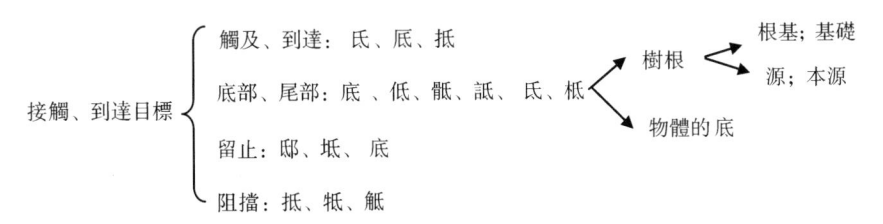

```
                ┌ 觸及、到達：氐、厎、抵
                │                                      ┌ 根基；基礎
接觸、到達目標  │ 底部、尾部：底、低、骶、泜、氐、柢    樹根 ＜
                │                                      └ 源；本源
                │ 留止：邸、坻、底                      物體的底
                └ 阻擋：抵、牴、觝
```

圖 3-7

　　這些以氐爲聲符的字基本上都從"氐"分化出來，不過它們的分化不夠徹底，在實際使用中經常通假，有些甚至成爲了固定的義項，這和票聲字如"漂"與"藨""僄"與"標""剽"混用的情況相同。不過，"柢"承襲了語源義之後，本身詞義的發展并不豐富，指稱樹根時在"氐"的基礎上添加了木部，相當於和"骶""底"是"同狀異所"；由樹根關聯到根基和本源，却就此止步，沒有延伸，僅有某一趨勢而未顯現，也就無法確定"柢"本身所具有的核心義的內涵。

第四節　核心義與語源義同一起點

【集】②

　　"集"在《説文》中的正篆字形是雧，"雧，群鳥在木上也，从雥从木。集，雧或省。""雥"釋爲"群鳥"。許慎是把"雧"當作正體、"集"爲或體，而"集"在甲骨、金文中就已經出現，一般從一隹或一

---

①　楊樹達：《積微居小學述林》，中華書局1983年版，第16頁。
②　"集"在《説文·雥部》，在《大字典》的《隹部》，"集"的構形與木相關，爲了本章所討論的核心義與語源義之間關係類型的全面和完整，在此用"集"作爲例證。

鳥：🐦（粹一五九一）、🐦（前五・三七・七）、🐦（後二・六・三），① 後繁化從三佳。有學者根據早期的古文字字形，將"集"解釋爲"棲"，以與"雧"相區別，李孝定："甲骨金文集字，均從一鳥在木上，甲文且多作一飛鳥形，象鳥之將止息也，無從雧者，高鴻縉氏以此爲'棲'之本字，近之。"②

集，從母緝部；棲，心母脂部，從、心是旁紐，但韻部的聯繫稍遠。漢字繁化或簡化現象很普遍，"鳥棲止木上"與"聚集"在意義上有一定相關性，仍然把"集"當成"雧"，義爲"集合"。

從"集"的本義出發，其核心義可以概括爲"聚集"。"聚"與"集"同義并列，《説文・伙部》："聚，會也。从伙，取聲。邑落云聚。"段注："《公羊傳》曰：'會猶冣也。'注云：'冣，聚也。'按《冖部》曰：'冣，積也。'積以物言，聚以人言，其義通也。古亦叚取爲聚。""冣"本義爲聚攏，與"最"多通用，《玉篇・曰部》："最，齊也，聚也。"統括所有、處於首要的被稱爲"最"，把東西收集起來叫作"撮"。"聚"在這個意義上與"冣""最"同，從伙、取聲，伙"衆立也"，合體表示會聚。而"集"在《説文》中有同音同義的字"亼"，《説文・亼部》："亼，三合也。从入、一，象三合之形……讀若集。"許慎《説文解字》中的讀若很大比例揭示了異體字，"亼"在文獻中没有獨立使用的例子，不過可以作爲文字的構件，如"合"指會合；"侖"是集册而卷之，引申爲有條理；"僉"是總括、全部。"集"與"聚"的構形方式以及含義均相近，故可表述爲"聚集"。"集"圍繞着核心義"聚集"而有以下詞義：

本義"鳥棲止於樹"，包括下降、墜落的動作和棲身、停留的結果。停留的時間長即滯留，《漢書・禮樂志》："合生氣之和，導五常之行，使之陽而不散，陰而不集。"顏師古注："集謂聚滯也。"下降，從主動的趨向來説是至、到，《國語・晉語一》："大家鄰國，將師保之，多而驟立，不其集亡。"韋昭注："集，至也。"導致了壞的結果，義爲遭遇、遭受。讓他人、他物來至則是召集、招致。

從衆鳥聚集引申，泛指會聚。衆人的集會、宴會可以叫集，因此趕集

---

① 中國社會科學院考古研究所編：《甲骨文編》，中華書局1965年版，第186頁。
② 古文字詁林編纂委員會編：《古文字詁林》，上海教育出版社1999年版，第25頁。

的集是人們把衆多貨物匯集到一處出售，市集是這種定期交易的場所。圖書按照一定標準分類，按類收編到一起；影視根據故事的主題編輯成段，也稱爲集。"集"的匯聚，一方面使其集中不散，故有齊一、一致之義，《漢書·晁錯傳》："起居不精，動靜不集。"顏師古注："集，齊也。"另一方面，也指衆多，《廣韻·緝韻》："集，衆也。"衆多事物相會聚則有摻雜、不純之義，《論衡·對作》："紫朱雜廁，瓦玉集糅。"

"集"的核心義和引申義列可以表示爲圖3-8：

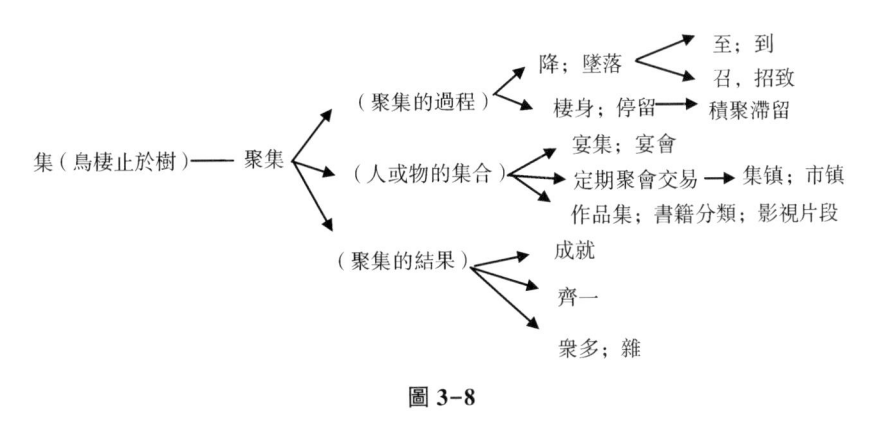

```
                        ┌─ 降；墜落 ──┬─ 至；到
                        │             ├─ 召；招致
              (聚集的過程)│             └─ 積聚滯留
                        └─ 棲身；停留
                        ┌─ 宴集；宴會
集(鳥棲止於樹)── 聚集 ─(人或物的集合)─ 定期聚會交易 → 集鎮；市鎮
                        └─ 作品集；書籍分類；影視片段
              (聚集的結果)┌─ 成就
                        ├─ 齊一
                        └─ 衆多；雜
```

圖 3-8

而"集"的語源義，根據王力《同源字典》的收錄，"集"與"雜、萃、輯、揖、戢"等同源："dzəp 雜靐：dziəp 集（欒）亼（人）繰輯（叠韻）；dziəp 集：dziəp 戢（同音）；dziəp 集：dziuət 萃（緝物通轉）；dizəp 集：tziəp 揖（從精旁紐，叠韻）。"[①] 這幾個詞在聚合、會聚的意義上相通。不過，它們的聯繫和"華"一組詞不同，"華、剢、宰"等是"一端連屬、一端張開"的意象被分別賦予具體語境而產生的字，有上下層級關係；"輯、揖、戢、集"等則處於一個平面，沒有更上級的概念或意象。"集"的聚集義由衆鳥棲止於樹的會意構形表現出來，其引申義也是以此爲基礎進行延展。因此"集"的核心義是以"集"這個字爲起點，不需要追尋更早的語源義。

以上四種情況各自代表了核心義與語源之間的四種關係：

（1）核心義承襲自語源義，基本在同源系統的框架中。

（2）核心義不同於語源義，通常是名詞的命名來自語源義，但由於

[①] 王力：《同源字典》，商務印書館1982年版，第594—596頁。

這個名詞代表的事物具備其他特性，導致核心義發生轉變，在核心義支配下引申出新的詞義。

（3）有語源義，而核心義不明確。通常也是名詞，其命名理據體現語源義、所代表的事物具備其他特性，但詞的活力不足，尚不能判斷詞義的走向，也就無法確知其核心義。

（4）核心義和語源義是同一起點，這類應是較早產生，以象形、會意等方式所造，表達的概念較爲基礎和重要的詞。

明確了核心義與語源義的關係，首先對核心義的來源有了進一步的認識，從根本上說，核心義可以突破字形、詞形的限制一直逆向沿着語源義的路徑追溯到意義系統的上層。其次，語源義被"分派"到不同詞中，一般而言有固定的詞形，以核心義的形式傳遞到各個義項中。如果在這個過程中發生的變化較小，則核心義就接近於語源義，因此可以通過同一層次的同源詞繫聯來推求核心義，這是通過同源方法求核心義的原理。再次，語源義從較模糊的概念逐漸分離出越來越清晰的"源義位"，上下層級之間難免有或大或小的差異，在某個源義位上甚至會有明顯的轉變。同理，一個詞中核心義貫穿了一個引申義列，核心義與具體義項有或遠或近的關係，而在某個義項上原先的引申義列會終止，而以這一義項表示的物體、事件的特徵爲起點重新發展出一個引申義列，也就有了新的核心義。說明核心義與語源義相似，可以具有層級性。[1]

---

[1] 本章着重探討核心義的來源，分析核心義與語源義之間的關係，採取的是狹義的"核心義"概念，即從本義爲邏輯出發點，以引申義列爲發展方向，因此會出現核心義無法確定的情況。實際上，由於語源義的作用，這些詞內部包含了核心義的要素，衹不過缺乏進一步演化的動機，故在本書其他章節中，也會用到同源詞共享核心義的概念。

第四章

個案研究

【薄】

《説文·艸部》:"薄,林薄也。"段注:"《吴都賦》:'傾藪薄。'劉注曰:'薄,不入之叢也。'按,林木相迫不可入於薄。"薄猶迫,薄屬並母鐸部,迫爲幫母鐸部,音義俱相通。迫的本義是近,引申爲强迫、逼近。從白得聲的有柏,柏樹之名取象於它的小枝扁平,葉子呈鱗片狀、排列緊密。因此薄的核心義是"迫近"。

薄可以指空間上的接近。《尚書·虞書·益稷》:"弼成五服,至于五千,州十有二師,外薄四海,咸建五長,各迪有功。"記録禹回顧治理洪水的經歷,從九州到四海都設立五長,"薄"在這裏就是"靠近、到達"之義。日食、月食被稱爲"薄食",《漢書·天文志》"日月薄食"韋昭注:"氣往迫之爲薄,虧毁曰食也。"食與蝕通,也寫作"薄蝕"。在災異説盛行的古代社會,星占家通過觀測天象預知政治得失、人間吉凶,認爲"日者陽精",是君主的象徵;"月者陰精",是臣子的象徵,日月薄食,預示着王權旁落、政綱失常,因此有些注家將"薄食"與悖亂相互聯繫,[①] 或用日月食發生時的景象進行描述,如《漢書》"日月薄食"條顔師古注:"日月無光曰薄,京房《易》傳曰:'日月赤黄爲薄。'或曰'不交而食曰薄'。"實際仍與日月相交會、迫近有關。

如果接近的雙方存在敵對關係,"薄"在語境中就當釋爲"侵逼、侵

[①] 莊子的觀點正相反,認爲盲目追求所謂的智巧才是禍亂的根本,所以《莊子·胠篋》篇説:"故天下皆知求其所不知而莫知求其所已知者,皆知非其所不善而莫知非其所已善者,是以大亂。故上悖日月之明,下爍山川之精。"陸德明《釋文》:"上悖,李郭云'必内反',又音佩。司馬云'薄食也。'"

入",《六韜·突戰》:"敵人深入長驅,侵掠我地,驅我牛馬,其三軍大至,薄我城下。"此句是周武王向姜太公的問話,面對敵人的突然襲擊該如何應戰。與"來、至"或其他表示緩慢靠近的詞不同,"薄"體現出短時間內兵臨城下的緊迫感。《墨子·襍守》論述守城時派兵外出偵察,根據敵人距離遠近警示城郭內士兵作出相應防衛:"見寇,舉牧表,城上以麾指之……寇近,亟收諸雜鄉金器若銅鐵……寇薄,發屋伐木,雖有請謁,勿聽。"先言"見寇",其次"寇近",接著"寇薄",敵我距離越來越短,且"薄"比"近"還要逼進。

"薄"也可以指時間、事件上的緊迫,《文選·劉鑠〈擬行行重行行〉》:"願垂薄暮景,照妾桑榆時。"又陸機《塘上行》:"願君廣末光,照妾薄暮年。"都形容人之將老,如日之薄暮。《漢書·嚴助傳》:"王居遠,事薄遽,不與王同其計。""薄""遽"同義連文。

對多個物體來說,距離小往往與密度大、數量多、頻率高相互聯繫,比如"數",既指"屢次",也有"密集、親密"之義。而"薄"卻朝"稀薄"方向進行引申,這或許與"薄"的本義有關。根據許慎的說解,"薄"為"林薄",[①]草木叢生之處,與"苑、籔、薈"排列在一起。文獻中也有用例,如《淮南子·覽冥訓》:"飛鳥不駭,入榛薄食薦梅。"薄從艸、溥聲,溥從水、尃聲,"尃,布也。"[②]以甫、專為聲符的字多有"廣大"義,如"博、溥、鋪、蒲"等,薄也就是有眾多草木的林地。不過許慎在"林薄也"之後說"一曰蠶薄"。段玉裁引《方言》云:"宋魏陳楚江淮之間謂之苗,或謂之麴,自關而西謂之薄。"這一表述容易引起誤解,而誤解的源頭至少從韋昭就開始了。《史記·絳侯周勃世家》:"絳侯周勃者,沛人也。其先卷人,徙沛。勃以織薄曲為生。"韋昭注:"北方謂薄為曲。"實際上,"薄""曲"是針對同一事物不同特徵進行的命名。《方言》卷五在段玉裁的引文之外還有"南楚謂之蓬薄"六字。"曲""苗""麴"形容的是蠶薄有些周邊為圓形;"薄"則形容器物的扁平。[③]蠶薄多用竹篾或葦篾編織而成,趙孟頫《題耕織圖二十四首奉懿旨

---

① 《說文·艸部》:"林薄也,一曰蠶薄。"蠶薄也作薄曲。
② (東漢)許慎:《說文解字》,中華書局1963年版,第67頁。
③ 現在養蠶織繭時有的用圓簿,中以竹片或稻麥秆繞圈進行分隔;也有做成方形隔欄的蠶薄。

撰》："伐葦作薄曲，束縛齊榛榛。""薄"也寫作"箔"，以葦草織成"葦箔"可當簾席，金屬薄片叫作"金箔、錫箔"。由此可見，"薄"與"迫""箔"的詞義發展方向類似，既可指不同物體之間距離近、相互迫近，也可指物體自身厚度不大、扁平。

在此基礎上，"薄"就引申出了"微薄"義。土地薄，意思是土地肥力不夠，土質貧瘠；稀薄、味薄，意味着加入的調料少，味道淡；淺薄，是見識短小；人心、世道澆薄，是心地品質不醇厚。不忠厚，則待人刻薄；認爲他人淺薄，即輕視、看不起，《史記·孫子吳起列傳》："居頃之，其母死，起終不歸。曾子薄之，而與起絕。"使之變薄，就是減少、減損，《列子·仲尼》："仁義益衰，情性益薄。""薄"與"衰"對文，都有衰減的含義。

還有一個詞"薄言"歷來有較大爭議。"薄言"主要見於《詩經》，例句抄錄如下：

（1）《詩·周南·芣苢》："采采芣苢，薄言采之。"
（2）《詩·召南·采蘩》："被之祁祁，薄言還歸。"
（3）《詩·邶風·柏舟》："薄言往愬，逢彼之怒。"
（4）《詩·小雅·出車》："赫赫南仲，薄伐西戎……執訊獲醜，薄言還歸。"
（5）《詩·小雅·采芑》："薄言采芑，于彼新田。"
（6）《詩·小雅·采綠》："予髮曲局，薄言歸沐……維魴及鱮，薄言觀者。"
（7）《詩·周頌·時邁》："薄言震之，莫不震疊。"
（8）《詩·周頌·有客》："薄言追之，左右綏之。"
（9）《詩·魯頌·駉》："薄言駉者，有驕有皇。"

或單用"薄"，也位於句首：

（10）《詩·周南·葛覃》："薄汙我私，薄澣我衣。"
（11）《詩·邶風·谷風》："不遠伊邇，薄送我畿。"
（12）《詩·小雅·六月》："薄伐玁狁，以奏膚公。"
（13）《詩·魯頌·泮水》："思樂泮水，薄采其芹……薄采其藻……薄采其茆。"

另有一處存在異文，"搏"原作"薄"：①

(14)《詩·小雅·車攻》："建旐設旄，搏獸于敖。"

一般認爲上述的"薄""薄言"是語助詞，表示語氣，無實義。《芣苢》篇"薄言采之"毛傳："薄，辭也。"劉淇《助字辨略》："薄，辭也；言，亦辭也。薄言，重言之也。《詩》凡云薄言，皆是發語之辭。"王引之《經傳釋詞》卷十"薄"條："薄，發聲也。"近現代不少學者贊同此説，如楊樹達《詞詮》、徐仁甫《廣釋詞》、余冠英《詩經選注》、楊合鳴《〈詩經〉"薄言"解》等。王力《古代漢語》釋"薄言"爲動詞詞頭。②裴學海《古書虛字集釋》："'薄'猶'乃'也。'薄言'亦'乃'也。一爲引詞：《詩·采芑》篇：'薄言采芑。'一爲'於是'之義：《詩·芣苢》篇：'采采芣苢，薄言采之。'《出車篇》：'薄言還歸。'案'薄言'是複語，皆訓'乃'。故'薄言采'，亦可曰'薄采'或'言采'。"③具體釋義有所不同，但都把"薄""薄言"看成虛詞。

以實詞來解釋的主要有五種説法：

(1) 朱熹《詩集傳》釋爲"少"。《葛覃》篇"薄汙我私，薄澣我衣"朱注："薄猶少也。"④《出車》篇"薄伐西戎"朱注："薄之爲言聊也，蓋不勞餘力矣。"⑤

(2)《方言》卷一："釗、薄，勉也。"《爾雅·釋詁》："卬、吾……甫、余、言，我也。"陳德宏《"薄言"新釋》由此把"薄言"解釋成"讓我"。⑥

---

① 楊樹達《積微居小學述林·釋獸》："《水經注》及《後漢書·安帝紀》注並引作'薄狩于敖。'《東京賦》亦作薄狩，蓋《三家詩》文如此。今按：《毛詩》字亦當作薄，薄爲語辭，猶《魯頌·泮宫》篇之言'薄采其芹'也。"
② 見王力《古代漢語》第二册，中華書局1999年版，第476頁。
③ 裴學海：《古書虛字集釋》，中華書局1954年版，第860頁。
④ 朱熹：《詩集傳》，鳳凰出版社2007年版，第4頁。
⑤ 朱熹：《詩集傳》，鳳凰出版社2007年版，第125頁。
⑥ 陳德宏：《"薄言"新釋》，《江海學刊》1998年第6期。

（3）胡適《詩三百篇"言"字解》一文中，認爲"言"作"乃"解，又根據《毛詩》鄭箋"甫也，始也"，將"薄"當作"開始"，"薄言"就是乃始，例文義爲"乃始采之""乃甫往愬""乃甫還歸""乃始追之"。①

（4）肖旭《〈詩經〉"言""薄""薄言"釋義探討》："薄""言"同義，猶"將欲"。②

（5）更多則採用"急迫""急遽"説。高亨《詩經今注》將例句中的"薄"都釋作"急急忙忙"，"言，讀爲焉或然"。③夏劍欽將"薄言追之"與"静言思之""永言保之""公言錫爵"對舉，在相同結構中，"薄"當與"静""永""赫"同爲形容詞，根據古籍"薄"字的用法和《詩》的上下文判斷"薄""薄言"表示急迫之意。④陳夢韶（1980）、李思樂（1985）、梁東漢（1985）、牛申那（1996）、姜曉（2003）、翟宇君（2007）等均從不同角度進行了詳細論述。⑤

以上前四種解釋各有缺陷。第一，朱熹釋"薄"爲"少""聊"，後接動詞"汙、澣、送、伐、采"，則"薄"是一個副詞，而在先秦古籍中却多用作動詞、形容詞，副詞的用法缺乏更多文獻用例的支撑。第二，"薄"之訓"勉"，除《廣雅》"薄、怒，勉也"，同樣缺少例證，并且將"讓我"代入《柏舟》《駉》《谷風》篇，於文意未安。比如《柏舟》篇以女子的口吻表達遇人不淑的哀怨之情，⑥雖有兄弟，但不能依靠，前去訴説，却遭遇兄弟發怒，顯然没有人"讓我""勉我"。胡適釋爲"始乃"，存在同樣的問題，無法疏通《駉》和《谷風》。第三，"薄言"爲

---

① 胡適：《詩三百篇"言"字解》，收録於顧頡剛《古史辨》，上海古籍出版社1982年版，第575頁。

② 參見肖旭《〈詩經〉"言""薄""薄言"釋義探討》，《古漢語研究》1992年第3期。

③ 高亨：《詩經今注》，上海古籍出版社1980年版，第11頁。

④ 參見夏劍欽《"薄"非"語助"辨》，《學術月刊》1981年第11期。

⑤ 參見陳夢韶《〈詩經〉虚字"言"的語法作用》，《廈門大學學報》（哲學社會科學版）1980年第3期；李思樂《聞一多先生〈詩〉"薄言"説考補》，《古籍整理研究學刊》1985年第4期；梁東漢《訓詁質疑》，《汕頭大學學報》（人文科學版）1985年第1期；牛申那《〈詩經〉"薄""薄言"索隱鈎沉》，《鄭州大學學報》（哲學社會科學版）1996年第4期；姜曉《淺議〈詩經〉虚詞"言"》，《海南大學學報》（人文社會科學版）2003年第3期；翟宇君《也談〈詩經〉虚詞"言"》，《忻州師範學院學報》2007年第4期。

⑥ 關於此詩的主題還存在争議，這裏不作詳細討論。

"將欲"的論證，在方法上就有漏洞。例如"《黃鳥》：'此邦之人，不我肯穀，言旋言歸，復我邦族。'比較《碩鼠》：'三歲貫女，莫我肯顧，逝將去女，適彼樂土。'同一句式，可證'言'有'將'義"。①"言旋言歸"與"逝將去女"非但句式不同，"言"與"將"的位置也不一致。《魯頌·泮水》"薄采其芹"與《小雅·采菽》"言采其芹"確實相對，但《采菽》鄭箋："言，我也。"與其他各例注釋前後一致，需通盤考察，僅用"對文"難以完全成立。

釋"薄""薄言"爲"急忙"，較爲近似。俞敏在《〈詩〉"薄言"解平議》里用梵漢對音推測出"焉""然""言"的後漢音分別是 yan、ñan、ñyan，《詩經》104 個"言"中有些本該作"焉"，因爲方言或口傳失真的緣故才寫成"言"，而其他"言"有其内在含意。"ñyan"中的"ñ"是"我""吾"的開頭輔音，言 ñyan 是"我+焉"ñal+yan 的壓縮。在此基礎上再分析"薄"的詞義：

"薄"在句子頭兒上，説是發語詞比較讓人容易接受。可是地底下出土的《虢季子白盤》説："博伐嚴犹。"《宗周鐘》作"戴伐"。用它來和《詩·六月》一比，正好證明"薄"不是發語詞。它等於《論語》"暴虎馮河"的"暴"，《晏子春秋》的"接一搏貈而再搏乳虎"的"搏"。段玉裁注《説文》"薄"字……這個説法極精，暗用《小爾雅》"薄，迫也"的意思。除了當"打"講的"薄"（暴、搏）以外，别的"薄"字都可以當迫近和急迫講。比方：
原文 薄送我畿（《邶·谷風》）
譯文 就近送我到門口兒
原文 薄言往愬（《邶·柏舟》）
譯文 急了我就訴委屈去。

後文以"馬上"釋《芣苢》中的"薄言"，基本上都圍繞"薄"本身可以引申出的詞義"迫近""急忙"，又能靈活運用。而《駉》"薄言駉者"中的"薄"，俞敏認爲"恐怕是'溥'的通借字。'言'等於

---

① 肖旭：《〈詩經〉"言""薄""薄言"釋義探討》，《古漢語研究》1992 年第 3 期。

'然'。'溥然'可以譯成'多麼肥大'。也許是'多麼多'"。①

綜上所述，"薄"的詞義演變都遵循一定軌迹，都在核心義"迫近"統攝的範圍內。

【荷】

荷在《大字典》中有以下一些義項：

（1） hé ①蓮。睡蓮科。多年生水生草本。②荷葉。③古代酒器荷葉杯的代稱。④國名。荷蘭王國的簡稱。

（2） hè ①扛；擔。如：荷鋤；荷槍實彈。②擔任；承當。③承受。後多用在書信中表示感謝。④電荷的省稱。⑤古湖名。又水名。也作"菏"。

（3） hē ①通"苛（kē）"。瑣細；煩擾。②通"訶"。查問。②

"荷"作爲荷蘭王國的簡稱屬於音譯。荷蘭王國全稱 Koninkrijk der Nederlanden（The Kindom of the Netherlands），簡稱 Netherlands 或 Holland。同時也是英格蘭的一個地名，表示古英語 hoh-land（高地，在山坡或丘陵的土地）。③"荷"作爲湖名，名菏澤，水名爲荷水，也寫作"菏"，較早記載於《尚書·夏書·禹貢》："荆河惟豫州。伊、洛、瀍、澗既入於河，滎波既豬，導菏澤，被孟豬。""導沇水，東流爲濟，入於河，溢爲滎，東出于陶丘北，又東至于菏，又東北會于汶。"是説濟水漫溢爲滎澤，當水量過大時向東導入菏澤。《水經注·泗水》："菏水，即濟水之所苞注以成湖澤也。"則菏水是從濟水中引出的一條水道。④

（4）概括的兩個義項僅是聲音上的通假，在歸納核心義時可不作考慮。

"荷"在表示"擔負"時本當作"何"，甲骨文字形爲 ꬷ（甲二四七

---

① 俞敏：《〈詩〉"薄言"解平議》，《俞敏語言學論文集》，商務印書館 1999 年版，第 401—410 頁。

② 參見漢語大字典編輯委員會編纂《漢語大字典》九卷本（第二版），崇文書局、四川辭書出版社 2010 年版，第 3432—3433 頁。

③ 參見 Online Etymology Dictionary：http：//www.etymolgyonine.com。

④ 史念海認爲菏澤在菏水西端近濟水處，菏水是吳王夫差爲了和晉侯舉行黃池會盟所開鑿的一條人工水道，連接濟水和泗水。參史念海《論〈禹貢〉的著作年代》，《陝西師範大學學報》（哲學社會科學版）1979 年第 3 期。

六），象人荷物之形。後多被借用作疑問代詞，表示"什麽"等含義，而"擔負"義就由"荷"來承擔。① "荷"的其他詞義也與此相關，它的核心義就可概括爲"擔負"。

但"荷"又指荷花，是否祇是一個與"梅""蘭"等形聲字一樣以聲音相區別，與表示"擔負"義的"荷"構成同形關係？這要從植物名"荷"説起，《爾雅·釋草》："荷，芙渠。其莖茄，其葉蕸，其本蔤，其華菡萏，其實蓮，其根藕，其中的，的中薏。"《説文》在"荷"前後分別排列"菡、萏、蓮、茄、蔤、藕"，花未開時稱爲"菡萏"，已開稱爲"夫容"，即"芙蓉"，不過"荷"却被釋爲"扶渠葉"。陸機《毛詩草木鳥獸蟲魚疏》"有蒲與荷"條則與《爾雅》保持一致："荷，芙蕖，江東呼荷。其莖茄，其葉蕸。"②

"荷"指稱的具體部位存在爭議，進而影響到對"荷"之名的解釋。主張"葉"説的有兩家：一爲段玉裁，他認爲《爾雅》"其葉蕸"祇有郭注本有，不見於其他諸本，當删去，并在《説文解字注》中説道："蓋大葉駭人，故謂之荷。葉扶摇而起，渠央寬大，故曰夫渠。"二爲夏緯瑛，儘管没有直接闡釋"荷"的得名緣由，但在釋"藿香""薄荷"時提及："因爲藿香用葉，所以李時珍於'釋名'下又説：'豆葉曰藿，其葉似之，故名。'案：上言《潮汕方言》，莙薘之葉厚大而名'厚合'；'藿''合'同聲，'藿'的意思也該是葉。""'薄'者，'馞'或'馛'之音轉；'荷'者，'藿'之音轉。'馞'或馛，意思是'香'；'藿'的意思是'葉'。'薄荷'，即是'香葉'的意思。"③

郝懿行在《爾雅義疏》中對"葉"和"莖"兩種説法都有所肯定：

> 茄者，《説文》云"夫渠莖"。（《詩》正義引）。樊光注引《詩》"有蒲與茄"，蓋三家《詩》荷亦作茄也。《漢書·揚雄傳》云："衿芰茄之緑衣兮。"集注：茄亦荷字。（見張揖古今字詁）。按：茄，居何切，古與荷通，故《詩·澤陂》箋"芙蕖之莖曰荷"。蕸者，《説

---

① "荷"在晉中方言口語中相當於動詞"拿"，也是從"擔負"引申而來。參見姚勤智《晉中方言古語詞拾零》，《語文研究》2007年第2期。
② （晉）陸機：《毛詩草木鳥獸蟲魚疏》，中華書局1985年版，第4頁。
③ 夏緯瑛：《植物名釋札記》，農業出版社1990年版，第45—46頁。

文》作荷，云"夫渠莖"……然則荷是大名，又葉名荷之言何也，負何，言其葉大。①

"荷"釋爲"大"採用的是聲訓的方法，《説文》云："訶，大言而怒也。"意思是大聲地斥責、責問。可備一説。"藿"在古籍中早有記録，常"菽藿""藜藿"并稱，是豆類的葉子可供食用。《千金翼方》卷十九："小豆葉名藿。"李時珍著《本草綱目》時就沿用這種説法，《穀部》："大豆〔釋名〕尗俗作菽……角曰莢，葉曰藿，莖曰萁。"② 有時以葉指代全體，如《菜部》："鹿藿〔釋名〕鹿豆郭璞荳豆音勞。亦作䝁。野緑豆。"③ "薄荷"也叫作"勃荷""菝活"④"菝蕳"⑤"蘷蕳"，⑥ 字形不需拘泥，但根據"蘷"的"蘷蘷"義，即草木盛多，也可以將"薄荷"釋爲"一種草本植物，葉子茂盛，葉形似豆葉"。祇不過"荷"與"藿"讀音稍遠，荷爲匣母歌部，藿爲曉母鐸部，不如"荷"與"活"的音近。⑦

黄侃認爲"荷"既指莖又指葉，而主要偏指莖、枝幹：

荷、茄、䒷聲通訓近。茄之言笳也，《廣雅》"笳，枝也"，又言"柯也"。柯，莖也。荷莖名茄，猶蒹莖名笴矣。《廣雅》："笴，蒹莖也。"⑧

笴，箭莖，也就是箭桿。另有蘘荷，葉如薑葉，較荷花更細長，之所以名"荷"，或許正因爲與"荷"的莖幹挺拔相似。草本植物葉與莖相連，不像木本植物分明，因此"荷"究竟指葉還是莖便衆説紛紜。若按

---

① （清）郝懿行：《爾雅義疏》，中國書店1982年版，第32頁。
② （明）李時珍：《本草綱目》（校點本），人民衛生出版社1975年版，第1499頁。
③ （明）李時珍：《本草綱目》（校點本），人民衛生出版社1975年版，第1670頁。
④ 李時珍《本草綱目·草部》："薄荷〔釋名〕菝活、蕃荷菜、吳菝活、南薄荷、金錢薄荷。"
⑤ 參見沈宗敬等編《御定駢字類編》卷一百八十四，文淵閣四庫全書本，第40頁。
⑥ 《康熙字典·艸部》"蘷"字條："《玉篇》：蘷蕳，藥草……其薄字或作菝，或作番，或作蘷，或作薆，皆方書傳寫之譌，不必拘泥也。"
⑦ 薄荷也叫菝活，活爲匣母月部，歌月對轉。"荷"與"藿"是否相通，表示葉子，有待進一步考證。
⑧ 黄侃箋識，黄焯編次：《爾雅音訓》，上海古籍出版社1983年版，第219頁。

照郝懿行與黃侃的說法，植物名"荷"與莖幹支撐起大葉有關，則荷花的"荷"與負荷的"荷"在內部理據上保持一致，都是"擔負"。

【葺】

"葺"的本義是用茅草蓋屋，《説文·艸部》："葺，茨也。""茨"也是用茅葦蓋屋，《釋名·釋宫室》："茨，次也，次比草爲之也。"葺和茨都是將茅草一層一層地叠加覆蓋、然後鋪展開去，因此"葺"的核心義是"層叠相聚"。

在文獻中大多用爲本義，或稍作引申，指修繕，包括屋宇建築、道路橋樑等。例如《楚辭·九歌·湘夫人》："築室兮水中，葺之兮荷蓋。"描寫湘君願追隨湘夫人，在水底修築屋室，用荷葉覆蓋屋頂，屈原藉此表達想要遺世獨處的心願。① 《左傳·襄公三十一年》："以敝邑之爲盟主，繕完葺牆，以待賓客。"杜預注："葺，覆也。"繕、完都表示修補使之完好、完善，與"葺"三字連言，詞義相同。進一步引申爲對文辭、史實，甚至意義更爲抽象的道德品質的增添和修飾。《申鑒》卷四："若殷高宗能葺其德，藥瞑眩以瘳疾。衛武箴戒於朝，勾踐懸膽於坐，厲矣哉！"

有時指層層堆叠的動作，可以葺土、葺茅草、葺文辭彩畫，《梁書·張纘傳》："標素嶺乎青壁，葺赬文於翠障。"赬，紅色。《楚辭·九章·悲回風》："魚葺鱗以自別兮，蛟龍隱其文章。""葺"義爲"叠""累"，與"隱"對文，表示層叠隱藏起來。

葺從艸、咠聲。以咠爲聲符的字多有"聚集"之義，如"緝、揖、楫、湒、戢、檝、鮹、輯、㞕、霫"等。從絲的"緝"，本義是析麻搓捻成綫，大致方法是：先將植物麻的莖和皮分離，漚在水中變軟；取出後，用一種工具將表皮刮削剝離開，留下纖維部分；接着將麻纖維曬乾，或折秆剝麻析成條縷狀，根據需要搓成粗細不同的麻綫，用來織布或納鞋。② 捻麻綫過程也叫作"績"或"緝績"。從手的"揖"，兩手上下相叠，拱手行禮，因爲這個動作表示禮節，便引申出謙遜之義。從木的

---

① 王逸注："屈原困於世，願築室水中，託附神明而居處也。"

② 也可參見段玉裁《説文解字注》"緝"字説解。分離表皮的工具各地不同，瀏陽夏布使用的一種見黃河新聞網報道"瀏陽村民堅守千年夏布工藝　需經打麻漿紗等 5 工序（圖）"，網址：http://ll.sxgov.cn/content/2014-08/29/content_ 4936924.htm。

"楫"，是船槳。長的稱作"櫂"，表示可以擢引舟船前進；短的稱作"楫"，表示不停地朝某一方向劃動。從水的"湒"，義爲雨不停地落下，也形容水沸騰翻湧的樣子。① 從十的"計"，意思是"詞之計"。② 由"層疊累積"引申爲"多"，"稵"形容禾多、稠密之貌；"觽"形容獸角很多。③ 無論是層疊累積還是泛指衆多，都是同類事物的重複聚集，或許由於這個原因，引申出"和洽"之義；從另一個角度來看，聚集又意味着收攏，於是引申出"收斂"義。如"輯"是集合衆材製作成車輿，④ 也表示"和諧""收斂"；"戢"是聚斂兵器，由此引申出"止息"，但也源於"衆多物品的聚集"，表示暴雨的"霵"可以證明。

"葺"與"緝、揖、楫、湒"等一批字的"累積""聚集"包含在"咠"聲中。"咠"本身的詞義爲"聶語"，⑤ 確切地説是附在耳邊不停地竊竊私語。"聶"聲字也隱含"複沓"的意思。"躡"爲踩踏，足蹈的動作與用手覆蓋的動作相似。楓樹的別名稱"欇欇"，模擬風吹動葉片時相互碰撞摩擦發出的聲音。⑥ "欇"還指另一種植物"虎樏"，也叫作"黎豆"。《農政全書》卷二十六："黎豆，古名貍豆，又名虎豆，其子有點如虎貍之斑故名。《爾雅》所謂'欇，虎樏'，三月下種，蔓生，江南多炒食之。"⑦《山海經》中記載卑山上多樏，樏就是虎樏。⑧ 它的花呈紫色，如扁豆花⑨，豆莢上有毛刺，因此江東呼爲"欇"，⑩ 而"欇""虎樏"之名則是由於藤蔓攀援纏繞樹木而生，如覆蓋於其上。

"葺"的上古音屬清母緝部，"集、入"屬從母緝部，與"輯"同音。

---

① 《説文·水部》："湒，雨下也。从水、咠聲。一曰沸涌皃。"
② 《説文·十部》："詞之計矣。從十咠聲。"段玉裁改爲"詞之集"。
③ 《玉篇·禾部》："稵，稠稵也。"《廣韻·緝韻》："觽，角多皃。"
④ 王筠《説文解字句讀》卷二十七："王君念孫曰：輿者，軫軹軾軨之總名，輯衆材而爲之，故謂之輿。輿與輯同義，故輿或謂之輯。"
⑤ 《説文·口部》："咠，聶語也。"
⑥ 《爾雅·釋木》："楓，欇欇。"
⑦ （明）徐光啓：《農政全書》，文淵閣四庫全書本，第7頁。
⑧ 《山海經·中山經》："又東四十里曰卑山，其上多桃李苴梓，多樏。"郭璞注："今虎豆、貍豆之屬。"
⑨ 《本草綱目·穀部》："（黎豆）六七月開花成簇，紫色，狀如扁豆花，一枝結莢十餘，長三四寸，大如拇指，有白茸毛，老則黑而露筋，宛如乾熊指爪之狀。"
⑩ 參見《爾雅·釋木》"欇，虎樏"郭璞注。有毛刺名"欇"。

"習""襲"邪母緝部,"習",數飛也,表示反覆搧動翅膀,引申爲溫習、練習;"襲",本義爲左衽衣,由以衣周匝裹覆身體引申爲衣上加衣,再引申爲重複、承襲。①《廣韻》"緝"韻中還有"戢",《説文・十部》云"戢戢,盛也。"戢從十、從咠,"咠"表示程度深、很,"十"是數之具,也表示完備、多。方以智《通雅・釋詁》"戢戢、揖揖、緝緝相通"條可資參證。

劉師培在提到"字義起於字音"時説:"古無文字,先有語言,造字之次,獨體先而合體後,即《説文・序》所謂其後形聲相益也。古人觀察事物以義象區,不以質體别,複援義象製名,故數物義象相同,命名亦同……斐爲分别,從文,非聲。昪爲大目,從目,非聲。腓爲脛腨,從月,非聲。則以非與分、肥及方均一聲之轉……蓋一物數名,一義數字,均由轉音而生,故字可通用。"② 咠聲字與聶聲字,以及集、亼、習、襲、戢在某一方面意義的相通也是如此。咠聲字都有一波接着一波地聚集、連續不斷之義。而"茸"指用茅草一層一層地覆蓋、鋪展,因此後續的詞義發展基本上都沿着"層疊相聚"的核心義展開。

【蔟】

蔟,從艸、族聲。《説文・㫃部》:"族,矢鋒也。束之族族也。从㫃,从矢。"雖然《説文・金部》中同時收有鏃字,解釋爲鋒利的"利",但在文獻中就表示箭鏑、箭矢之鋒,代指箭。③《新書・過秦上》:"秦無亡矢遺鏃之費,而天下已困矣。"而族的本義當爲"束之族族",也就是"聚"。《説文》"族"字段注:"族族,聚皃。毛傳云'五十矢爲束',引申爲凡族類之稱……㫃所以標眾者,亦謂旌旗所以屬人耳目。旌旗所在而矢咸在焉,眾之意也。"根據族的構形,可知"族"原本是用眾多弓箭朝着一個中心匯聚來表達"聚合"之義。族也就是湊、促、趨,《廣雅・釋詁》:"族,聚也。"又《釋言》:"族,湊也。"王念孫疏證:"説見卷三

---

① 參見李學勤主編《字源》,天津古籍出版社 2013 年版,第 731 頁。

② 劉師培:《字義起於字音説》,《中國現代學術經典 黃侃劉師培卷》,河北教育出版社 1996 年版,第 652—656 頁。

③ "鏃"出現的時間較晚,一般認爲"族""鏃"是古今字,但在實際使用中,"族"大多表示親族,没有矢鋒之義。《釋名》在解釋兵器時就説:"箭,前進也……又謂之鏑。鏑,敵也,可以禦敵也,齊人謂之鏃。鏃,族也,言其所中皆族滅也。"

'凑，族聚也'下。"族，從母屋部；凑、促、趣清母屋部，并韻同聲近，都是趨向於同一目標的聚集。

由族滋生出"簇"，意思是叢生的小竹，或者竹製的籤條。《齊民要術·炙法》："《食次》曰：'脂炙：用鵝、鴨、羊、犢、麇、鹿、豬肉肥者，赤白半，細研熬之。以酸瓜葅、筍葅、薑、椒、橘皮、葱、胡芹細切、鹽、豉汁，合和肉，丸之。手搦爲寸半方，以羊、豬胳肚臕裹之。兩歧簇兩條簇炙之——簇兩罋——令極熟。'"本條描述用花油裹肉餡做成丸子炙烤的方法，"兩歧簇"指上端分成兩歧的炙肉器，① "兩條簇"類似於今烤肉用的直條竹籤子。

"蔟"，"行蠶蓐"也，② 一種以稻秆、麥秆纏束而成供蠶作繭的用具。揚雄《元后誄》："躬筐執曲，帥導群妾，咸循蠶蔟。"章樵注："筐曲皆育蠶之具，蔟，竹器，以茅藉之承老蠶作繭。"③ 由於也用竹製，字也寫作"簇"。《齊民要術》中同樣有關於養蠶的内容，卷五《種桑、柘養蠶附》："養蠶法：收取種蠶，必取居簇中者……比至再眠，常須三箔：中箔上安蠶，上下空置。下箔障土氣，上箔防塵埃……老時值雨者，則壞繭，宜於屋裏簇之：薄布薪於箔上，散蠶訖，又薄以薪覆之。一槌得安十箔。"這裏的"箔"即上文"薄"條中的蠶薄、薄曲。"蠶架的直柱叫作'槌'，因爲它是直立的，所以也叫'植'；蠶架的橫檔叫作'栮'；掛横檔於直柱上的繩套叫作'繯'。蠶箔擱在橫檔上。一條直柱上有幾層橫檔，就可擱上幾層蠶箔。"④ 則"簇"是供蠶織繭的整套工具，義爲使蠶或繭聚集起來。山東菏澤方言中有"蔟兒"一詞，意思是蠶山；⑤ 浙江紹興上虞方言也將該物品稱爲"蠶山稻草"。在江蘇南通，"簇"是一個動詞，義爲"圍着不走開"；在山東牟平用爲量詞，指"束"。⑥ 鳥巢也是用各種樹枝乾草堆積做成，《周禮·秋官》篇有"硩蔟氏"，職責在於毁壞被認爲會

---

① 參見繆啓愉校釋《齊民要術校釋》，農業出版社1982年版，第504頁。
② 《説文·艸部》："蔟，行蠶蓐。从艸，族聲。"
③ （宋）章樵：《古文苑》，中華書局1985年版，第443頁。
④ 繆啓愉：《齊民要術校釋》，農業出版社1982年版，第241頁。
⑤ 許寶華、[日]宮田一郎：《漢語方言大詞典》，中華書局1999年版，第6776頁。
⑥ 許寶華、[日]宮田一郎：《漢語方言大詞典》，中華書局1999年版，第7351頁。

"惡鳴"的鴉鵬等鳥類的巢穴。後直接以"蔟"釋"巢"。①

十二律中有太蔟（太簇），對應正月，作爲"陽律"之一，出現時間較早，曾侯乙墓編鐘上鑄有"太簇之珈鉏"，"簇"字形爲▌。② 完整的十二律名稱及解釋最早見於《國語·周語下》景王問伶州鳩音律所得到的答覆中：

> 古之神瞽考中聲而量之以制，度律均鐘，百官軌儀，紀之以三，平之以六，成於十二，天之道也。夫六，中之色也，故名之曰黄鐘，所以宣養六氣、九德也。由是第之：二曰太蔟，所以金奏贊陽出滯也。三曰姑洗，所以修潔百物，考神納賓也……

韋昭注："正月，太蔟，《乾》九二也。管長八寸。法云：九分之八。太蔟，言陽光氣，太蔟達於上也。""太"也就是初、始，"蔟"就是凑、聚集，③ "太蔟"既表示陽氣開始聚集，也意爲草木萬物自地下叢生出來，④ 反映了陰陽五行學說下十二音律與風氣的對應關係。⑤

由此可見，"蔟"的詞義大多有（同類）物體向一個方向聚集之義，因此它的核心義是"凑聚"。

【蓄】

蓄，積聚，不單指空間或物理上的聚集在一處，更表示儲藏、積累，其數量隨時間的變化保持不變或增多。蓄從艸、畜聲，實際上是畜的孳乳字。畜象束絲圍田、拘獸豢養之形，也指其中所豢養的禽獸。"從狩獵到畜牧業經濟，生產有了很大發展。畜牧最大的作用是繁殖生產，《周禮·

---

① 《吕氏春秋·求人》："許由辭曰：'爲天下之不治與？而既已治矣，自爲與？鷦鷯巢於林，不過一枝。'" 高誘注："巢，蔟也。"

② 崔憲：《曾侯乙編鐘鐘銘校釋及其律學研究》，人民音樂出版社1997年版，第275頁。書中考證"太蔟"爲曾律名，律位 ᵇB，律高爲1018音分。見第32頁。

③ 《左傳·昭公二年》："六律，六音。"杜預注："黄鐘、大蔟、姑洗、蕤賓、夷則、無射。"孔穎達正義："十二月大蔟，蔟，奏也。言陽氣大奏，地而達物也。"

④ 王啓明：《十二律律名釋義》，《文史知識》2019年第1期。

⑤ 參見薛冬豔《聲生於日，律生於辰——闡發先秦、兩漢二分、三分生律思維》，《中國音樂》（雙月刊）2018年第2期。

牧人》説：'掌牧六牲而阜蕃其物。'阜，盛也；蕃，息也。……由於畜牧業的發展，使牲畜具有交換和媒介的職能，因而在畜牧部落中最先出現了私有財産。於是文字上也由'畜'派生出'蓄'字。"① 應該説畜兼有牲畜和蓄積兩義，因此《説文》收録"畜"的異體字作"䰞"，上從茲，意爲茲益。②

"人類社會之演進，大都由漁獵而畜牧，由畜牧而耕稼。"③ 隨着農業社會的進步，糧食作物有了積蓄，便出現從艸的蓄字。從造字意圖上看，正如徐鍇所説，爲積蓄穀米蔬菜等物資。④《詩・邶風・谷風》："我有旨蓄，亦以御冬。"鄭箋："蓄，聚美菜者，以禦冬月之無時也。"

隨着詞義的泛化，積聚儲藏的對象不限於作物，也包括錢財、物品、人數等。《管子・輕重》篇："守之以物則物重，不守以物則物輕。故遷封食邑，富商蓄賈，積餘藏羨跱蓄之家，此吾國之豪也。""羨"是衍、餘，"跱"與"待""峙""塒"等同源，表示停留。"積餘""藏羨""跱蓄"也就是把多餘的財貨留存起來，留存得多了便有了充足的積蓄，所以"蓄賈"與"富商"同義。

進一步虛化，指心理上的懷有、懷藏。如"蓄意""蓄疑""蓄怨""蓄志""蓄謀"等。爲了有所積蓄而養育、培養，即蓄養。《東觀漢紀・隗囂載記》："若計不及此，且蓄養士馬，據隘自守，曠日持久，以待四方之變，圖王不成，此萬世一時也。"這層含義也可理解爲直接從對動植物的栽培、豢養類比而來。

由上可知，蓄的核心義是"積聚"。

【芮】

《説文・艸部》："芮，芮芮，艸生皃。从艸，内聲。讀若汭。"段注："芮芮與茙茙雙聲，柔細之狀。"芮本指草初生時幼小柔嫩的樣子，其核心義是"柔細"。

在具體語境中，芮可偏指"小"，《文選・潘岳〈西征賦〉》："營宇

---

① 陸宗達：《説文解字通論》，中華書局2015年版，第146頁。
② 《説文・田部》："魯郊禮畜从茲田。茲，益也。"
③ 張世禄：《文字上之古代社會觀》，載《張世禄語言學論文集》1984年版，第1頁。
④ 徐鍇《説文解字繫傳》："蓄穀米芻茭蔬菜以爲備也。《詩》曰：'我有旨蓄。'蓄菜也。"

寺署，肆廛管庫，蕞芮於城隅者，百不處一。""蕞"與"芮"同義并列，形容陋小之貌。有一種植物名"石龍芮"，可藥用，聶尚恆《醫學匯函》描述其外形："一叢數莖，莖青紫色，每莖三葉，其芮芮短小多刺。"① 同聲符的"枘"指榫頭，將木材頭部削得相對細小以契合卯眼的形狀；"蚋"是蚊蚋，似蚊而小，也寫作"蜹"，又名"瞀芮"，群起亂飛時望之如霧，故有別名"蠓烟"。②"蔨""葰"是"芮"的異體字，《説文·艸部》："蔨，艸之小者。从艸，𠛬聲。𠛬古文銳字，讀若芮。"《方言》卷二："葰，小也，凡草生而初達謂之葰。"正取象於草初生時末端尖鋭有鋒芒。③ 與"芮"相反，"茁"以"出"爲聲符，雖然同樣用來形容草初生之貌，但"茁"着眼於艸破土而出的壯盛之態，後世遂以"茁""壯"連言。

"芮"也可偏指"柔"，《吕氏春秋·必己》："不食穀實，不衣芮温。"高誘注："芮，絮也"。絲絮的特點是細軟而能使人温暖，因此高誘用絮來釋芮。《釋名·釋首飾》："氄冕。氄，芮也，畫藻文於衣，象水草之氄芮，温暖而潔也。"王先謙引孫詒讓曰："芮疑即頓之假字。""芮"與"柔""軟"并聲同韻近。

歷史上北方有少數民族"柔然"，在《宋書》《南齊書》《梁書》《魏書》中也記録作"芮芮""茹茹""蠕蠕"。柔然與北魏曾是勁敵，因此《魏書》編纂者以一個帶有輕蔑貶低色彩的詞"蠕蠕"來命名：

> 蠕蠕，東胡之苗裔也，姓郁久閭氏。始神元之末，掠騎有得一奴，髮始齊眉，忘本姓名，其主字之曰木骨閭。"木骨閭"者，首禿也。木骨閭與郁久閭聲相近，故後子孫因以爲氏……木骨閭死，子車鹿會雄健，始有部衆，自號柔然，而役屬於國。後世祖以其無知，狀類於蟲，故改其號爲蠕蠕。(《魏書·蠕蠕傳》)

---

① 聶尚恆：《醫學匯函》，《中國古醫籍整理叢書》，中國中醫藥出版社2015年版，第1020頁。

② （清）厲荃《事物異名録·昆蟲上·蚋》："《山堂肆考》：蚋，一名蠓烟，以其望之如烟，故云。一名瞀芮。"轉引自鄭恢主編《事物異名分類詞典》，黑龍江人民出版社2002年版，第229頁。

③ 不過"鋭"多用來指金屬等器物的鋒芒，後續詞義朝"堅硬鋭利"發展，草的質性較爲柔軟，故"芮"可偏指柔。

而"柔然""茹茹"似是該民族的自稱,《閭儀同墓誌銘》:"公諱伯昇,字洪達……高祖即茹茹主之第二子。"①《虞弘墓誌》:"父君陀,茹茹國莫賀去汾,達官,使魏□□□□,朔州刺史。"②《茹茹公主閭氏墓志》:"魏驃騎大將軍開府儀同三司長廣郡開國公高公妻茹茹公主閭氏,……諱叱地連,茹茹主之孫、諧羅臣可汗之女也。"③《北魏茹小策合邑一百人造像碑》上有供養人題名,"除邑師張祖歡,邑正劉大女,典録劉惠以外,其他14人都姓茹,所以這是以茹姓爲主的同族合邑造像碑"。④ 該"茹"姓即是柔然或者説茹茹進入中原後所改稱的姓。⑤

"柔然""茹茹"字無定形,當是一個音譯詞。其本來的含義諸家解説不同,周建奇《柔然族名試釋》一文總結了前人的各種推測,例如:(1) 白鳥庫吉根據《宋書·索虜傳》"芮芮,一號大檀,又號檀檀"的記載,將"芮芮"與"檀檀"完全等同,對音蒙古語的 Tsetsen 或 Ssetsen,意爲"聰明、賢明";(2) 藤田豐八將柔然 ju-jen 與蒙古語 ju'sun 對音,意爲"禮義、法則";(3) 沙畹認爲波斯語 Kermichions 指稱的是突厥之前的蠕蠕,他贊同馬迦特(Marquart)的説法,Kermichions 一詞由 kerm 與 Hyaonas 結合而成,kerm 在波蘭語中訓爲蟲,Hyaonas 是見於袄教經的種族名。進一步認爲 Hyaonas 是"蠕"字的對音,與中國典籍"狀類似蟲,故改其號爲蠕蠕"相合⑥等。周文對以上説法一一反駁,相較而言,古突厥語的 Jilan "蛇"更接近柔然的讀音。但考慮到"柔然""蠕蠕"等的古聲母,另提出一個新的觀點:燕然山,也就是今杭愛山的蒙古語形式 Хангай 中的 Нуруу(я)"山脉"是"柔然"的對音。⑦

"柔然""茹茹""芮芮""蠕蠕"的名稱來源還有待考證。不過單從

---

① 趙超:《漢魏南北朝墓誌匯編》,天津古籍出版社2008年版,第337頁。
② 張慶捷:《〈虞弘墓誌〉中的幾個問題》,《文物》2001年第1期。
③ 磁縣文化館《河北磁縣東魏茹茹公主墓發掘簡報》,《文物》1984年第4期。
④ 施安昌:《北魏茹小策合邑一百人造像碑考》,《故宫博物院院刊》2002年第4期。
⑤ 《元和姓纂·九御》:"茹,河南,《官氏志》'普陋茹氏改爲茹氏'。又蠕蠕入中國亦爲茹氏,音去聲。"
⑥ 可參見[法]沙畹《西突厥史料》,馮承鈞譯,中華書局1958年版,第207頁。
⑦ 周建奇:《柔然族名試釋》,《内蒙古大學學報》(哲學社會科學版)1988年第1期。對於這個新解,也有學者提出了反對意見,參見亦鄰真撰,希都日古譯《柔然拾零》,《元史及民族與邊疆研究集刊》第二十三輯。

字面上看，"柔、茹、蠕"與"芮"都有"柔軟"的含義。《楚辭·離騷》："攬茹蕙以掩涕兮，霑余襟之浪浪。"王逸注："茹，柔耎也。"蠕，從蟲、耎聲，蠕之爲蟲，描繪了蟲身柔軟、慢慢爬行的樣子。幼小與柔弱往往相關，因此"芮"所表達的詞義特徵，即它的核心義是"柔細"。

【苛】

"苛"的詞義虛化程度比較高，在不少辭典中都有隨文釋義的現象，概括的義項也較多，例如《大詞典》：

> ［kē《廣韻》胡歌切，平歌，匣。《正字通》音珂］①小草。②煩瑣；繁細。③苛刻；狠虐；嚴厲。④騷擾。⑤重。參見"苛疾"。⑥通"疴"。疾病；疥瘡。
>
> ［hē《集韻》虎何切，平歌，曉］通"訶"。譴責；詰問。[1]

《正字通》歸納出"小艸、政令煩細、虐、譴責、急煩、妎、疥、姓"八條，《康熙字典》有"小草、政煩、妎、譴、擾、重、怒、姓、急、察"十條，《中華大字典》分寒歌切、下可切、黑嗟切、虎何切四音，其中寒歌切收錄二十五個義項。

"苛"的本義據《說文》所說爲"小艸"，但文獻中似乎并未出現實際用例。王筠《說文解字句讀》就把釋義改爲了"細草"，并注："依《後漢·光武紀》注引改。《繫傳》曰'以細草喻細政'，知小徐本原作細，然今本小草亦通。郭景純謂遠志爲小草，《本草》云細草。"按，"郭景純謂遠志爲小草"見《爾雅·釋草》"葽繞，蕀蒬"條郭璞注："今遠志也，似麻黃，赤華，葉銳而黃，其上謂之小草。""遠志"多指遠志科植物，是較爲常見的中藥材，根名遠志，苗葉名小草，取其莖杆細小的特點。結合"苛"的詞義引申，可知"苛"強調的是"煩重"，也就是"細小而繁多"，這就是它的核心義。以《中華大字典》爲例，大部分義項基本都能得到解釋，并進行歸并：

［苛］寒歌切音何歌韻

---

[1] 參見羅竹風編《漢語大詞典》第九卷，上海辭書出版社 2008 年版，第 325 頁。

①小艸也。見《説文》。②小艸生兒。見《玉篇》。
此爲"苛"的本義。
④政煩也。見《廣韻》。⑤煩也。《史記·酈生陸賈傳》好~禮。⑥煩躁也。《管子·小稱》逐堂巫而~病起兵。⑦虐也。《詩序》哀政刑之~。⑧暴也。《荀子·富國》~關市之徵，以難其事。⑨重也。《素問·至真要大》動則~疾起。⑫細也。《漢書·高帝紀》父老苦秦~法久矣。⑯病也。《呂覽·審時》身無~殃。⑰疥也。《禮·内則》疾痛~癢。㉒謂癉重。《素問·逆調論》雖近依絮，猶尚~也。㉓苛縟，煩數之貌。《文選·傅毅傳》闊細體之~縟。[1]

這些義項可以分爲三類：⑤㉓禮節煩重、④⑦⑧⑫政刑煩重和⑥⑨⑯⑰㉒疾病煩重。徐鍇《説文解字繫傳》"以細草喻細政"已能説明本義與引申義之間的關係，禮節同理。《禮記·檀弓下》記載的"苛政猛於虎"正形容當時的政令和賦税過於細碎和繁多，可說是"酷虐"和"殘暴"。⑧引《荀子·富國》篇作爲例證，原句"重田野之税以奪之食，苛關市之徵以難其事"，"重""苛"對文，義爲"加重"，可看作使動用法。病情的煩瑣、體感上的沉重也能用"苛"來形容，轉指名詞性的"疾病"。至於⑥在這裏釋作"煩躁"，有待商榷。《管子·小稱》篇記述管仲病重時囑咐桓公需遠離易牙、豎刁、堂巫、公子開方四人，桓公廢除四子官職，但結果却是"逐堂巫而苛病起兵，逐易牙而味不至，逐豎刁而宮中亂，逐公子開方而朝不至"。房玄齡注："苛，煩躁也。巫善，今既逐之，而公有煩苛之病，起兵妄征伐，無使療之也。"通過起兵來治療疾病的做法可疑，未曾見於文獻。黎翔鳳認爲"苛"當作"笴"，矢幹也，"今之巫治病者，取磁鋒刺兩足静脉管，因血色黑，以爲陰兵放箭所傷，所謂'鬼魂下人病即此'。《金匱》謂：'武王伐紂，丁侯不朝，太公畫丁侯於册而射之，丁侯病大劇，願舉國爲臣虜。'然則齊用此種巫術，是謂'苛病起兵'，'兵'字非衍文也。"[2] 然《金匱》記載的巫蠱之術是通過模擬的方式致人生病，與《管子》"起兵療疾"顯然相反。校注中也提到《群書治要》《吕氏春秋》皆無"兵"字，且四句"苛病起""味不至""宫

---

[1] 參見陸費逵等編《中華大字典》，中華書局1978年版，第1830頁。
[2] 黎翔鳳撰，梁運華整理：《管子校注》，中華書局2004年版，第612頁。

中亂""朝不至"的句式更整齊，當刪去"兵"字。"逐堂巫而苛病起"的"苛"可以解釋爲"煩重"，而非"煩躁"。

③急也。見《集韻》。⑩擾也。《國語·晉語》朝夕~我邊鄙。⑪細刻也。《漢書·成帝紀》勿~留。⑬問也。《漢書·王莽傳》關津~留。⑭切也。《文選·陸機〈從軍行〉》凉風嚴且~。[宋注]春秋緯曰：~者，切也。⑮相~責也。見《方言》。⑱詰問也。《周禮·射人》不敬者~罰之。⑲妎也。見《爾雅·釋言》[注]煩~者多疾妎。⑳譴也。《周禮·世婦》大喪比外内命婦之朝莫哭不敬者，而~罰之。㉑怒也。見《廣雅·釋詁》。㉔通荷。《左昭十三年傳》~慝不作。[釋文]~本或作荷。㉕通呵。《禮記·王制》譏察。[釋文]~本亦作呵。

［苛］下可切音荷哿韻
急也。見《集韻》。
［苛］黑嗟切麻韻
辨察也。鄭康成曰：~其出入。見《集韻》。
［苛］虎何切音訶歌韻
荷或字。《集韻》荷，譏察也。或作~。①

這幾個含義的抽象化程度更高。"苛"由叢生的小草引申爲細小而繁多，如果具備一定的方向性，從施力者的角度看就有貼近或侵犯的意味。用作動詞，可以表示中性的⑭切近，也可以表示偏貶義的⑩擾（煩擾）、⑪⑬⑱㉕仔細地詢問或盤查、⑮⑲⑳苛求和譴責；用作形容詞，描述情緒和狀態，則可以表示③㉑急切，進而產生憤怒。所謂"訶斥"的"訶"，《說文》解釋爲"大言而怒也"，其實未必是聲音大，更多表現爲氣勢凌厲，咄咄逼人。

通過整理"苛"的詞義關係，可知"苛"的核心義是"煩重，細小而繁多"。

---

① 參見陸費逵等編《中華大字典》，中華書局 1978 年版，第 1830 頁。

【蓁】

蓁的本義是草盛之貌，① 《詩·周南·桃夭》："桃之夭夭，其葉蓁蓁。"毛傳："蓁蓁，至盛也。"《爾雅·釋訓》："蓁蓁，蘖蘖，戴也。"蘖爲樹木被砍後從旁側生的枝條，頭戴繁盛的裝飾物，如同蓁、蘖繁茂一般，所以訓"戴"。引申爲叢聚、增多，《孔子家語·好生》："小人而強氣，則刑戮薦蓁。"薦爲一層一層地鋪陳，蓁爲繁盛，"刑罰薦蓁"是説刑罰殺戮會一再頻繁發生、漸次增多。

"蓁"有時也寫作"榛"或"臻"，《廣雅·釋詁》："榛、林、屯，聚也。"《文選·左思〈蜀都賦〉》："總莖枙枙，裒葉蓁蓁。"李善注："臻。"不過，"蓁""榛"在特定語境下常含有雜亂荒蕪之感，而"臻"則顯示出多而齊整的面貌：

(1)《全元曲·唐明皇秋夜梧桐雨》："齊臻臻雁行班排，密匝匝魚鱗似亞。"
(2)《六十種曲南柯記》第十五出："齊臻臻馬道兒立着隊梢。"
(3)《水滸傳》第十一回："左右兩邊齊臻臻地排着兩行官員。"
(4)《西遊記》第十二回："世尊金象貌臻臻，羅漢玉容威烈烈。"

"齊臻臻"一詞在元明清戲曲小説中經常出現，義爲整齊、肅穆，《西遊記》中形容佛和羅漢的形態氣質莊重威嚴。"蓁""榛"一般指荊棘、野草，《莊子·徐無鬼》："吳王浮於江，登乎狙之山，衆狙見之，恂然棄而走，逃於深蓁。"成玄英疏："蓁，棘叢也。"野草茂盛、荊棘叢生之處少有人烟，因此引申出荒蕪的意思，有"蓁蕪""蓁莽""蓁荒"等詞。

榛作爲一種植物，爲樺木科榛屬灌木或小喬木，果實即榛子，外形如板栗而小。在儒家禮儀規範中"榛"有特殊的寓意，《禮記·曲禮下》："夫人之摯，棋、榛、脯、脩、棗、栗。"孔穎達疏："所以用此六物者，棋訓法也，榛訓至也，脯訓始也，脩治也，棗早也，栗肅也。婦人有法始至，修身早起肅敬也。"陸佃《埤雅》基本承襲孔疏的説法，祇有"棋"

---

① 《説文·艸部》："蓁，草盛貌。"

從植物本身的角度解釋爲"捲曲"。① 脯的本義是肉乾，瓜果用類似的方法製作也稱爲脯，側重在片成薄片。②"脩"指長條形的乾肉。"棗"的讀音同"早"，但意義與"早"没有必然聯繫，當從馬叙倫説"棗爲束之異文，猶艸之於屮"，"且束爲象枼有刺之木，非象木之有刺"。"栗"因果實外殼有絨毛如鬣而得名。至於"榛"或可根據同源字推測其命名理據。

"榛"有異體作"亲"，《説文·木部》："亲，果實如小栗。从木，辛聲。《春秋傳》曰：'女摯不過亲栗。'"段玉裁以爲"榛"是"亲"的假借字，榛行而亲廢。③ 其實從兩個字的使用情況看，聲符"秦""辛"可以通用，"秦"在從母真部，"辛"在心母真部，韻同聲近。如同"蓁""榛"兩字在很多情況下混用不分，"亲"有時也借爲"莘"，中伯壺："中白（伯）乍（作）亲（莘）姬縢人朕（媵）壺。""莘"也是形容草木的詞，有細長和茂盛的含義，泛指衆多。以"辛"爲聲符的字，例如"䎽"和"䎬"，《廣雅·釋詁》："䎽，多也。"《玉篇·羽部》："䎬，羽多皃"。

"莘"又作"侁""駪"等字形，"先"屬心母文部，與"辛"聲同、韻部真文旁轉，兩個聲符也常互通。《楚辭·招魂》："豺狼從目，往來侁侁些。"王逸注："侁侁，往來聲也。《詩》曰：侁侁征夫。言天上有豺狼之獸，其目皆從，奔走往來，其聲侁侁，争欲啗人也。侁，一作莘。五臣云：從，豎也。侁侁，聚貌。""侁侁征夫"在《詩·小雅·鹿鳴之什》裏也作"駪駪征夫"，毛傳解釋道"駪駪，衆多之貌"。此外，還有"詵""兟"等從先得聲的字也與"多"的含義有關。《詩·周南·螽斯》："螽斯羽，詵詵兮。"螽斯在《詩·豳風·七月》中也作"斯螽"，是蟈蟈、螞蚱一類的昆蟲，"螽斯羽，詵詵兮"描寫蟈蟈張開翅膀成群飛起的樣子。其中"詵"在《説文》裏作"䇂"。④《正字通·艸部》："兟，艸盛貌。"綜合觀之，蓁、榛與莘、䎬、侁、駪等字同源，其核心義是"衆多"。

而從秦、辛、先得聲的這幾組詞之所以表示衆多，有可能來源於牲。

---

① 陸佃《埤雅》卷十四："栱，木高大，似白楊，多枝而曲，飛鳥喜巢其上，賦曰'枳句來巢'是也。……栱取捲曲，榛言至，棗言早，栗言恂栗，故曰'以告虔也。'"

② 《周禮·天官·冡宰》："腊人掌乾肉。凡田獸之脯臘胖之事。"鄭玄注："薄析曰脯。"

③ 參見（清）段玉裁《説文解字注》，上海古籍出版社1981年版，第239頁。

④ 陸德明《經典釋文》："詵，所巾反。《説文》作䇂。"不過大小徐本《説文》"詵"字條下引《詩》仍作"詵"。

《說文·生部》："甡，眾生并立之兒。从二生。《詩》曰：'甡甡其鹿。'"生的甲骨文字形爲 ，像草木穿過地面向上生長之形，因而有生長、冒進之義。生與㞢形近，《說文·㞢部》："㞢，艸木妄生也。从之在土上，讀若皇。"① 生、㞢都在《之部》："之，出也。象艸過中，枝莖益大有所之。一者，地也。"則"之""生""㞢"，以及從二生的"甡"都以草木的上長（至於旺盛）爲意象，比喻眾多、繁盛。而"先"字從儿從之，本義是前進，也與草之生長有一定的相似性。從這一角度看，蓁、莘之所以有"眾多"的核心義當源自甡。

【梢】

"梢"本義是樹梢，樹枝的頂端。當讀成 shāo 時也表示：①末尾、末端；②長竿兒；③小柴。當讀成 sāo 時還用來指稱圓柱形或圓柱形物體的剖面一段逐漸縮小而成的尖銳形狀。樹梢的特點一是長，二是細，從枝幹延伸出來到達頂端（末尾）的過程是逐漸地變小、變細，因此"梢"的核心義可以概括爲"末端漸小"。

"梢"的聲符"肖"提示了它的語源。于雪通過分析"肖"的形義和一批"肖"聲符字（悄、鞘、陗、莦、梢、稍、捎、哨、娋、敽、逍、宵、痟、消、霄、綃、蛸、銷、趙），整理出"肖"聲符字的詞義分佈和演變：一支以"肖"的本義爲出發點，有"相似義、小義"；另一支包含了絕大多數同源詞，表示"小義"，引申有"衰微義"，進而認爲"肖"聲符字的核心義是"小"。② 這裏有兩處需要進一步修改。首先是"肖"相似義的來源。《說文·肉部》："肖，骨肉相似也。从肉小聲。不似其先，故曰不肖也。"字形的下半部分"月""肉"相混比較常見，金國泰認爲"肖"原本從"肉"，小聲，詞義本是月光消減得微小。"相似"義或是由刻削義引申而來，"立體刻削工藝，總是把被刻材料漸削漸小，逐漸肖似所比照仿效的人物模樣"，"'不肖'一語大概源於刻削出的成品偶象不肖泗所比擬仿照的對象模樣，引申爲不合乎典範、準則的意義"，

---

① 另一種觀點是㞢從止、王聲，是往來之往的初文。見李學勤主編《字源》，天津古籍出版社 2013 年版，第 548 頁。

② 于雪：《〈說文解字〉"肖"聲符字研究》，《遼東學院學報》（社會科學版）2019 年第 2 期。

"許慎所言'不似其先',并不是'不肖'的本義,而是後起的引申義"。① 此備一説。其次是"肖"聲符字的核心義不僅是"小",而是逐漸變小。譬如——

稍,在《説文·禾部》解釋爲"出物有漸",指"禾苗出芽既微小又緩慢"②的過程,引申有稍微、稍稍、逐漸等含義。《史記·項羽本紀》:"使者歸報項王,項王乃疑范增與漢有私,稍奪之權。"意思是逐漸地、一步步地剥奪其權力。

削,《説文·刀部》:"削,鞞也。一曰析也。从刀肖聲。"鞞也就是刀鞘。不過"削"最常見的詞義還是刻削,許慎用"析"來解釋。"析,破木也","斯,析也",③"斯""析"同源,和"削"都表示破木。衹不過"斯""析"指的是以片狀或塊狀剥離開來,而"削"是用刀斜刮。

消,義爲盡、滅,是從有到無的過程。融化金屬稱"銷",泛指消除、消滅。

宵,夜。馬緒論認爲"宵"之所以表示夜晚,是由於"夜"音轉變異:"宵敢作𠨎,從月。倫謂從月、宎省聲,此夜之轉注字。宵音心紐,夜音喻紐四等,同爲次清摩擦音也。"④這一解釋過於迂曲,"宵"的異體作"㡿",從構形上推測,"㡿"表達的是太陽下落、光綫逐漸減少而進入黑夜。"宵"從宀,與房屋相關,因此徐灝釋爲"謂夜居室中窈冥耳"。⑤"宵"與"夜"略有區别,段玉裁指出"《周禮·司寤》:'禁宵行夜遊者。'鄭云:'宵,定昏也。'按此因經文以宵别於夜爲言,若渾言則宵即夜也。""定昏"當是人定、黄昏,大約在晚上七點到十一點,是白天到黑夜的過度階段,也有日光減少的意思。至於"宵夜"在西漢作爲表示夜晚的時間名詞,屬同義并列結構;在現代漢語中表示夜裏吃的酒食,也寫作"消夜",用來消磨夜晚。

---

① 金國泰:《釋肖》,《吉林師範學院學報》1994年第1期。"肖"的相似義從削刻引申這點存疑,類似的有"模"和"摹"。"摹"從手從模省,仿照模型進行描摹。但"摹"實際上屬於"省聲"的形聲字,與"削"直接省略部分形體、詞義由"肖"承擔的情況不同。
② 李學勤:《字源》,天津古籍出版社2013年版,第640頁。
③ (東漢)許慎:《説文解字》,中華書局1964年版,第125、300頁。
④ (清)馬叙倫:《説文解字六書疏證》第四册,上海書店出版社1985年版,第32頁。
⑤ (清)徐灝:《説文解字注箋》,《續修四庫全書》第226册,上海古籍出版社1995年版,第69頁。

將"梢"與同源的"稍、削、消、銷、宵"等進行比對，可知"梢"的核心義是"末端漸小"。

【梗】

"梗"在《説文》中的解釋是"山枌榆"，《爾雅·釋木》："榆，白枌。"郭璞注："枌榆。先生葉，却著莢，皮色白。"可知枌榆因樹皮色白，也稱爲"白榆"。"山枌榆，又枌榆之一種也。有束，故名梗榆，即《齊民要術》所謂刺榆也。《方言》：凡草木刺人，自關而東或謂之梗。"① 《齊民要術》記載有"刺榆"和"山榆"：

> 按今世有刺榆，木甚牢肕，可以爲犢車材。梜榆，可以爲車轂及器物。山榆，人可以爲蕪荑。凡種榆者，宜種刺、梜兩種，利益爲多；其餘軟弱，例非佳木也。②

"蕪荑"是大果榆或刺榆的果實莢仁，通過加入榆樹皮面等輔料，發酵并乾燥而製成。大果榆也叫作"姑榆""山榆"，據郭璞注"無姑，姑榆也，生山中，葉圓形而厚"③ 似是因爲生山中名"山榆"，不過樹木大多都長在山林之中，當如《本草圖經》所描述的"大抵榆類而差小，其實亦早成，比榆乃大"，是因爲植株比一般的榆樹要小。那麼"山枌榆"的取名或也源於比"枌榆"差小，與"山榆"屬於兩個品種。"山枌榆"又名"梗榆""刺榆"，"即今之榆科刺榆 H. davidii，具粗而硬的棘刺，這是刺榆植物的典型特徵。刺榆植株較小，果實也較小，長 5—7cm，在背側具窄翅，形似雞頭，翅端漸狹呈緣狀"④。

另有植物名"桔梗"，據夏緯英考證，"桔"是"秸"或"稭"的借字，表示莖秆；梗訓"直"，用爲狀物之詞，"桔梗"的得名當是取"一莖直上"，也就是其莖秆直立之故。⑤

---

① 參見《説文·木部》"梗"字段注。
② （北魏）賈思勰著，繆啓愉校釋：《齊民要術校釋》，農業出版社 1982 年版，第 242 頁。
③ （清）阮元校刻：《十三經注疏》，中華書局 1980 年版，第 2637 頁。
④ 趙海亮、張瑞賢：《蕪荑的本草考證》，《中國中藥雜誌》2015 年第 22 期。
⑤ 參見夏緯英《植物名釋札記》，農業出版社 1990 年版，第 117—118 頁。

從"梗榆"和"桔梗"的形態以及命名來看,"梗"的特點是有刺或剛直,"刺"訓"直傷",直直往前探出刺傷對方,動作的特點也是剛直,因此"梗"的核心義可以概括爲"剛直"。"梗"從木更聲,以更聲字及非諧聲的同源字也可印證這一特徵。更聲字如下。

埂,本義是小土坑,不過多用來指田埂,田間分界處呈長條狀高起的土梁,"今江東語謂畦埒爲埂"。① 今吳語仍有稱"田埂",以及將防水的堤壩稱爲"埂"的。

鯁,魚刺,直而堅硬。魚刺卡在喉嚨裏也爲鯁,《漢書·賈山傳》:"祝鯁在前,祝鯁在後。"顏師古注:"鯁,古饐字,謂食不下也。以老人好饐鯁,故爲備祝以祝之。"引申爲堵塞、阻礙,也比喻人的品行剛直不屈。有時改換形旁作"骾",成語"骨鯁之臣"用來指違逆人主意旨、進獻諍言而態度堅決的大臣。

哽,"語爲舌所介也",② 本義是哽咽。不過更早的文例與"鯁""骾"等字通用,表示噎住、無法下咽,泛指阻塞。《莊子·外物》:"凡道不欲壅,壅則哽。"陸德明釋文:"哽,塞也。"而因爲激動或悲傷等情緒導致一時語塞,也是"骨鯁在喉"的形象化比擬。《説文》"鯁""骾""哽"各字的本義不同,是根據部首有意對它們的用法作了區分。

《廣雅·釋訓》:"行行,更更也。"王念孫疏證:

> 《論語·先進》:"子路行行如也。"鄭注云:"行行,剛强之貌。""更更"讀如"庚庚"。《釋名》云;"庚,更也,堅强貌也。"《説文》:"庚位西方,象秋時萬物庚庚有實也。"徐鍇傳云:"庚庚,堅强之兒。"庚與更通。行行、更更聲相近,皆强貌也。"更更"下蓋脱"强"字。

"更""庚"上古音同在見母陽部。"庚"的小篆字形象兩手持干形,與"兵"古爲一字,本義是兵器,與"更"相通,③ 有堅强、剛强之義。

---

① (清)段玉裁:《説文解字注》,上海古籍出版社 1981 年版,第 691 頁。
② (東漢)許慎:《説文解字》,中華書局 1964 年版,第 33 頁。
③ 參見陸宗達、王寧《古漢語詞義答問》,中華書局 2018 年版,第 53 頁。

旁轉耕部有"荆"，本是落葉灌木，有黃荆、牡荆、紫荆等不同品種，譬如牡荆的"荆"就是因其枝條堅强。①

"梗"組成雙音詞"梗概"，有兩個含義。一表示大概、約略，大多用作名詞，有時也作副詞。"故事梗概""略述其梗概"就是名詞的用法；《舊唐書·曆志二》："此等與中國法數稍殊，自外梗概相似也。"這裏的"梗概"用在動詞"相似"之前，是一個副詞。"概"在古代指量穀物時用來刮平斗斛的木板，引申爲大略、大概。"梗"原指帶刺的植物，生長於山野之間，引伸爲粗疏。可類比"艸""荆"等詞的詞義演變："艸"孳乳爲"艸"和"䒑"，"艸"是植物的總名，現多指花卉；"䒑"是衆草叢生的莽原。"艸"本身就能引申出荒野、荒原的含義，如"草莽""草野""草寇"，"落草"的其中一個含義就是"淪落草野當盜賊"；有粗疏、粗野、簡陋的含義，如"草率""草擬""草堂"等。"荆"類植物的枝條堅韌，可作杖、圍欄或其他用具，引申爲粗疏、粗鄙，如"荆室""荆柴""拙荆""寒荆"等。那麼"梗"引申出粗疏、約略也是有迹可循，與"概"屬於同義并列。

二表示剛直的氣概，此時"梗概"是一個偏正結構的雙音詞。概有氣度、氣概之義，"梗概"即剛直的氣概，這一用法多見於中古時期。《魏書·李彪傳》："臣雖下才，輒亦尚其梗概，欽其正直，微識其褊急之性，而不以爲瑕。"《北史·江式傳》："肇既聿修，克隆堂構，正清梗概，顛沛不渝。"用相同方式構造的複音詞有"義概""忠概""素概""貞概""遠概""高概"等。

以上"梗"的詞義除直接由本義引申的"粗疏"外基本都沒有超出核心義"剛直"的範圍。

【格】

《説文·木部》："格，木長貌。从木各聲。"按照許慎的理解，"格"的本義是樹木枝條修長的樣子。段玉裁以此爲出發點，牽引出"格"的其他含義："引申之長必有所至，故《釋詁》曰：'格，至也。'抑《詩》傳亦曰：'格，至也。'凡《尚書》'格于上下''格于藝祖''格于皇天''格于上帝'是也。此接於彼曰至，彼接於此則曰來。"這

---

① 參見夏緯英《植物名釋札記》，農業出版社1990年版，第114—115頁。

段話描述得極爲精到，"格"訓"至"訓"來"，表現的是"此接於彼"或"彼接於此"，也就是說，"格"并非僅僅指枝條向外伸出，而是交錯歧出。

枝枝相交抵，則形成了網格。製成柵欄可以防止外敵侵入，做成支架可以放置物品。這些網格圍出一個個獨立、分隔的區域，猶如模範，因此"格"就有了"法式""規格"義。《日知錄》卷一六："文章無定格，立一格而後爲文，其文不足言矣。"既定規範叫作"格式"，符合標準叫作"合格"，打破規範叫作"破格"，規則之外叫作"格外"。之所以確立規範，一是爲了樹立正面的標桿，二是爲了限制反面的錯誤或習性，於是"格"有"糾正"義，也有"限制"義。《孟子·離婁上》："人不足與適也，政不足閒也，惟大人爲能格君心之非。"《三國志·蜀書·劉禪傳》："朕遭漢運艱難，賊臣篡盜，社稷無主，格人群正，以天明命，朕繼大統。"前一例可釋爲"糾正"，第二例可解釋成"匡正"，都指糾正過錯，使其合乎規範、走上正道。

枝條交錯歧出，必相抵觸，相互抵觸則有對抗的作用力。既可指主動地抗拒、抵禦，例如《荀子·議兵》："服者不禽，格者不舍，奔命者不獲。"楊倞注："格謂相拒捍者。"《漢書·五行志》："去後，有數人披甲持兵弩至良家，良等格擊，或死或傷，皆狗也。"如果雙方都採取捍格的姿態，能夠相互抗衡，就引申出"匹敵"義。

從以上的詞義演變可以看出，"格"的核心義是"抵拒"。

"格"從木各聲，各聲字也多有"相互交構而抵拒"之義，譬如：

絡，絲絮，引申爲纏繞、圍繞，"馬絡頭"是套在馬頭上用來繫縛嚼子和韁繩的器具；"鉤絡帶"是一種環形帶扣的腰帶。落，籬笆，用竹、葦、樹枝等交織編成，因其有隔斷的作用，引申爲疏離。

笿，盛放杯盤的竹籠，也寫作"落"，《方言》卷五："桮落，陳楚宋衛之間謂之桮落，又謂之豆筥；自關東西謂之桮落。"也稱爲"篝"，《說文·竹部》："篝，笿也，可熏衣。""篝"以冓爲聲符，兼有"冓"的交積義，可見這種器具是用竹編成而名"篝"或"笿"。

閣，爲了防止門自動關閉而安插在門兩旁的木柱，《說文·門部》："閣，所以止扉也。从門各聲。"也指儲藏食物的櫥櫃、放置書籍的几案，用木板架構搭建起來。"抵住"和"停止""安置"在意義上相通，"凡言閣者，皆止之義。凡止與至義相近。止謂之閣，猶至謂之格也。止謂之底，猶至謂之抵也。止謂之訖，猶至謂之迄也。"①

挌，擊打、搏鬥，相當於"格"的換形旁字。《管子·國蓄》："舉兵而相攻，必爲捍挌蔽圉之用。"土塊、石塊堅硬，抵得人不舒服也叫作挌，《管子·地員》："五粟之土，乾而不挌，挌湛而不澤。"用爲此義時通常作"硌"或"垎"。

詻，形容嚴肅，仿佛拒人千里之外。《説文·言部》："詻，論訟也。傳曰：'詻詻孔子容。'"也是直言論争之貌，有時替換形旁作"咯"。

以上從各得聲的字分別體現出交構、抵止、抗拒之義。這些詞義或都來源於"各"。儘管許慎將"各"解釋作"異辭也"，其他學者却認爲與口無關。楊樹達《積微居小學述林》："（各）甲骨文或作🖾，知字非從口也。余謂⊔並象區域之形，而足抵之，故其義爲來，爲至。"② 林義光《文源》同："⊔象物形，倒之爲🅰，形變爲🅰。🖾象二物相齟齬形。"③

"各"猶"㓦""逆"，王筠《説文解字句讀》："詻蓋與㓦同字……《墨子·親士》篇之'詻詻'，即'諤諤'也。"《説文·刀部》："劊，刀劍刃也。从刀㓦聲。䚿，籀文劊，从刃从各。"同在《説文·夊部》的"夆"是相逢、牴牾，段注："《午部》曰：'啎，逆也。'夆訓啎，猶逢迎逆遇遝互相爲訓。"因此向外伸出去觸碰是"格"，訓爲"來""至"；既抵而彼此有所捍格，也稱爲"格"。表示木長貌的"格"就是指枝條伸出而相互交錯，若不交錯當稱爲"條"。由"條"之無枝丫、平直伸展引申出"條理""條暢""正直"；而"格"是歧出交抵，因此它的詞義發展就沿"抵拒"展開。

最後補充《禮記·大學》篇"格物致知"中"格"的含義。影響最大的主要有兩種解釋：

> 鄭玄注："格，來也。物，猶事也。其知於善深則來善物，其知於惡深則來惡物，言事緣人所好來也。此致或爲至。"

---

① 黄侃述，黄焯編：《文字聲韻訓詁筆記》，武漢大學出版社2013年版，第271頁。
② 楊樹達：《積微居小學述林》，中華書局1983年版，第70頁。
③ 林義光：《文源》，中西書局2012年版，第201頁。

孔穎達正義："致知在格物者，言若能學習招致所知。格，來也。已有所知，則能在於來物。若知善深則來善物，知惡深則來惡物，言善事隨人行善而來應之，惡事隨人行惡亦來應之。言善惡之來緣人所好也。"

程頤《二程集》："格猶窮也，物猶理也，若曰窮理云爾。窮理然後足以致知，不窮則不能致也。"

朱熹注："所謂致知在格物者，言欲致吾之知，在即物而窮其理也。"

鄭玄、孔穎達爲一説，訓"格"爲"來"；二程、朱熹爲一説，釋"格"爲"窮"。從"格"本身的詞義發展來看，二説皆可成立。從前後內容來看，筆者愚見以爲訓"來"更符合文意。《大學》三綱領指"明德""親民""止於至善"，八條目是"格物""致知""誠意""正心""修身""齊家""治國""平天下"，其中"致知"是"誠意"的基礎。"所謂誠其意者，毋自欺也，如惡惡臭，如好好色，此之謂自謙"，① 與荀子在《性惡》篇中說的"生而有耳目之欲，有好聲色"相同，屬人之本性。通過提高認知來獲取分辨善惡的能力，就是"致知"；進而將理論施加於行爲，經過"行善則善來，行惡則惡來"的實踐結果作爲驗證，來修正和鞏固"知"，得到真知真善，長久鞏固它，即"止於至善"。因知"至善"之處，明"知"爲何物，才可直面其本性。"唯仁人爲能愛人，能惡人"，② 能做到"好而知其惡，惡而知其美"，③ 不斷地朝"中庸"的方向完善，而不需要僞裝或刻意違背人性，最終到達"至誠"的境界。"唯天下至誠，爲能盡其性""誠者，自成也"，④ 唯其如此方能長久不遷。程朱的"窮究物理"或許也是從這個角度做出的解釋。而"格"本身仍當釋作"來，至"。

【枝】

"枝"在《大詞典》中有兩個讀音、多個義項：

---

① （清）阮元校刻：《十三經注疏》，中華書局1980年版，第1673頁。
② （清）阮元校刻：《十三經注疏》，中華書局1980年版，第1675頁。
③ （清）阮元校刻：《十三經注疏》，中華書局1980年版，第1673頁。
④ （清）阮元校刻：《十三經注疏》，中華書局1980年版，第1632、1633頁。

[zhī《廣韻》章移切，平支，章。]①植物主幹旁生的莖條。②分支的，由主體所派生出來的。③古代指嫡長子以外的宗族子孫。④分散。⑤冗散，多餘。⑥支持，支撐。⑦小木柱。⑧猶擬。比劃。⑨量詞。⑩通"肢"。四肢。⑪通"支"。干支之支，地支。

[qí《集韻》翹移切，平支，群。]歧，旁出。①

"枝"的詞義雖然豐富，但其基本義象還是比較集中的，并且與它的同源分化字關係密切，常常通用。"枝"由"支"分化孳乳而來，"支"的小篆形體像手持竹葉或竹枝，表示持有、支持。② 引申爲抵禦、抵拒，這是以"支持"爲中心的一條綫。另一條綫以"分支"爲中心，"與'卮'、'支'音近義通的同源字以及音義均有關聯的一些字，都具有分支義。從主體上別出，爲這組同源詞的核心義"，③ 包括章母支部的"枝、雄、鳸（翅）、肢、卮"和群母支部的"歧、岐、跂"等，都有從一個主體分化出來的含義，則這些同源詞共享核心義"從主體上別出"。那麼《大詞典》收錄的"干支"和"擬"這兩個義項是否與上述的兩條綫索有關？首先來看"干支"，最早被用來紀日，之後擴展到紀月、紀年和紀時。初稱母子（十天干爲母，十二地支爲子），大約在東漢以後發展爲枝幹（甲乙爲幹，子丑爲枝），以後才簡稱"支干"或"干支"，取旁枝和主幹之義。④ 可以與第二條綫關聯。再看"擬"，《大詞典》引用的例句是《史記·魯仲連傳》："桓公朝天下，會諸侯，曹子以一劍之任，枝桓公之心於壇坫之上。"司馬貞索隱："枝猶擬也。""擬"在漢晉文獻中經常出現，表示"對準、比劃"，例如"（衛律）復舉劍擬之，武不動。"（《漢書·蘇武傳》）"客以劍擬王，王頭墮湯中。"（《搜神記》卷一一）"大將軍統中外軍討之，別使諸葛誕督豫州諸君從安風津擬壽春。"（《三國志·毌丘儉傳》）可見"擬"是有目標的指向，通常手持武器，對準人物或較爲抽象的地點、方位。《史記》中的曹子也做了這樣的動作，能起到抵拒、威脅或挾持的作用。《戰國策》該例就以"劫"代替"擬"。因

---

① 參見羅竹風編《漢語大詞典》，上海辭書出版社2008年版，第805—806頁。
② 徐灝《說文解字注箋》："支以持物謂之枝柱，亦曰枝梧，因有支持、支拒之稱。"
③ 于雪棠：《"卮言"本義詞源學考釋——兼及〈莊子〉的言說方式與文體形態》，《民俗典籍文字研究》2014年第2期。
④ 陸宗達、王寧：《古漢語詞義答問》，中華書局2018年版，第46頁。

此"擬"的意思可以和第一條綫索串連起來。

如果按照上述兩個中心、兩條綫索的思路分析"枝",那麼應該就有兩個核心義。僅管不能排除這種可能性,但目前爲止大多數核心義還是能夠用一個詞或短語表述出來的。祇不過意象圖式比較複雜或涉及運動過程的詞,很難用定義的方式去概括,更適合採用描述的方法。"支""枝"的意象圖式大致可以表現爲樹形如圖 4-1:

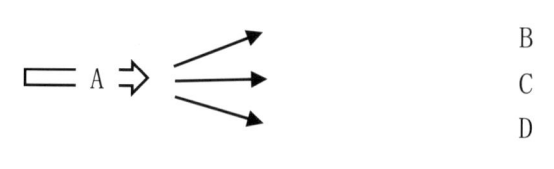

$$ \square A \Rightarrow \begin{matrix} \nearrow B \\ \rightarrow C \\ \searrow D \end{matrix} $$

圖 4-1

從主體 A 出發向 B、C、D 等不同方向延申,有一個向外的動力,最後的結果可與主體仍然相連或者脱離。從 A 的視角看是 A 在支撐 B、C、D,沿着內在動力指向不同方向;從全局看則是 B、C、D 從 A 中斜出分離開來。因此《説文·支部》説"支,去竹之枝也",着眼點在分離。"枝"從"支"分化,本義爲樹枝,結合"枝"的大部分義項及同源詞的情況,"從主體上別出"應當能作爲"枝"的核心義。①

【棲】

《説文·西部》:"西,鳥在巢上。象形。日在西方而鳥棲,故因以爲東西之西……西或从木、妻。"段注:"蓋从木妻聲也。从妻爲聲,蓋制此篆之時已分別西爲東西、棲爲鳥在巢,而其音則皆近妻矣。"結合許慎和段玉裁的觀點,"西"象鳥巢,假借爲東西之西,是個名詞,古文字形體 ᖴ(甲三六九〇)② 和 ᕽ(散盤)③ 也能印證其本義;"棲"本是"栖"的異體,分化後專用爲動詞,表示棲息、留止。那麼"止息"就當是

---

① 這裏是把"支持"和"分離"放到一個圖式中串連解説。但也懷疑"支"的支持、支撐是借用了"主"(拄),不過"支""主"聲音相隔較遠,暫無確切證據可以證明。
② 中國社會科學院考古研究所編:《甲骨文編》,中華書局 1965 年版,第 501 頁。
③ 容庚編著:《金文編》,中華書局 1985 年版,第 765 頁。

"棲"的核心義。

①由禽鳥歇宿引申爲停留。《爾雅·釋詁》："棲、遲、憩、休、苦、呬、嫲、呬，息也。"《法言·重黎》："種、蠡不彊諫而山棲，俾其君詘社稷之靈而童僕，又終吳。"

②留止於某處，則必有所倚靠依附。也寫作"萋"，"芳草萋萋"即"芳草依依"，形容草木的茂盛。《論語·八佾》："子曰：'射不主皮，爲力不同科，古之道也。'"孔穎達正義："古者射禮，張布爲侯，而棲熊虎豹之皮於中而射之。"指的是將獸皮附於侯之正中作爲靶心。轉用爲名詞，表示停留的地方，有時特指可供倚靠坐臥的床。

③棲遲，休息，滯留。《詩·陳風·衡門》："衡門之下，可以棲遲。"毛傳："棲遲，遊息也。"《後漢書·蘇竟傳》："聞君前權時屈節，北面延牙，乃後覺悟，棲遲養德。"意思是專心留意於修養德性。

棲、栖、西，古音在心母脂部；息，心母職部，聲近義通，因而有"止息"義。鳥止宿於樹爲"西（栖、棲）"，太陽下落的方向爲"西"。相反，太陽升起的方向稱爲"東"，"東"被認爲是"束"的初文，像用繩子扎住兩頭，而其讀音近似於"動"，借用爲表示方向。東，端母東部；動，定母東部。《說文·東部》："東，動也。"《後漢書·五行志》："熹平二年六月，雒陽民訛言虎賁寺東壁中有黃人，形容鬚眉良是，觀者數萬，省內悉出，道路斷絕。"顏師古注："《風俗通》曰：'……季夏土黃，中行用事，又在壁中，壁亦土也。以見於虎賁寺者，虎賁國之祕兵，扞難禦侮。必是於東，東者動也，言當出師行將，天下動搖也。'"儘管這裏附會了五行讖緯之說，但東方日出之時確有生機勃勃、萬物萌動之象，《尚書·虞書·堯典》："寅賓出日，平秩東作。"而"西、栖、棲"所代表的是日落而息，唐孟郊《感懷》之五："去去荒澤遠，落日當西歸。"也用作委婉語"駕鶴西歸"。

經過上述分析可知，"棲"的核心義是"止息"。

【校】

"校"從木交聲，"交"象人兩腿相交，孳乳爲"校"，又孳乳爲"笅"，"笅"是竹索。"交"即"冓"，會物體上下對交之意。交，見母宵部；冓，見母侯部，宵侯旁轉，是從"相互交構"義孳乳出來的同源詞。因此，"交""校"的核心義就是"交互"。

"校"可指刑具，《說文·木部》："校，木囚也。"用刑具將人手足捆縛交束名"校"。引申爲柵欄，用以擒獲野獸或抵禦敵人，因其構造方式是用木條等物體相互交錯，也叫作"梐"或者"行馬"，專門設置在官府門前阻擋車馬通行。古代軍職有"校尉"，《集韻·效韻》："校，教學之宮。一曰械也。一曰木爲闌格，軍部及養馬用之，故軍尉馬官皆以校爲名。"由阻擋進一步引申爲對抗，《淮南子·兵略》："如此則野無校兵，國無守城矣。"《史記·張耳傳》作"野無交兵，縣無守城"，指交戰。

從"交互"出發，在不同語境下還可以有更豐富的詞義。人與人之間你來我往的聯繫稱"交往"；將有關聯的兩者進行對比對照稱"考校""校勘""校察""校對"等；以某人某物爲標準稱"比較"或"仿效"；病情稍稍治愈稱"校"，音轉作"覺"，文獻中用例甚多，如《世說新語·捷悟》："魏武亦記之，與修同，乃歎曰：'我才不及卿，乃覺三十里。'"意思是比較起來相差。

"校"也指教習的場所學校，《孟子·滕文公上》："庠者，養也；校者，教也；序者，射也。"這大概是最早關於學校制度的記錄。《說文·教部》："教，上所施下所效也。""教"也寫作"敦"，謂覺悟，《說文·教部》"敦"字段注："《學記》曰：'學然後知不足，知不足然後能自反也。'按，知不足所謂覺悟也。《記》又曰：'教然後知困，知困然後能自強也，故曰教學相長也。'"則學校的"校"與"教""敦"相關，強調師生之間的切磋琢磨，也是一種"交互"。

【檢】（附【押】【梜】）

檢的本義是封檢，即封書題簽，張聯榮《談詞的核心義》一文依據古注和同源字提取出其核心義是"限止"：

> 《急就篇》十三章："簡札檢署槧牘家。"顏師古注："檢之言禁也。削木施於物上所以禁閉之，使不得輒開露也。"《漢書·循吏傳·黃霸》："郡事皆以義法令檢式，毋得擅爲調教。"顏師古注："檢，局也。"檢的核心義是限止。作名詞用，引申指法度、法式。又引申指人的節操（言行的限止），雙音詞有行檢。作動詞用，限止、拘束，雙音詞有檢束、檢局、檢測、失檢等。又引申指以一定的規制查驗，如檢校、檢核之類。從語源講，從僉得聲的一部分字有收

束義……斂、殮、俭、檢當同出一源。①

關於"檢"的核心義，可以從考古發現、字形構造以及和與它相關的其他字詞對比作進一步的驗證。《論衡·量知》："夫竹生於山，木長於林，未知所入。截竹爲筒，破以爲牒，加筆墨之迹，乃成文字，大者爲經，小者爲傳記。斷木爲槧，析之爲板，力加刮削，乃成奏牘。"牘是經過刮削可用來書寫的木片，通常用於書信或公文的傳送，爲了防止文字磨滅、保證公文書信内容的隱私機密，就在牘上加一塊木板，板上書寫收件人官職姓名、傳送人姓名日期等内容，用繩子捆束在一起，最後施加封泥、鈐印。這塊附加的木板就是"檢"，因此"檢"字從"木"。由於方牘容量小，當需要記載的文字信息較多時，則用編連成册的竹簡。這部分簡册有的用於官員之間的通信傳達，有的作爲書籍檔案進行保存，在整理歸檔時施加一片木簡，上書簡册内容和名稱，"這種檢有着簡册文書的封面意義，有些則比較莊重，用封檢嚴密封緘，以防無關人員私拆。"② 近百年來，隨着考古發掘的開展，出土了一批簡牘文書，其中保存了大量用途相似而形式略有差别的"檢"，如圖4-2、4-3、4-4所示：

圖 4-2 敦煌馬圈灣出土的封檢③

---

① 張聯榮：《談詞的核心義》，《語文研究》1995年第3期。
② 李明君：《歷代書籍裝幀藝術》，文物出版社2009年版，第43頁。
③ 李均明：《古代簡牘》，文物出版社2003年版。

圖 4-3　南京博物院藏"永平大司農銅合"①

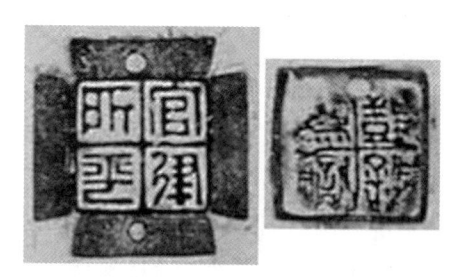

圖 4-4　張廷濟手拓漢代銅器②

　　圖 4-2 爲文書檢，木片上有方形凹槽（封泥匣）及繩溝，其緘法：用繩子將簡牘、檢之木片繫束，在封泥匣內縮結，往匣中注入黏性較强的金泥或青泥，以覆蓋膠結繩扣，趁濕蓋上封裝者印章以示鄭重和負責。③ 徐鍇《説文解字繫傳》："（檢）書函之蓋也。玉刻④其上，繩緘之。然後填以金泥，題書而印之也。"説的就是這種方法，衹不過將文書放入了函内再施以封緘。或先盛之以囊、以篋、以匣，《漢舊儀》卷上："以天子信璽，皆以武都紫泥封，青布囊，白素裏，兩端無縫，尺一板中約署。"《後漢書·公孫瓚傳》："（袁紹）矯刻金玉，以爲印璽，每有所下，

---

　①　南京博物院網站：www.njmuseum.com/zh/collectionDetails?id=152

　②　（清）阮元、朱爲弼編録：《積古齋鐘鼎彝器款識：附稿本》，浙江古籍出版社 2019 年版，第 561 頁。

　③　參見李明君《歷代書籍裝幀藝術》，文物出版社 2009 年版，第 44 頁。

　④　王國維："今祁氏重刊宋本作'玉刻'，疑三刻之訛。"見王國維著，胡平生、馬月華校注《簡牘檢署考校注》，上海古籍出版社 2004 年版，第 76 頁。按，從出土文物看，作"三刻"是，封檢上留有橫向的三道繩溝爲常式，不過也有縱向的以及不刻繩溝的情況，這裏是以"三刻"舉其大概。

輒皂囊施檢，文稱詔書。"篋爲竹製、木製或藤條編成的書箱，又稱笥。匱，或作櫃，可以盛放書冊、衣服等物品，《漢書·王莽傳》："梓潼人哀章學問長安，素無行，好爲大言。見莽居攝，即作銅匱，爲兩檢，署其一曰'天帝行璽金匱圖'，其一署曰'赤帝行璽某傳予黃帝金策書'。某者，高皇帝名也。"根據文書的材質、使用的場合，檢有不同的變式，如縑帛、書囊以絲織品製成，質地柔軟，檢也相應地改用布帛。

　　圖4-2、圖4-3五爲實物檢，即漢代所謂的"斗檢封"。《周禮·地官·司市》："凡通貨賄，以璽節出入之。"鄭玄注："璽節印章，如今斗檢封矣。"賈公彥以爲其外形爲方形，類似於圖4-2，"案漢法，斗檢封，其形方，上有封檢，其內有書；則周時印章，上書其物，識事而已"。南京博物院所藏圖4-3的這件銅器，雖以"永平大司農銅合"命名，其外形和用途皆與"斗檢封"相符，銅柄內側刻"大司農銅合永平三年三月造"，外側方框內嵌入封印，封印正反面分別有"官律所平""鼓鑄爲職"陽文刻字，因此胡平生、馬月華認爲"斗檢封"的形制當如圖4-3所示。另有張廷濟於嘉慶壬戌人日（正月初七）在天津書肆購得不知名銅器，如圖4-4，兩側正中有孔，底部有"官律所平"四個篆文，底部的背面也刻有"鼓鑄爲職"四字，張廷濟、阮元定爲"斗檢封"，並收入阮元《積古齋鐘鼎彝器款識》第十卷。不過這個觀點遭到了王國維的反對："苟用諸封檢，則底面之文，適在封泥下，而底背之文，又緊附於檢上，均爲贅設。若以斯（坦因）氏所得剡上書牘之封檢當之，則無不合。"[1] 其實，圖4-3、圖4-4均爲用於封緘物品的實物檢，封印上"官律所平""鼓鑄爲職"八字完全相同，當是掌管糧食錢幣等貨物流通的官署統一頒發，用以證明輸送的物件和數量。其外形不定，如糧食以可用來稱量穀物的斗形，錢幣以可用來容納銅錢的正方形，不過是具有一定的象徵意義而已。漢代"斗檢封"在狹義上專指糧食類的封檢，廣義上轉指所有貨物類的封檢。李均明《封檢題署考略》對漢代屯戍遺址和漢墓出土的典型封檢進行了整理，其中就有方形、有扇形，有用於封緘書寫材料，也有施於盛裝衣物的口袋、盛裝錢幣的容器、弓箭、弩機、軍糧、繩索，等等。[2] 至

---

[1] 王國維著，胡平生、馬月華校注：《簡牘檢署考校注》，上海古籍出版社2004年版，第90頁。

[2] 李均明：《封檢題署考略》，《文物》1990年第10期。

於《周禮》中記載的"璽節"是文書檢還是實物檢則無從得知，鄭注未必正確。

通過考古出土文物和文獻記載的相互印證，可知"檢"原本是捆綁在簡冊和物件上起保密作用的木製品，其材質和形態在後世隨着不同的使用場合各有變遷，今黏貼在門户或器物上，表示封閉、封存或没收的封條就是"檢"的遺存。許慎釋作"檢，書署也"是就其"體"而言，《說文·巾部》："帖，帛書署也。"《网部》："署，部署，有所网署。"即突出在"檢"上刻畫書寫的一面，字當作"簽"。《說文》無"簽"，收有"籤"字："籤，驗也。一曰鋭也，貫也。"玄應《一切經音義》卷一四"須籤"條下："《通俗文》：記曰籤也。"籤，從竹、韱聲，韱猶言細，《玉篇·戈部》："韱，細也。"《說文·韭部》："韱，山韭也。"李時珍《本草綱目·菜部》："山韭〔釋名〕藿音育、韱音纖。〔集解〕〔頌曰〕：'藿，山韭也。山中往往有之，而人多不識。形性亦與家韭相類，但根白，葉如燈心苗耳。'"山韭名為"韱"是因為生長在山中野外的韭比家韭的植株更細小，"籤"（"簽"）就是小木片、小竹片，在木片、竹片上刻寫文字也叫作"籤"（"簽"）。"檢"之"用"，也是更為本質的特徵是拘束、限制，《釋名·釋書契》："檢，禁也，禁閉諸物，使不得開露也。"又《釋牀帳》："枕，檢也，所以檢項也。"虞翻云："檢，止也，項承於枕，止其所而不遷。"對書籍物體的封存為封檢，對自我言行的限制為檢點、收斂，按一定規則查驗為檢校、檢核，用作名詞指法度、法式；品行、節操。因此"檢"的核心義可以概括為"限止"。

"檢"常與"柙""押"互訓或者連言，《說文·木部》："柙，檢柙也。"段注："檢、柙皆函物之稱，然則柙亦謂函物之器也。"《資治通鑒·獻帝建安十四年》："今崇一概難堪之行以檢殊塗，勉而為之，必有疲瘁。"胡三省注："檢，束也，檢柙也。"然而"柙""押"却没有發展出法度、品行、約束、查驗等意義，這是由它們各自的核心義所決定的。試將"柙""押""檢"作一比較：

柙，從木、夾聲。"夾"是個會意字，從大、從二人，像左右兩人相向攙扶或擠壓中間一人，其核心義是"相向而持"，在人兩旁協助為輔佐，在兩邊（向内用力，使物體固定不動）為夾道、夾持，能夾東西的器具為夾子，中間有棉絮等填充物的兩層上衣為夾襖。"柙"也是在"夾"的基礎上產生的形聲字，本義指書版上加一木板捆綁在一起，形如夾子；又同"筴"，即筷子，用竹或木製成，故從"木"或"竹"。

柙，從木、甲聲。《說文·木部》"柙"的古文作🌱，① 商承祚認爲："🌱乃孚甲之本字。屮象子葉形。子葉在中，有臧誼。故得假作柙也。"② 楊樹達謂："《魏三體石經·無逸篇》'祖甲'，甲字作🌱，與《說文》柙字古文同，其字象欄檻中有物之形，知甲即柙之初文，柙乃加形旁字也。"③ 甲，古文作十（後上三·一六、利簋、侯馬盟書），作田（前七·三一·一），（包山·一二），田（戰國秦虎符）④，象形，像動物護身的硬殼，《大戴禮記·易本命》："有甲之蟲三百六十，而神龜爲之長。"引申爲"鎧甲"。也指草木萌芽時的外殼，《易·解》："天地解，而雷雨作；雷雨作，而百果草木皆甲坼。"孔穎達正義："雷雨既作，百果草木皆孚甲開坼，莫不解散也。"其特徵都是用堅硬的外殼包裹。"柙"像用欄、檻將中間之物屮包圍起來，類似於"牢"（ ），甲三九二）。⑤ 不過"牢"多從牛，指牛、馬、羊等牲畜，《說文·牛部》："牢，閑，養牛馬圈也。"而"柙"形同"甲"，許慎根據《論語·季氏》"虎兕出於柙"等經典的記載解釋爲："柙，檻也，以藏虎兕。"強調所關的是猛獸，因此"柙"的核心義是"堅固地包圍"。在實際使用中，"牢"不限於牛馬，"柙"也不限於虎兕，泛指可以關押動物或人的木籠。

檢，從木、僉聲。《說文·亼部》："僉，皆也。从亼，从吅，从从。"亼訓"三合"，即古文"集"字，會同之"會"、會合之"合"都從亼。"从吅，从從"，意爲兩個及以上的人比并，"人各一口，二人二口，二口相合，故爲僉也。二口猶言多口，不必限於二也。"⑥ 猶"比""從"以數目二泛指多，因此"僉"可以解釋爲"亼衆口而皆聽從之"，這是就字形中有"口"而言。從人到物，意味着把多個物品集合起來，結合"檢"的實物和文獻記載，可知用檢封緘的整個過程包括了把衆多書册、貨物等

---

① （東漢）許慎：《說文解字》，中華書局1963年版，第125頁。
② 商承祚：《說文中之古文考》，上海古籍出版社1983年版，第59頁。
③ 楊樹達：《積微居小學述林》，中華書局1983年版，第199—200頁。
④ 古文字詁林編纂委員會編：《古文字詁林》，上海教育出版社1999年版，第919—920頁。
⑤ 中國社會科學院考古研究所編：《甲骨文編》，中華書局1965年版，第35頁。
⑥ 楊樹達：《積微居小學述林全編》，中華書局1983年版，第81頁。

收集聚攏，然後進行封禁。即"檢"的核心義爲"限止"，具體可細化成"收聚"+"封禁"，這是與"梜""柙"的顯著不同。和它同源的"斂"就有"聚集"和"約束"的義項；"奩"（俗作"匲"），有鏡奩、妝奩，各種梳妝物品不用時就收攏歸類放入奩中存放起來。

由此可以説明檢的核心義是"限止"。

【權】

[quán《廣韻》巨員切，平仙，群。]①秤。測定物體重量的器具。②稱量。③衡量，比較。④平均；平衡。⑤權柄，權力。⑥權利。⑦威勢。⑧重，重於。⑨秉，持。⑩謀略，計謀。⑪權宜，變通。⑫唐代以來稱試官或暫時代理官職爲"權"。⑬充當，當作。⑭副詞。姑且，暫且。⑮黄色。⑯木名。⑰北斗七星之一。也叫天權。北斗第四星。參見"北斗星"。⑱古星群名。即軒轅。主要分布在獅子座。⑲古國名。春秋時滅於楚。故都城在今湖北省當陽縣東南。⑳佛教語方便。與"實"相對。㉒通"顴"。面頰。㉓姓。唐有權德輿。

[guàn《集韻》古玩切，去换，見]通"爟"。權火，烽火。①

"權"據《説文》的解釋，本義爲黄華木。《爾雅·釋艸》："權，黄華。"又《釋木》："權，黄英。"但今多用作權衡、權重、權力、權宜之義，不少學者指出，此"權"字爲假借。戴侗《六書故》："（權）借爲權衡之權，今所謂稱錘也。"或以爲本字即當作"銓"，《説文·金部》："銓，衡也。"權衡之權是否如上所述爲銓的假借，稱錘與黄華木之間是否存在關聯？

陸宗達《文字學講義》認爲："'權'，《説文》作'黄華木'解。這種黄是赤黄，《爾雅》中也解釋'權'，郭璞注：'今謂牛芸草爲黄花。'（草木名常加一牛字，是表示大的意思）與其聲音對轉的有'橘'（與

---

① 漢語大詞典編輯委員會、漢語大詞典編纂處：《漢語大詞典》卷四，第1359頁。

'熏''熏''醺'對轉，與'權'也對轉），橘是赤黃色。"①

王國維《爾雅草木蟲魚鳥獸釋例》："蘿及蘿與皆本黃色之名，《釋草》：'蘿，黃華。'《釋木》：'蘿，黃英。'其證也。蟲之蠸與父，注以爲瓜中黃甲小蟲，是凡色黃者謂之蘿，長言之則爲蘿與矣。余疑蘿即黗之初字，《說文》：'黗，黃黑色也。'《廣雅》：'黗，黃也。'今驗草木之萌芽，無不黃黑者，故蒹葭之萌，謂之薍葦，引申之則爲凡草木之始……又引申爲凡物之始。"②

按：權，群母元部，橘，見母質部，古群歸見，質元旁對轉。"橘"音轉爲"枸"，《本草綱目·果部》："〔時珍曰〕又詩話云：'子生枝端，横折歧出，狀若枳椇，故土人謂之枳椇也。'珍謂：枳椇及俗稱雞距，蜀人之稱桔枸、棘枸，滇人之稱雞橘子，巴人之稱金鉤，廣人之稱結留子。"③《文選·宋玉〈風賦〉》："枳句來巢，空穴來風。"李善注："枳句，言枳樹多句也。《說文》曰：'句，曲也。'古侯切，似橘屈曲也。"《說文·言部》："譎，權詐也。益梁曰謬，欺天下曰譎。"《論語·憲問》："晉文公譎而不正，齊桓公正而不譎。"譎與正相對，謂邪曲、屈曲，引申有權變義。"權"有時借用爲"顴"，眼睛下兩腮上突出的面頰骨，《說文·肉部》："肫，面頯也。"段注："《頁部》曰：'頯，權也。'權俗作顴。肫，《史》《漢》作準，'高祖隆準'，服虔曰：'準音拙。'應劭曰：'隆，高也。'準頯，權準也。按準者假借字，肫其正字。""權"及其同源字多有自身屈曲的形態特點，如卷（卷曲）、圈（圓環形物體）、蜷（蟲形詰屈）、鬈（毛髮卷曲）、弮（弩弓）、觠（獸角卷曲）、踡/躩（曲脊）、拳/攈（屈指捲握的手）、瘑（手足屈病）等。而權，秤錘，更確切地説爲砝碼，④或即由於早期的砝碼製作成環狀（環形權，見圖4-5）和半球形（鼻紐權，見圖4-6）⑤。

---

① 陸宗達：《陸宗達文字學講義》，郁亞馨、劉芳整理，北京師範大學出版社2014年版，第128—129頁。

② 王國維：《觀堂集林》第二册，中華書局1959年版，第224頁。

③ （明）李時珍：《本草綱目》（校點本），人民衛生出版社1975年版，第1845頁。

④ 秤錘（秤砣）和砝碼所起的作用不同，參見丘光明《中國古代權衡器簡論》，載河南省計量局主編《中國古代度量衡論文集》，1990年版，第404—415頁。駱欽華、駱英《秦權是砝碼還是秤砣？——〈漫話杆秤〉之一》，《中國計量》2005年第1期。

⑤ 參見關增建、赫爾曼《中國古代衡器形式的演變》，《中國計量》2016年第11期。

圖 4-5　長沙左家山楚墓出土戰國天平

圖 4-6　戰國趙國"公芻半石"銅權

其作用原理是仿照人體手臂的生理結構，在衡的中間設置一個懸挂點，用標記重量的砝碼（權）稱量等重的待測物品。衡器的出現時間不可考，就目前所見，衡有木和金屬兩種材質，而權主要由石和銅製成，① 故用同音從金的"銓"專指權衡字。捕魚的竹器名爲"筌"，其形態與鼻紐權相近。筌又名笱，《玉篇·竹部》："筌，捕魚笱。"《説文·句部》："笱，曲竹捕魚笱也。从竹，从句，句亦聲。"《莊子·胠篋》："鉤餌罔罟罾笱之知多，則魚亂於水矣。"成玄英疏："笱，曲梁也，亦筌也。"

則"權"的本義或爲草木初生時卷曲的樣子，而初生的嫩芽呈黄色，故權有黄義（黄黑或赤黄）。② "權"之所以通"爟"，也是由於烽火燃燒時烈焰的顏色。

---

① 參見丘光明《中國歷代度量衡考》，科學出版社 1992 年版。
② 參見黄易青《上古漢語同源詞意義系統研究》，商務印書館 2007 年版，第 262 頁。

不過"權"的詞義更多從權衡之權，即砝碼（古注訓秤錘）展開。《周禮·考工記·輪人》："是故規之以眡其圜也，萭之以眡其匡也，縣之以眡其輻之直也，水之以眡其平沈之均也，量其藪以黍，以眡其同也，權之以眡其輕重之侔也。"《漢書·律曆志》："權者，銖、兩、斤、鈞、石也，所以稱物平施，知輕重也……權與物鈞而生衡。"權的作用是使其重量與被稱物相等，達到平衡，因此權的核心義可以概括爲"制衡"。

用作名詞，義爲秤錘，代指整個秤。《禮記·月令》："日夜分，則同度量，鈞衡石，角斗甬，正權概。"鄭玄注："秤錘曰權。"《論語·堯曰》："謹權量、審法度、修廢官，四方之政行也。"何晏集解："包曰：'權，秤也；量，斗斛。'"引申爲權力、威勢。

用作動詞，有稱量義，虛化爲比較、衡量。《孟子·梁惠王上》："權，然後知輕重；度，然後知長短。"引申爲權謀、權宜，用權謀考量。《論語·子罕》："可與立，未可與權。"何晏集解："雖能有所立，未必能權量其輕重之極。"邢昺疏："可與立未可與權者，言人雖能有所立，未必能隨時變通，權量其輕重之極也。"又有執掌、秉持（威勢、兵力）義，東漢王符《潛夫論·勸將》："權十萬之衆，將勇傑之士。"

用作形容詞，義爲平衡、平均。《周禮·考工記·弓人》："九和之弓，角與幹權。"鄭玄注："權，平也。"兩個物體重量、價值相當，兩者可相互替換代用，因此權有充當、當作義，元張可久《湖上小隱》："蕉葉權歌扇，榴花當舞裙，一笑開樽。""權""當"對文同義，當然也可以理解成"權且當做"的省略。

用作副詞，表示"暫時、姑且"，則是權宜、權變義的虛化。

通過對"權"詞義發展的整理，可以將《大詞典》所列的義項分爲兩條脉絡。權從草木初生捲曲而呈現黃色的原始意象出發，一條圍繞"黃色"義，有：[quán] ⑮黃色。⑯木名。[guàn] 通"爟"，權火、烽火。另一條以"秤砣"爲起點，圍繞核心義"制衡"，有：[quán] ①秤。測定物體重量的器具。②稱量。③衡量，比較。④平均；平衡。⑤權柄，權力。⑥權利。⑦威勢。⑧重，重於。⑨秉，持。⑩謀略，計謀。⑪權宜，變通。⑫唐代以來稱試官或暫時代理官職爲"權"。⑬充當，當作。⑭副詞。姑且，暫且。①

---

① 參見羅竹風編《漢語大詞典》第四卷，上海辭書出版社 2008 年版，第 1359—1360 頁。

其他專有名詞或與權的名詞義相關，或是假借用法，不是常用義。

【薈】【萃】

"薈""萃"都形容草木繁盛之貌，泛指匯聚。薈萃連言是一個常見的雙音詞，多用於人才或精美之物的集合。但"薈"有"萃"不具備的義項，如遮蓋、隱蔽；而"萃"有群類、棲止以及至、到等"薈"所沒有的詞義。

薈，從艸、會聲，其實也是個會意字，義爲草木會聚。引申爲人或其他事物的會合、聚集，《詩·曹風·候人》："薈兮蔚兮，南山朝隮。"毛傳："薈蔚，雲興貌。"陳奐傳疏："薈蔚，本爲草木盛多，因之爲凡盛多之稱。"盛多則能障蔽眼目，故有遮蓋、隱翳義，《廣雅·釋詁》："薈，障也。"薈的核心義是"會聚"。

萃，從艸、卒聲，《説文·衣部》："卒，隸人給事者衣爲卒。卒，衣有題識者。"由衣服縫製完畢引申爲止、息。"萃"的構造意指草木聚在一起，生長茂盛。"萃"與"集"相似，"集"是群鳥棲止於樹，包括飛來聚集的動作和棲息、停止於木的結果，詳參本書第三章。"萃"當作動詞時，義爲聚集、匯聚，也是停止、棲止，《詩·陳風·墓門》："墓門有梅，有鴞萃止。"毛傳："萃，集也。"又用來表示至、到，唐韓愈《祭馬僕射文》："賀門未歸，弔廬已萃。未燕于堂，已哭于次。"也可用作名詞，表示聚集起來的草木、人物，"出類拔萃"即取此義。則萃的核心義是"聚集"。

"薈萃"作爲一個雙音詞時，一般理解爲同義并列，都是聚集；也可以理解爲動賓結構，"萃"通"粹"，會集衆多精粹的人、物。粹，不雜也，没有摻和雜質，也是精華的聚集，故與"萃"相通用。

【蓋】【葆】

"蓋"與"葆"都有遮蓋義，用來遮蓋的物體可以稱蓋，也可稱葆，兩者有時互訓。《禮記·雜記下》："匠人執羽葆御柩。"孔穎達正義："羽葆者，以鳥羽注於葆柄頭如蓋，謂之羽葆，葆謂蓋也。"

蓋，本指用白茅等編織的覆蓋物，《説文·艸部》："蓋，苫也。从艸，盍聲。"又《艸部》："苫，蓋也。"《爾雅·釋器》："白蓋謂之苫。"蓋、苫的作用在於阻擋烟塵、雨水、陽光等。"蓋"從艸、盍聲，《説文·血部》："盍，覆也。"段注："皿中有血而上覆之，覆必大於下，故從大。《艸部》之蓋從盍會意，訓苫，覆之引申耳。今則蓋行而盍廢矣。"按段玉裁的説法，"蓋"本作"盍"，"盍"用作疑問詞後，覆蓋義就由從艸的"蓋"承擔。則"蓋"的核心義是"遮蔽"，指從上到下的覆蓋、囊括。

遮蓋之則不可見，有掩蓋、遮蔽的詞義。《左傳·昭公二十年》："其蓋失數美，是矯誣也。"杜預注："蓋，掩也。"蓋又是從上到下的動作，對處於下面的事物來説意味着凌駕於其上，故有超過、勝過義。"功高蓋主"就指臣下的功勞超過了君主或主將。用作副詞，有約略、大概義，表示總括性的推測或描述。用作語氣詞，無論位於句中還是句首，通常要説的是一種大而泛之的情況，三國魏曹丕《典論·論文》："蓋文章，經國之大業，不朽之盛事。"這相當於"人盡皆知"的某種"共識"，一般不需要論證，古訓常以"疑辭"來解釋不很妥當。

葆，本義爲草盛之貌。《廣雅·釋詁三》："葆、科，本也。"王念孫疏證："葆訓爲本，謂草木叢生本莩然也。《玉篇》'莩'字注云：'莩，草叢生也。'本或作苯，張衡《西京賦》云：'苯莩蓬茸。'《釋言》云：'莪，葆也。'《釋訓》云：'蓼蓼，葆葆，茂也。'……叢生之名葆，猶苞也。《小雅·斯干》篇：'如竹苞矣。'毛傳云：'苞，本也。'鄭箋云：'時民殷衆，如竹之本生矣。'"按葆（幫母幽部）、莪（明母幽部）、苞（幫母幽部）韻同聲近；苯/本（幫母文部）則與勃（並母物部）、賁（幫母文部）同源。"葆"取象於草從根部蓬勃向上，叢生披散，故有遮蓋義。

但"葆"偏重於遮蓋住自身，從艸、從保，其核心義是"蔽護"。"葆"往往與"保"通用，有保護、保持、依賴、珍視等義。《史記·趙世家》："乃二人謀取他人嬰兒負之，衣以文葆，匿山中。"裴駰注："徐廣曰：'小兒被曰葆。'"後作"褓"，即"繈褓"。

儘管"蓋"和"葆"都有遮蓋義，可指車蓋、車葆，但受其各自核心義的制約，詞義朝着不同的方向引申。

【蓊】【鬱】【藹】

這一組詞都可用來形容草木茂盛。《玉篇·艸部》："蓊，木茂也。"又《林部》："鬱，木叢生也。"《集韻·曷部》："藹，草木叢雜。"但它們并非在所有或者説大部分詞義上重合，而是有各自的特點。

蓊，不見於《説文》，《廣雅・釋草》："蓊，薹也。"王念孫疏證："今世通謂草心抽莖作華者爲薹矣。蓊之言鬱蓊而起也。凡上起謂之鬱亦謂之蓊。"同聲符的如滃，雲氣涌起之貌，《説文・水部》："滃，雲气起也。"也形容大水翻涌，《廣韻・董韻》："滃，大水皃。"塕，塵土飛揚，《廣韻・董韻》："塕，塕埲，塵起。"也指風起貌，《文選・宋玉〈風賦〉》："夫庶人之風，塕然起於窮巷之間。"李善注："塕然，風起之貌也。"雲霧升起則遮蔽日月，暡既爲氣盛貌，又爲日暡曚未明；瞈爲眼睛瞈矇不甚分明。由此可見，以翁爲聲的字多有"升騰"之義。"翁"從羽、公聲，本義當是鳥頸部蓬鬆濃密的羽毛或絨毛。

"翁"與"雍""邕"古音同屬影母東部，《集韻・董韻》："䑝䑞，肥兒。或從翁。"不過"邕""雍"偏重於向内聚合造成的體積龐大，因而引申出堵塞義；"翁"是向外擴張，進而有上升、升騰義。《周禮・天官・酒正》："辨五齊之名，一曰泛齊，二曰醴齊，三曰盎齊，四曰緹齊，五曰沈齊。"鄭玄注："盎猶翁也，成而翁翁然葱白色，如今酇白矣。"《釋名・釋飲食》："盎齊，盎滃也，滃滃然濁色也。""翁""滃"非本身訓作白色，"翁"同"盎"，盎謂充盈。"蓊"從艸、翁聲，也承襲了"升騰"的語源義，同時這也是它的核心義，可指草木蓬勃叢生的樣子，引申爲茂盛。

鬱，《説文・林部》："鬱，木叢生者。从林，鬱省聲。"許慎有意將"鬱"和"欝"分別訓釋，鬱是草木茂盛、欝是芳草，①實際兩字通用，多寫作"鬱"。《周禮・春官・鬱人》："鬱人掌祼器。凡祭祀、賓客之祼事，和鬱鬯以實彝而陳之。"鄭玄注："築鬱金，煮之以和鬯酒。"古時鬯酒的做法是用秬（黑黍）和鬱金香草混合釀造，使之香味濃郁。"鬯"猶"暢"，發散。"鬱"從鬯，有氣味濃烈之義。

但從根源上説，乃是由"蓄積"生發而來。《説文・艸部》："薀，積也。""鬱""薀"文物對轉，"薀"及其同源字有"封閉、蓄積"義，《説文・癶部》："癹，以足蹋夷艸。从癶从殳《春秋傳》曰：'癹夷薀崇之。'"薀崇，"就是把拔出來的野草堆積起來，太陽曬，裏面腐爛，這

---

① 《説文・鬯部》："欝，芳艸也。十葉爲貫，百廾貫築以煮之爲欝。从臼、冂、缶、鬯。彡，其飾也。一曰鬱鬯，百艸之華，遠方欝人所貢芳艸，合釀之以降神。"

樣，就能做到'勿使能殖'了"。①氤，雲氣聚而彌漫；煴，鬱烟；愠，含怒；緼，麻絮，填在衣服裏可以禦寒。輼輬車即温凉車，《漢書·霍光傳》："載光尸柩以輼輬車。"顔師古注："孟康曰：'如衣車有窗牖，閉之則温，開之則凉，故名之輼輬車也。'" 醖，造酒法，悶着使之不透氣。鬱邑的做法也是一樣，密閉之發酵，待其酒成而香氣濃郁四逸。"鬱"的核心義就與"藴"相同，爲"蓄積"。

"鬱"可指草木叢集而茂密，泛指衆多、興盛，《宋史·樂志》："鬱鬱嘉木，挺生本根。"用作動詞，有藴集義，積聚既久，則爲凝滯，《莊子·在宥》："天氣不和，地氣鬱結，六氣不調，四時不節。"有時特指心情思緒的鬱結，可作爲形容詞或名詞，表示愁怨，《楚辭·離騷》："忳鬱邑余侘傺兮，吾獨窮困乎此時也。""忳鬱"即憂思之貌。

藹，許慎將其列入《言部》："藹，臣盡力之美。从言，葛聲。《詩》曰：'藹藹王多吉士。'""藹"也可能從葛得聲，"謁""葛"聲符都爲曷，屬牙喉音月部字。"藹"同"蔼"猶"蓋"，《説文·艸部》："蔼，蓋也。从艸渴聲。"《廣韻·泰韻》："蔼，覆也。清也、微也。《説文》蓋也。"後作"靄"，朱駿聲《通訓定聲》："（蔼）今字作靄、作霭。《雪賦》'連氣累霭'注：'霭，雲狀。霭亦靄也。'""藹、蔼、靄"古音屬影母月部；"蓋"在匣母盍部，聲韻俱近。"藹""靄"與"蓋"都有遮蔽義，《文選·江淹〈雜體詩·效袁淑《從駕》〉》："羽衛藹流景，綵吹震沉淵。""藹"的核心義就與"蓋"相同，爲"遮蔽"，"藹"之草木茂盛是取義於草木叢生，可以遮蓋住地面或者視綫。

【樊】【藩】

樊，《説文·丮部》："樊，鷙不行也。从丮从棥，棥亦聲。"段玉裁將"鷙"校作"馽"："馽各本訛鷙。《馬部》曰：'馽，馬重兒。'馽不行，沈滯不行也。"而徐鍇、桂馥、鈕樹玉等認爲當作"縶"。"樊"從丮從棥，棥象籬笆之形，在兩木之間連接繩網或小樹枝、藤條等物，以阻止通行。在具體使用時，"樊"通常表示"拘囿"。②

指籬笆或用來關鳥獸的籠子，《莊子·養生主》："澤雉十步一啄，百

---

① 陸宗達：《説文解字通論》，中華書局 2015 年版，第 2 頁。
② 《説文》同部又有"樊"字："樊，樊也。"義爲繫束，捆綁。

步一飲，不蘄畜乎樊中。"郭象注："樊，所以籠雉也。"將天地、世俗當成籠子，或表達深受束縛之感，或抒發欲衝破牢籠追求精神自由的境界，《淮南子·精神》："明白太素，體本抱神，以遊於天地之樊。"陶淵明《歸園田居》其一："久在樊籠裏，復得返自然。"被束縛則不得行動，故"樊"有停止義，《論衡·道虛》："顧見盧敖，樊然下臂，遁逃乎碑下。""樊然"就是像被牢籠住了一樣停止動作。

馬腹上的帶子稱爲"樊纓"，《周禮·春官·巾車》："錫樊纓，十有再就。"鄭玄注："樊，讀如鞶帶之鞶，謂今馬大帶也。"今詞典中多謂此"樊"通"鞶"，其實樊纓和其他革帶一樣，也起着約束的作用。當然相比之下，更重要的是，用胸帶法代替軛靷法，"將支點與曳車時的受力點分開，分別由馬的頸部和胸部承擔，使馬體局部的受力相應地減輕"。① 而鞶是側重於"大帶"言，因此不必以"樊"通"鞶"作解釋。

藩，本義也是籬笆，《說文·爻部》："棥，藩也。从爻、从林。《詩》曰：'營營青蠅，止于棥。'"② 引申爲邊界領域，《莊子·大宗師》："意而子曰：'雖然，吾願遊於其藩。'"陸德明釋文："司馬向皆云：'崖也。'崔云：'域也。'"在這些意義上，"藩"同"樊"。但"藩"更側重於"屏護"，因而有"樊"不具備的義項，如：

可表示屏障、護衛，《說文·艸部》解釋"藩"字就用到了已經抽象概括的詞義："藩，屏也。"《逸周書·職方》："方千里曰王圻，其外方五百里爲侯服，又其外方五百里爲甸服，又其外方五百里爲男服，又其外方五百里爲采服，又其外方五百里爲衛服，又其外方五百里爲蠻服，又其外方五百里爲夷服，又其外方五百里爲鎮服，又其外方五百里爲藩服。"孔晁注："藩服，屏四境也。"③ 服是服務於王室，古時天子分封諸侯，以地之遠近設置不同職能，藩服處於邊境，是護衛疆域的最外層屏障。因此"藩"有時徑直被訓作"衛"，《史記·天官書》："廷藩西有隋星五，曰少微，士大夫。"張守節正義："藩，衛也。"

擋風的車蔽，多用蘆葦製成，也用帷幔。《周禮·春官·巾車》："漆車，藩蔽。"鄭玄注："藩，今時小車藩，漆席以爲之。"又指有藩蔽的車

---

① 孫機：《中國古馬車的三種繫駕法》，《自然科學史研究》1984 年第 2 期。
② 朱駿聲認爲"藩"是"棥"的異體字，見《説文通訓定聲》"藩"字條。
③ （清）朱右曾：《逸周書集訓校釋》，商務印書館 1937 年版，第 136 頁。

子,《説文·車部》:"軒,曲輈藩車也。""輈"是車轅,車轅彎曲的藩車被稱爲"軒"。泛指遮掩、掩蓋。

"樊""藩"都是籬笆,籬的作用是阻止,因此兩個詞都有邊界、區域等相同的詞義。不過"樊"強調"拘囿",讓内部的無法出去;"藩"強調"屏護",讓外部的無法進來,① 從而都達到了隔絶、阻止的效果。

【薦】【藉】

"薦"和"藉"都有襯墊、草席義,以它們在辭典中的義項作一對比,兩者的重合度非常高。

薦[荐]:

[jiàn《廣韻》作甸切,去霰,精。]①牧草。②草茂密叢聚。③墊席;墊褥。④襯,墊。⑤包裹。⑥進獻;送上。⑦祭祀時獻牲。⑧指請和尚道士念經拜懺以超度亡靈。⑨推薦;介紹。⑩至;達到。⑪鋪陳。⑫踐踏。⑬執;舉起。⑭佐食。⑮通"洊"。屢次;接連。⑯通"搢"。插。⑰通"栫"。堵塞。②

藉:

[jiè《廣韻》慈夜切,去禡,從。]一①古時祭祀朝聘時陳列禮品的草墊。②以物襯墊。③坐臥在某物上。④助;有助於。⑤寬厚有涵養。⑥撫慰;安慰。⑦連詞。表示假設,相當於"如果""假使"。二[借]⑧同"借"。因;憑藉;依托。

[jí《廣韻》秦昔切,入昔,從。]①踐踏;淩辱。②貢獻;進獻。③盛;多。④顧念;顧惜。⑤用繩縛。⑥通"籍"。(1)藉田。(2)耕種藉田。(3)登記;記。(4)登記并没收所有的財産。(5)賦税。⑦通"阼"。勢位。⑧通"笮"。壓迫。③

王鳳陽《古辭辨》從用法上作了區分:"'藉'常表示墊在下面,作

---

① 《左傳·哀公十二年》:"公及衛侯、宋皇瑗盟,而卒辭吳盟。吳人藩衛侯之舍。"下文云:"今吳不行禮於衛,而藩其君舍以難之。"則此處"藩"僅有屏障、包圍義,不是護衛。不過這樣的用例很少。

② 參見羅竹風編《漢語大詞典》第九卷,上海辭書出版社2008年版,第566—567頁。

③ 參見羅竹風編《漢語大詞典》第九卷,上海辭書出版社2008年版,第586頁。

動詞用；'薦'則常表示所墊之物，作名詞用：這是'藉'和'薦'的基本分工。"① 還可以從語義上進行分析，由本義以及引申義抽取出詞義的主幹（核心義）。

藉，原是祭祀時陳列祭品的襯墊，《周禮·地官·鄉師》："大祭司，羞牛牲，共茅菹。"鄭玄注："鄭大夫讀菹爲藉，祭前藉也。《易》曰：'藉用白茅，無咎。'"

"藉"從艸、耤聲，《説文·耒部》："耤，帝耤千畝也。古者使民如借，故謂之耤。"是藉田的本字，但"使民如借"則未必準確。"耤"的古文字形作、，② 徐中舒《耒耜考》解釋道："甲骨、銅器中之耤字，就象人側立推耒，舉足刺地之形。故耤之本義，應釋爲蹈，爲履。"③ 可備一説。高田忠周《古籀篇》："又後人所用借字，亦耤省文。此篆（耤）從丮，丮人有所持之象。故造字之法，人丮互通用，即知借字從人與從丮同意。"④《説文·人部》："借，假也。"又《又部》"叚，借也。"林義光《文源》："叚假者藉人所有，爲己之用，故謂之借。"⑤ 借入、借出、藉口、借勢等，都有拿來（送出）作爲依托之義，"藉"本義用作草墊，也是可供依靠、憑藉之物，因此"藉"的核心義是"憑靠"。⑥

用作動詞時，指以物襯墊。《詩·大雅·生民》："誕置之寒冰，鳥覆翼之。"毛傳："大鳥來，一翼覆之，一翼藉之。"陳奐《詩毛氏傳疏》："藉，猶薦温也。"

由襯墊引申爲以某事物爲襯托，在語境中可釋作"烘托"或"有助於"，劉勰《文心雕龍·時序》："灑筆以成酣歌，和墨以藉談笑。"襯墊物在下，則被襯物在上，故有坐臥在某物上之義。當把別人放在低賤的位置上對待，甚至用足踐踏，則是凌辱、欺凌，《荀子·王霸》："是故百姓賤之如𠋫，惡之如鬼，日欲司間而相與投藉之，去逐之。"楊倞注："藉，

---

① 王鳳陽：《古辭辨》，吉林文史出版社 1993 年版，第 502 頁。
② 中國社會科學院考古研究所編：《甲骨文編》，中華書局 1965 年版，第 203 頁。
③ 徐中舒：《耒耜考》，載《徐中舒歷史論文選輯》，中華書局 1998 年版，第 116 頁。
④ 古文字詁林編纂委員會編：《古文字詁林》，上海教育出版社 1999 年版，第 594 頁。
⑤ 林義光：《文源》，中西書局 2012 年版，第 189—190 頁。
⑥ 參見王雲路、王誠《漢語詞彙核心義研究》，北京大學出版社 2012 年版，第 271—272 頁。

践也。"而藉田，《大詞典》的條目中認爲通"籍"；古代天子、諸侯徵用民力耕種的田。藉田之藉或也是從蹈踐義伸發，《左傳·昭公十八年》："六月，鄅人藉稻。禹冢茇妘姓国也。其君自出藉稻，盖履行之。"孔穎達正義："藉猶藉蹈。藉，踐履義，故爲履行之。"進行農事之前要耕田起土，在西漢以前最常見的工具是耒、耜，原始木耒本是裝有踏脚横木的尖頭直棒，① 此後形制雖有改變，但使用時仍需要用脚踩踏借力，耒耜才能起土更深。這或許就是藉、耤、借的造字本義。

薦，按許慎的説解，本義爲廌獸所食的草，② 廌是一種傳説中的異獸，累呼爲解廌或獬豸，"廌，解廌獸也，似山牛一角，古者决訟令觸不直。象形，从豸省。"③ 廌吃的草爲薦，泛指牧草，《莊子·齊物論》："民食芻豢，麋鹿食薦。"

"薦"假"荐"而有墊席義（大部分詞義也是由此引申），《説文·艸部》："荐，薦蓆也。""荐"從艸存聲，存的本義是恤問，《説文·子部》云：'存，恤問也。'"存猶在，存、在雙聲，《説文·土部》："在，存也。"意思是存問。"荐"也就是用墊席等陳列上物品，向神祇、天子或主人表達存問之情。"藉"的主要作用是襯墊，可供憑靠；而"薦（荐）"強調鋪陳，用來呈上、進獻。"鋪陳"也就是"薦"的核心義。

薦爲牧草，草生長茂盛鋪陳開來，有叢聚義。

引申爲陳説、推薦，《左傳·昭公二十年》："若有德之君，外内不廢，上下無怨，動無違事，其祝史薦信，無愧心矣。"杜預注："君有功德，祝史陳説之，無所愧。"不斷地鋪展開來，接連不斷，表示數量多範圍廣、程度深，《詩·小雅·節南山》："天方薦瘥，喪亂弘多。"毛傳："薦，重。""瘥"是病，"薦瘥"意思是多病，與"多喪亂"描述的是同一情况。

"薦""藉"聲近，韻部元鐸對轉，多相通假。如"薦"有進獻義，

---

① 參見孫機《漢代物質文化資料圖説》，上海古籍出版社 2011 年版，第 1—3 頁。
② 《説文·廌部》："薦，獸之所食艸。从廌、从艸。古者神人以廌遺黄帝，帝曰：'何食？何處？'曰：'食薦，夏處水澤，冬處松柏。'"
③ （東漢）許慎：《説文解字》，中華書局 1963 年版，第 202 頁。又《説文·豸部》："豸，獸長脊，行豸豸然，欲有所司殺形。"豸、廌古音相同、意義相近，豸摹獸潛伏時脊背伸長貌，廌象有角之獸的整體形狀。此獸善殺伐，故法字從廌。

"藉"也有貢獻、進獻義，當然可以理解爲"藉"是用襯墊承托着進貢。"藉"有助義，"薦"也有助義，通常是用一種飲食襯托另一種的美味，故釋作佐食。"藉"還有踐踏義，"薦"也有踐踏義，《荀子·儒效》："不恤是非然不然之情，以相薦撙，以相恥怍，君子不若惠施、鄧析。"楊倞注："薦，藉也。謂相蹈藉、撙抑，皆謂相陵駕也。"

儘管"藉"與"薦"在早期詞義有諸多相通之處，但從整體的引申脉絡來看，兩者仍然存在區別。

【樹】【植】

"樹"和"植"都有栽種和置立之義，《玉篇·木部》："植，樹也。"《廣雅·釋地》："植、樹，種也。"《方言》卷七："樹植，立也。燕之外郊朝鮮洌水之間，凡言置立者謂之樹植。"但兩者在很多詞義和用法上存在區別，概括言之，"樹"的詞義圍繞核心義"竪立"，而植的核心義是"直立"的屬性。

樹，《説文·木部》："樹，生植之總名。从木尌聲。𣐌，籀文。""尌"的字形象以手持木立之，是"樹"的初文，本義爲栽種。"樹"和"尌""竪"同源，《説文·壴部》："尌，立也。从壴从寸，持之也。讀若駐。"又《臤部》："竪，竪立也。从臤豆聲。"徐鍇《繫傳》："樹之言竪也。故《詩傳》曰：'夏后樹鼓。'""尌（樹）""尌""竪"都以豆爲聲符，豆猶言逗留、駐立。《説文·馬部》"駐"字段注："人立曰侸，俗作住；馬立曰駐。""竪"從臤，故段玉裁曰："竪立，謂堅固立之也。""尌（樹）"從木，即栽種使之竪立。

①本義是種樹，比喻爲造就人才，《管子·權修》："一年之計，莫如樹穀；十年之計，莫如樹木；終身之計，莫如樹人。"尹知章注："樹人，謂濟而成立之。"泛指樹立，一般指輔佐君主、建立德行功業等。

②凡置立都可稱爲樹，轉爲名詞，指樹立的屛風。《爾雅·釋宮》："屛謂之樹。"郭璞注："樹，小墻當門中。"《論語·八佾》："邦君樹塞門。"邢昺疏："屛謂之樹，人君別内外，於門樹屛以蔽塞之。"

③床前橫木。《廣雅·釋器》："樹，杠也。"王念孫疏證："《説文》：'杠，床前橫木也。'《鹽鐵論·散不足》篇云：'古者無杠樠之寢，床移之。'案：《急就篇》云：'奴婢私隸枕床杠。'杠者橫亘之名，石橋謂之杠，義與床杠相近也。《方言》：'床杠，北燕朝鮮之間謂之樹，自關而西

秦晉之間謂之杠。'"此"樹"乃"柱"的假借，與"杠"都是長而直的木頭。①

植，《爾雅·釋宮》："植謂之傳，傳謂之突。"郭璞注："戶持鎖植也，見《埤蒼》。"郝懿行義疏："植者，《説文》云：'戶植也。'《淮南·本經》篇云：'縣聯房植。'高誘注：'植，戶植也。'《墨子·非儒》篇云：'爭門關抉植。'然則植爲立木，所以鍵門持鎖。古人門外閉訖，中植一木，加鎖其上，所以堂距兩邊，固其鍵閉。其木植，故謂之植。又可傳移，故謂之傳，傳之言轉也。又謂之突，《釋文》本或作楑，蓋或體字，依義當作突，謂突然立也。其制如今匱櫃中間立木及官署門間皆有之。《一切經音義》引《三蒼》云：'戶旁柱曰植。'《説文繫傳》以爲橫楗所穿木是矣。"郝氏義疏已將"植"當作戶植的來由解釋得非常詳盡，"植"從木，"直"既是聲符也兼表意，謂直立之木。

①戶植是直立之木，直立之木皆可稱"植"。《方言》卷五："椯，宋魏陳楚江淮之間謂之植。"郭璞注："絲鼃薄柱也。"指的是鼃椯。古時用版築法築墻，需立擋土板，左右兩側的稱爲幹或栽，兩端的則是植，也叫楨或牏，《説文·木部》："栽，築墻長版也。"又《片部》："牏，築墻短版也。"《周禮·夏官·大司馬》："大役，與慮事，屬其植，受其要，以待考而賞誅。"鄭玄注："植，築城楨也。"

②泛指柱子。《墨子·備城門》："城上百步一樓，樓四植，植皆爲通舄。"孫詒讓間詁："蘇云：'四植即四柱。舄同碣，柱下石也。'詒讓案：通舄，謂兩植同一舄也。"柱子起支撐、支柱的重要作用，故植可指主持者、將領，《左傳·宣公二年》："宋城，華元爲植，巡功。"杜預注："植，將主也。"

③用作形容詞，與歪、斜相對，表示平直。引申爲性格品德的剛强、正直。用作動詞，義爲栽種，引申爲建立、樹立，或者扶植，意爲使之直立。栽種則使其具有生機，"植"就有了生長義，《淮南子·主術訓》："甘雨時降，五穀蕃植。"高誘注："植，長。"字也作"殖"。② 所栽種的

---

① 《方言》卷五："床，其杠北燕朝鮮之間謂之樹。"錢繹箋疏："樹者，蕃蔽之名。"則是從屏風義引申而來。

② "殖"的本義是脂膏敗壞，《説文·歹部》："殖，脂膏久，殖也。"後多用作滋生、繁殖義。

草木，就是植物，名詞。

由上可知，"樹"的本義是栽種，核心義爲"豎立"。"植"的本義與種植無關，是直立之木，側重於自身直立的特點，核心義爲"直立"。二字在各自的核心義制約下產生了一系列詞義演變，在栽種和樹立這兩個義項上發生了重合。"植"多名詞的用法，而"樹"多用作動詞。"樹"由動詞轉變爲名詞，表示樹木，大約始於春秋戰國之交，至遲到漢代和魏晉南北朝時期，在口語和文學書面語中基本上取代了原先的"木"，成爲了樹字最常用的義項，[①] 因此在之後的發展過程中，"樹"的詞義延展性和靈活性上都要低於"植"。

【藪】【澤】

"藪"通常被釋作澤、大澤，《說文·艸部》："藪，大澤也。"在文獻中，"藪""澤"有時可以互換或連言。《周禮·夏官·職方氏》以具區、雲夢、圃田、望諸、大野、弦蒲、貕養、楊紆、昭余祁爲九個主要的澤藪，《爾雅·釋地》有十藪，名稱略有不同，而《漢書·地理志》則稱爲九澤。不少注家以"水鐘、水希"或"有水、無水"進行區別。如《詩·小雅·鴻雁》："鴻雁于飛，集于中澤。"陳奐傳疏："澤爲有水之稱，無水曰藪。"《周禮·地官司徒·叙官》："澤虞每大澤大藪。"鄭玄注："澤，水所鐘也，水希曰藪。"

"藪"和"澤"，嚴格說來不能算作一對同義詞，由兩者的核心義可以明顯發現這兩個詞所表達的是不同的概念。

澤，含義是"聚水的地方"。《廣雅·釋地》："澤，池也。"王念孫疏證："澤之言宅也，水所宅也。"《莊子·則陽》篇"比於大澤"陸德明釋文就指出"本亦作宅"。澤水聚積在地表，但顯然流動性較差，因此《左傳·宣公十二年》記載鄭、楚、晉之間的戰事，晉國荀首說："執事順成爲臧，逆爲否。衆散爲弱，川壅爲澤……不行謂之臨。"杜預注："坎爲川，今變爲兌，兌爲澤，是川見壅……水變爲澤乃成臨卦，澤，不行之物。"意在評價同行晉軍將領先縠的剛愎自用、不知變通。因積聚停水而容易積澱泥沙污垢，於是在現代漢語裏多與"沼"構成"沼澤"一詞，

[①] 參見汪維輝《東漢—隋常用詞演變研究》，南京大學出版社 2000 年版，第 86—87 頁。

表示"泥濘之地"。① 不過在古代文本中,"澤"主要從"水鍾"的意蘊出發,引申爲水的滋潤、浸潤,偏褒義色彩。進一步抽象指恩澤、世澤,《孟子·公孫丑下》:"孟子去齊。尹士語人曰:'不識王之不可以爲湯武,則是不明也;識其不可,然且至,則是干澤也。'""干"義爲干求、求取,"澤"指恩澤,將君王的恩澤比喻成雨露的滋養。由此可將"澤"的核心義大致概括爲"水潤"。

藪,從艸數聲,"數"從攴婁聲。《説文·女部》:"婁,空也,从母从女,空之意也。"不過婁聲字却多有"聚集"之義。例如"摟"指朝着自己的方向拖曳使之聚攏,"漊"形容密雨連綿不絶之貌,"瘻"是一種淋巴腺結核的病,《説文·疒部》:"瘻,頸腫也。"對此,段玉裁解釋道:"凡中空曰婁,今俗語尚如是。凡一實一虚,屢見叠出曰婁。人曰離婁,窗牖曰麗婁,是其意也。故婁之義又爲數也,此正如窗牖麗婁之多孔也。"這一説法模棱兩可,略顯牽强。其實"婁"與"漏""陋"古音同在來母侯部,與"籠"東侯對轉,指物體向中間(有孔隙處)移動、聚攏、下落這一過程或者趨勢,呈現出類似漏斗的模型。將漏斗方向翻轉,能對應現實生活中的多種物品和形態。譬如:小土丘叫小阜、培塿,《方言》卷一三:"冢……自關而東謂之丘,小者謂之塿。"山嶺叫作岑樓,《孟子·告子下》:"方寸之木,可使高於岑樓。"趙岐注:"岑樓,山之鋭嶺者。"之後出現的樓房、樓臺,由於有上層的建築,而外形如同山丘向上突起,也被命名爲"樓"。② "佝僂"指中間隆起而四周低下的形狀,山巔謂之僂句,高田謂之甌窶,曲脊謂之佝僂、傴僂,俗稱"羅鍋"。"佝"句聲,是糾曲;"僂"婁聲,是匯聚。因此"數"既可作名詞表示數量、作動詞表計數,又可用作形容詞,表示快速、密集。"藪"應當也與匯集的含義相關:

①水少而草木豐茂的沼澤。《左傳·宣公十五年》:"川澤納污,山藪

---

① 參見萬曉麗、宋增文《沼泽(澤)來源考——兼論詞語引進的本土化》,《漢字漢語研究》2019 年第 3 期。
② 程樹德謂:"樓有居人者,有僅可置物不居人者,謂之複屋。《説文》:'梦,複屋棟也。'朱駿聲云:'不可居人。蘇俗謂之閣,今南方多有之。'樓有無屋者,今人謂之月臺,亦曰露臺。古亦有之,《説文》:'䲾,北地高樓無屋者。'按《禮運》'夏則居檜巢'注:'聚薪柴居其上。'䲾即檜也,制雖異而名則同,古僅北地有之,今則南方多有之,不止北地也。"參見程樹德《説文稽古篇》,商務印書館 1957 年版,第 58 頁。

藏疾。"

②草，野草。《詩·小雅·伐木》："伐木許許，釃酒有藇。"毛傳："以筐曰釃，以藪曰湑。"酒釀造好後需要過濾，用竹筐爲釃、用茅草爲湑，這個茅草就稱作藪。

③轉指人、物、文學修辭等的聚集。《讀史方輿紀要》卷一九："明時，以大江當金陵肘腋，而江南財富淵藪。"

④（音 còu）車轂中部鑿出用來裝輻的一圈榫眼，一般寫作"棷"。《說文·木部》："棷，車轂中空也。从木叜聲。讀若藪。"這一部件有諸多孔洞，是車輻會聚之處，與輻的向外輻射伸張恰好相反。

由上可知，"藪"的詞義都與匯集、聚集有關，其核心義可以概括爲"搜聚"，指草木的聚集。因常與水相鄰，也可以解釋作"水草交雜之處"。如此一來，"澤"和"藪"的核心特徵就能一目了然。其實古代注家深明其中差異，如《左傳·宣公十五年》"川澤納污，山藪藏疾"孔穎達正義：

> 《周禮》虞之官有大澤大藪、小澤小藪。《爾雅》十藪，皆是大澤，則藪是澤類。鄭玄《周禮注》云：澤，水所鍾也，水希曰藪。是藪者，澤之少水之名也。川澤山藪相配爲文者，川是流水，澤是委水，俱是水。故揔云納汙，言其納汙濁也。山有木，藪有草，毒螫之蟲在草在木，故俱云藏疾，言其藏毒害也。藪是澤類，而杜云'山之有林藪'者，藪雖澤類，傳文與山相連，藪是草木積聚之處，近山近澤皆得稱藪。上既有川澤之文，下別云山藪之事，此藪近山故。

經典注解往往隨文釋義，表述上有所省略，需要通過全書或不同文本之間的對照參證才能得其全貌，"斷章取義"地拎出"藪，澤也""澤，水所鍾也，水希曰藪"就容易迷惑於"澤""藪"是否爲同義或者反義詞。此外，造成"混淆"還可能有兩個客觀原因。

（1）詞義與所指不完全對應

徐烈炯《語義學》介紹過關於詞義與所指的三種不同觀點："第一種觀點認爲指稱就是意義，除了指稱以外再沒有別的意義了。第二種觀點認爲指稱是意義，但意義不僅是指稱，還有非指稱的意義。第三種觀點認爲指稱是指稱，意義是意義。換一種方式說，第一種觀點認爲指稱和意義兩個概念重合；第二種觀點認爲指稱從屬意義；第三種觀點認爲兩者不重合，不從屬，不相交。"① 澤、藪反映的更接近於第二或第三種觀點，它們與所指稱的地理環境既相關又不一一相應。

《周禮·夏官·職方氏》記載的九個澤藪，按照鄭玄注和孔穎達正義，在地圖上標注位置，大致在東經 116°—122°，北緯 32°—36°，包括江蘇、浙江、湖北、山東、河南、安徽、河北、山西、陝西等省。這些地區基本上是季風氣候，夏季多雨、冬季少雨，西周時期長江和黃河流域氣溫也相對較暖，這樣就使夏季雨水豐沛，在地表蓄積，形成湖泊沼澤；而冬季雨量減少，地表水散失，草木大量生長，形成可以狩獵的藪。但實際的環境變化要遠爲複雜，一方面如果澤衹是水的淤積，或者發生了鹽鹼化和荒漠化，沒有衆多草木，是無法稱其爲藪的；另一方面，大澤往往常年蓄水，水量隨雨量多少而有增減，一般都是水草相交雜，則既有澤也有藪，兩者名異而所指相同。之所以設"澤"與"藪"兩個名目，牽涉到第 2 個原因。

（2）環境特徵與生産生活相結合

古人擅於發現事物的特點，并相對地來命名，如原對隰，是就地勢而言，《國語·周語上》："猶其原隰之有衍沃也。"韋昭注："廣平曰原，下濕曰隰。""川"對"澤"，是就水是否流動而言。"澤"與"藪"也一樣，但更重要的是以實用爲準，便於生産生活以及管理。澤多水產水草，有薔（虞蓼）、旄（澤柳）、菼萑、虎蘭、蒲、荷、蔞、苦菜，以及魚蚌、鵁（澤虞）、蜥蜴、鴻雁、鸕鷀等，可開墾作水田。而藪多高等動植物，如虎、麋等，可畜牧和狩獵。《周禮》"以九職任萬民"，就分別設置了"虞衡"掌管山澤之材、"藪牧"負責養蕃鳥獸。可見在農牧階段，自然環境的變化與人們生活的關係極爲密切，管理上（即便《周禮》官職設定有假想成分）也更精細。

綜上所述，"藪"的核心義是"搜聚"。

【艾】

"艾艾"是形容口吃的戲謔之詞，語本《世説新語·言語》篇，在辭典中一般作如下解釋：

---

① 徐烈炯：《語義學》，語文出版社 1990 年版，第 11—12 頁。

《王力古漢語字典》："口吃的樣子。後因以'艾艾'形容人説話口吃。"①

《漢語大詞典》："（出典）後謔稱口吃言訥曰'艾艾'。"②

《辭海》："鄧艾，三國時魏將。後因以'艾艾'形容口吃的人吐辭重複。"③

但若分析語典的原文，可以發現這些釋義和《世説》的文本之間存在細微的差別。《世説新語·言語》："鄧艾口喫，語稱'艾艾'。晉文王戲之曰：'卿云艾艾，定是幾艾？'對曰：'鳳兮鳳兮，故是一鳳。'"而到了明代張自烈的《正字通》裏成了"又《世説》曰'鄧艾口吃，自稱艾艾。'"稱有稱謂義，也有言説和呼喚義，《國語·吳語》"董褐將還，王稱左畸曰……"韋昭注："稱，呼也。"《世説》中的"語稱艾艾"，既可能是鄧艾自稱，因口吃而重複"艾"字；也可能是説話時多"艾艾"的聲音。爲了解決這個問題，需從字音和字義入手。

"艾"在現代漢語普通話中有兩個讀音 ài 和 yì，《廣韻》分屬《泰韻》五蓋切和《廢韻》魚肺切。④ 裘錫圭《甲骨文字考釋》主張將艾分爲兩個詞"艾（草）"和"乂"："第一個艾字是純粹的形聲字。第二個艾字則應該分析爲'從艸，從乂，乂亦聲'，是一個表意兼形聲字。"⑤ 而在上古，艾草的艾和除草的艾（乂）同屬疑母月部。《説文·艸部》："艾，冰臺也。"《爾雅·釋草》："艾，冰臺。"冰臺是艾的別稱，艾是冰臺的合音。⑥

按，"冰""凝"古作仌，義爲水凝結成固體，後加水旁作冰，俗寫

---

① 王力：《王力古漢語字典》，中華書局 2000 年版，第 1038 頁。
② 羅竹風編：《漢語大字典》第九卷，崇文書局、四川辭書出版社 2010 年版，第 271 頁。
③ 夏徵農主編：《辭海》，上海辭書出版社 2010 年版，第 17 頁。
④ 參見周祖謨《廣韻校本》，中華書局 2011 年版，第 382、393 頁。
⑤ 裘錫圭：《甲骨文字考釋（八篇）》，收入中山大學古文字研究室編《古文字研究》第四輯，中華書局 1980 年版，第 154 頁。
⑥ 郝懿行義疏："《埤雅》引《博物志》：'言削冰令圓，舉以向日，以艾承其影，則得火。此因艾名冰臺。'妄生異説，不知冰古凝字，艾從乂聲，臺古讀如題。是冰臺即艾之合聲。"馬敍倫《説文解字六書疏證》亦同："冰臺爲艾之長言。冰凝一字。"

作"凝",①"凝"從疑得聲,與"艾"聲母相同。而"臺"與"艾"的韻部似乎相隔較遠,因之王念孫反對"長言"説:"'臺'之部,'艾'祭部,'冰''臺'合聲不爲'艾'。"② 但證之方言,"艾"與疑聲、臺(包括台)聲字多可通用。如:《方言》卷一:"台、胎、陶、鞠,養也。晉衛燕魏曰台,陳楚韓鄭之間曰鞠,秦或陶,汝潁梁宋之間曰胎,或曰艾。"從疑、臺得聲的字常有遲滯之義,應鍾《甬言稽詁·釋動作》:"《儀禮·士昏禮》:'婦疑立於席西。'鄭玄注:'疑,正立自定之貌。'古者疑爲之類,之咍同部。疑轉咍韻,音變爲騃,俗作呆。今稱人定止而色静穆者爲呆。"③ 呆在這裏是騃,指痴呆、痴傻,《廣雅·釋詁三》:"騃,癡也。"唐玄應《一切經音義》卷六"聾騃"條:"聾騃,五駭反.《蒼頡篇》:無知也。《方言》:痴,騃也。"騃或作獃,獃、騃同在咍韻。吴語中"騃子"也寫作"儓子""憝子""嬯子",明郎瑛《七修類稿》卷二三:"蘇杭呼癡人爲憝子。"④ 民國《定海縣誌》:"俗謂書痴曰書嬯子。"⑤ 清光緒《金華縣誌》:"邑謂迂曰腐嬯嬯。"⑥ 艾也有癡傻義,艾氣即呆氣、傻氣。安徽績溪話還有:"艾鬼傻瓜。"⑦ 由反應或行動的遲緩,引申爲年老,行動不快的人,用來稱呼母親、祖母或其他年長的婦女。安徽用"艾姐"稱母親,民國重修本《蕪湖縣志》:"鄉人稱母謂之艾姐,孔鮒《小爾雅》:'叟、艾,老也。'揚子《方言》:'凡尊老謂之艾。'《説文》:'蜀謂母曰姐……艾猶言老母也。'"而在湖南方言裏多記録作"娭姐",清同治六年《寧鄉縣志》:"祖曰'娭'與'騃'聲母相同,阿

---

① 《説文·仌部》:"冰,水堅也。从仌从水。凝,俗冰从凝。"段注:"以冰代仌,乃别製凝字。經典凡凝字皆冰之變也。"冰多用作名詞,也有動詞的用法,而凝基本上衹作動詞。

② (清)王念孫:《爾雅郝注刊補》,《叢書集成續編》第 16 册,上海書店出版社 2014 年版,第 226 頁。

③ (清)應鍾:《甬言稽詁》,寧波天一閣藏手稿本,第 214 頁。

④ (明)郎瑛:《七修類稿》,上海書店出版社 2001 年版,第 242 頁。

⑤ 陳訓正、馬瀛纂修:《定海縣志》卷二六《方俗志·方言》,鉛印本 1924 年版,第 20 頁。

⑥ (清)鄧鍾玉纂修:《光緒金華縣志》卷一六《方言類》,金震東石印本 1934 年版,第 33 頁。

⑦ 參見許寶華、[日]宮田一郎主編《漢語方言大詞典》,中華書局 1999 年版,第 1114 頁。

平聲公，祖母曰娭姐。遇老年男女，亦以此稱之示敬。"① 或作"娭毑"，是艾、凝、臺騃音近甚明。艾草，也叫蒿艾，上海話把香艾稱作"艾蓬"，讀爲[ŋe²³⁻²²]，山東青島"艾子"讀爲[ɣɛ⁰]、烟臺[aɛ⁵⁵]，湖南長沙"艾葉子"讀爲[ŋai²¹]，山西太原"艾葉"[ɣai⁴⁵]、江西波陽[ai²⁴]，② 喉音聲母消失，開口張大，韻尾逐漸凸顯。因此冰臺爲艾的緩讀是較爲可信的。衹不過艾草的得名是否與遲滯、凝固義有關則尚不清楚，或許是由於艾草能治疾病，有止血、平喘、安胎等功效，聊備一說。③

艾從艸乂聲，《說文・丿部》："乂，芟艸也，从丿从乀相交。"乂的初文或爲"丂"，讀如孽，甲骨文作 𐰣、𐰤、𐰥，象一種刀類工具。④ 因乂加刀旁，作刈；原用來除草，故加艸部，作艾。《墨子・備城門》："城上九尺，一弩、一戟、一椎、一斧、一艾，皆積參石蒺藜。"孫詒讓間詁："艾，刈之借字。《國語・齊語》云：'挾其槍、刈、耨、鎛。'韋昭云：'刈，鐮也。'"乂、刈、艾相通，謂抑止。

艾草就是清除雜草，阻礙其生長。刈割莊稼，則是收穫，《穀梁傳・莊公二十八年》："古者稅十一，豐年補助，不外求而上下解足也。雖累凶年，民弗病也。一年不艾，而百姓饑，君子非之。"不艾，泛指歉收，即削減。《管子・侈靡》："其君無餘地與他若一者，從而艾之。"尹知章注："艾，謂減削也。"

又引申爲治理。當對象的行爲有害時，義爲懲治。《戰國策・楚策五》："無所寇艾，不足以橫世。"鮑彪注："艾，已所懲創。"於是構成了雙音詞"懲艾"。懲罰有害使達到治理的功效，則有輔助、滋養義，這種情況與"亂"相同，一般可理解爲反訓，實際上"亂"是理絲使其由亂而至順，"艾"的詞義也正體現了發起動作的原因和結果。《爾雅・釋詁

---

① （清）郭慶颺修：《寧鄉縣志》卷二四《習尚附方言》，清同治六年（1867年）版，第17頁。

② 參見許寶華、宮田一郎主編《漢語方言大詞典》"艾"條，中華書局1999年版，第1114頁。

③ 馬叙倫《說文解字六書疏證》："菣，香蒿也。艾似蒿而香。菣聲真類，艾聲脂類，脂真對轉，則艾菣爲轉注字。"也是一說。見馬叙倫《說文解字六書疏證》，上海辭書出版社1985年版，第56頁。

④ 參見裘錫圭《甲骨文字考釋（八）》，載中山大學古文字研究室編《古文字研究》第四輯，中華書局1980年版，第154頁。

下》："艾、歷、覛、胥，相也。"王引之《經義述聞》："艾與乂同，乂爲輔相之相。"《國語·周語上》："樹於有禮，艾人必豐。"韋昭注解釋爲"艾，報也"，觀上下文，是説國君若致力於禮則反過來能養人甚厚。

抑制的結果是止息。《詩·小雅·庭燎》："夜如何其？夜未艾。"是説現在的夜晚到什麽時間了？答曰：夜未盡。《左傳·襄公九年》："大勞未艾，君子勞心，小人勞力，先王之制也。"杜預注："艾，息也。"指根絕、停止。患害止息天下太平稱爲艾，也作乂，《漢書·郊祀志上》："六月，世祖即位，然後宗廟社稷復立，天下乂安。""艾""安"同義連文。

從"艾"的本義到引申義，概括出其核心義爲"抑止"，與疑聲、臺聲字所顯示的語源相同。

漢語字詞的普遍現象是"義存於聲"，用一個喉頭受阻的音來表示凝結、不流暢，而當處於具體的口語語境中時，又用這些字詞來記録言説不暢時所發出的短促聲音。這是艾的詞義由來，也是艾在《世説》"艾艾"中所起的作用，由於故事主角名艾，又增加了一語雙關的意味。①

【若】

(一)"若"的核心義

"若"的情況比較特殊，其小篆字形作🈂️，而古文字字形有所不同，如🈂️（甲二〇五）、🈂️（甲一一六四）等。② 關於"若"的本義，有幾種常見的觀點：

(1) 象花草茂盛之貌。吴大澂《説文古籀補》説道："🈂️，華之茂者，枝葉毿生，春字从此。後人以若爲🈂️，非。盂鼎🈂️，散氏盤🈂️如此。"③ 按，"春"字從艸、從日、屯聲，屯象"艸木之初生，屯然而難。从中貫一。一，地也，尾曲。"④ "春"的甲骨文字形作🈂️

---

① 關於"艾艾"可參見拙文《〈世説新語〉"艾艾"再釋》，《中華文史論叢》2017 年第 4 期。
② 中國社會科學院考古研究所編：《甲骨文編》，中華書局 1965 年版，第 20 頁。
③ 吴大澂：《説文古籀補》，中華書局 1988 年版，第 2 頁。
④ 許慎：《説文解字》，中華書局 1963 年版，第 15 頁。

(粹一一五一)、🉑(拾七・五)、🉑(菁一〇七)等，① 與"若"的形體差異較大，此説不確。

（2）象跪坐理髮使順之形。商承祚《甲骨文字研究》："（若）金文作 🉑（亞若癸觳毛公鼎）《爾雅・釋言》：'若，順也。'此象跽人舉手而順髮，故有順誼。敬諾之時必巽順，故又引申而爲應諾之諾，從言乃後起。《説文》'擇菜'之訓，非其朔也。"②

（3）象俘虜披頭散髮舉手之形。單周堯《讀王筠〈説文釋例・同部重文篇〉札記》："竊疑此字象俘虜散髮舉手之狀，故凡事巽順，無不應諾也。甲骨文有 🉑 續 L・16・1 字，象人舉手跽足與 🉑 同，惟頭上有 🉑 與童、妾等字同，殆即郭沫若所謂'古人於異族之俘虜或同族中之有罪而不至於死者，每黥其額而奴使之'者也。又甲骨文有乙3307字，象人散髮型，與 🉑 略同，其上有 🉑 拘持之，蓋亦降服之意，與 🉑 字作 🉑 甲1020者意略同。又 🉑 字音若，與虜、奴二字鐸魚對轉……與臧字鐸陽對轉……與獲字則同屬鐸不分彼……臧獲者，被虜獲爲奴隸者之稱也。"③

（4）最初取象於巫師兩手向空中舞動。臧克龢《釋若》："在殷人占卜過程中，上帝祖先神對巫祝者的卜問、祈求等作的答復爲'若'（諾）、'弗若'（弗諾），也即是殷墟卜辭幾乎每一條全辭上都必定要出現的結果之一：'若'（諾）、'帝若'（帝諾）、'帝降若'（帝降諾）……'若'爲殷人與上帝祖先神之間信息溝通符號……'若'在初取象，爲巫者兩手向空中舞動，（甚且披頭散髮以傳達進入降神、神我爲一，施行巫術活動的狀態）……孳乳增加字素'口'，更清楚地傳達出施巫降神者，不但是手在舞動，口中也許還要念念有辭：傳達上帝'然諾'之詞當然也要有待乎口授。"④

---

① 中國社會科學院考古研究所編：《甲骨文編》，中華書局1965年版，第22—23頁。
② 商承祚：《甲骨文字研究》，天津古籍出版社2008年版，第195頁。
③ 單周堯：《讀王筠〈説文釋例・同部重文篇〉札記》，載《古文字研究》第十七輯，1989年版，第383頁。
④ 臧克和：《釋"若"》，《殷都學刊》1990年第1期。

"若"所指具體意象莫衷一是，但上述觀點以及"若"的引申義都體現出一個共同特徵"順"。《尚書·虞書·堯典》："乃命羲和，欽若昊天，歷象日月星辰，敬授人時。"司馬遷《史記》引作"敬順昊天"。《孟子·告子上》："乃若其情，則可以爲善矣，乃所謂善也。"趙岐注："若，順也。"孟子秉持"性善説"，他認爲仁義禮智四端"我故有之""非外鑠我"，祇要順應人性人情就可以爲善。引申爲惠、善，《漢書·禮樂志》："廣大建祀，肅雍不忘，神若宥之，傳世无疆。"顔師古注："若，善也。"

由"順"發展出"及、至"義。《老子》："寵辱若驚，貴大患若身。"河上公注："若，至也。"《國語·晉語五》："病未若死，祇以釋志。"病未若死，即未及死。如果涉及兩個物體相互比照，用作形容詞有"保持一致、等同"義；用作動詞，表示"相似"或"相稱、比得上"。如《論語·學而》："未若貧而樂，富而好禮者也。"《孟子·滕文公上》："布帛長短同，則賈相若；麻縷絲絮輕重同，則賈相若。"近幾年有關語法化的研究論文，如段茂升也將"相似"這一義項稱作"若"的"象似义"，并認爲這是"若"可作假設連詞、表示"假如、如果"的産生來源。①

其餘實詞虛化的用法諸如：

用作連詞，位於句中，表示順接關係。《儀禮·既夕禮》："朔月若薦新，則不饋於下室。"《楚辭·招魂》："和酸若苦，陳吴羹些。"或者表示選擇或轉折關係。《左傳·定公元年》："若從踐土，若從宋，亦唯命。"《荀子·勸學》："故學數有終，若其義則不可須臾捨也。"應當説，"若"在這些文本中所起的作用是帶出小句、羅列情況。根據上下文語境，多種選擇并列（"若從踐土，若從宋"，指服從踐土之盟、服從宋國兩種情況），就有選擇意味。而"若"表示轉折，實則是另提起一事，或稱爲"話題標記"，可對照"至於"的詞義演變。

用作助詞，位於句首時爲發語詞，引出下文。如《尚書·周書·大誥》："若昔朕其逝，朕言艱日思。"又《吕刑》："若古有訓，蚩尤惟始作亂，延及於平民。"這裏的"若"都是句首助詞，無實義。

通過對"若"的詞義進行整理，可知"若"的核心義是"順"，其引

---

① 參見段茂升《古漢語"如、若、然、焉、爾"語法化過程考察》，碩士學位論文，西南師範大學，2005年，第15頁。

申義都圍繞着"順"展開。由實詞衍生出虛詞的用法，位於句中常用來引出下一小句，具體可表示順接、選擇或轉折；位於句首，無實義，起"提引""連接"的作用等。

（二）"若"的選擇義的爭論

辭典中還收錄有"選擇"這一實義，似乎超出了核心義所能統攝的範圍。"若"訓"择"的用例主要來自《國語·晉語二》。《國語·晉語二》記載了晉獻公聽信驪姬讒言，欲廢太子申生、另立驪姬之子奚齊，致使申生被迫自縊，公子重耳、夷吾出逃等一系列事件。獻公死後晉國大亂，晉大夫里克、丕鄭等派使者求助於秦，希望藉助秦國之力，在重耳和夷吾兩人中選立新君。"秦穆公許諾，反使者，乃召大夫子明及公孫枝，曰：'夫晉國之亂，吾誰使先若夫二公子而立之？以爲朝夕之急。'"這裏"吾誰使先若夫二公子而立之"一句中的"若"，古今學者大部分都解釋作"選擇"，如：

《説文·艸部》"若"字條："擇菜也。从艸、右，右，手也。"段注即引《國語》作爲例證，并説："此謂使誰先擇二公子而立之，若正訓擇。擇菜，引申之義也。"

馬叙倫《毛詩傳箋通釋》卷二二《小雅·大田》"曾孫是若"條："（鄭）箋：'若，順也。成王於是則止力役以順民事，不奪其時。'瑞辰按：《説文》：'若，擇菜也。'《晉語》：'秦穆公曰：吾誰使先若夫二公子而立之？'謂誰使先擇夫二公子而立之也。《烝民》詩'天子是若'，謂天子擇其人而用之，即下'明命使賦'也。此詩'曾孫是若'蓋謂曾孫擇其稼之善者而勸之，即省耕之謂也。"馬氏除《國語》外另提出《詩》中兩處"若"當釋爲"擇"。

尚學鋒、夏德靠："晉國发生內亂，我該先選派誰去從兩位公子中選擇合適的，把他立爲新君，以解決晉國急待立君的問題呢？"①

此外，陸宗達（1996：527）、汪維輝（2007：60）以及不少字典辭書都提到"若"當訓爲"擇""選擇"。但現存最早爲《國語》作注的韋昭却有不同看法，他在"吾誰使先"處點斷，注："當先立誰。""若夫二

---

① 尚學鋒、夏德靠譯注：《國語》，中華書局2007年版，第148頁。

公子而立之"後，注："若，之也。使之二公子擇所立也。"① 清董增齡《國語正義》相延其説。他們與此後的注家、學者之間存在兩個分歧：一"吾誰使先"，指先立誰爲國君，還是先派遣誰作爲使者？二"若夫二公子而立之"的"若"應理解成擇，還是之？且看下文：

秦穆公許諾……大夫子明曰："君使縶也。縶敏且知禮，敬以知微，敏能窜謀，知禮可使敬不队命，微知可否。君其使之。"乃使公子縶弔公子重耳於翟。(《國語·晉語二》)

可見，秦穆公問的是吾先使誰，先派誰作爲使者，則韋注有誤。此點，俞樾在《群經平議·國語二》中就已指出："樾謹按：韋氏讀'吾誰使先'四字爲句，非也。此當以十二字其爲一句。若者，擇也。《説文·艸部》'若，擇菜也。从艸、右，右，手也。'是若字本有擇義。秦穆之意，欲擇立二公子而未知誰可使者。"不過，"若"究竟該如何解釋仍然存疑：若訓爲"擇"，除《説文》外是否有其他文獻上的依據（包括《詩》中的兩例）；若訓爲"之"，取"之"的哪一義項，又爲什麽許慎以及後世諸多注家都訓爲"擇"？

（三）固定結構"若夫"

"若"有時與"夫"連用，組成固定結構。"夫"在句首與"若"用法相同，是"發聲"詞、"發言之端"，如《左傳·隱公三年》："夫兵，猶火也，弗戢，將自焚也。"《孟子·離婁上》："夫人必自侮，然後人侮之。"解惠全、崔永琳、鄭天一《古書虛詞通解》認爲："此項用法舊稱發語詞、語首助詞，今或稱句首語氣詞，表示要发表議論或作概括性的總結。它是由指示代詞虛化來的。指示代詞'夫'可以表示泛指，詞義弱化而成爲助詞。"楊樹達《詞詮》從語句銜接的角度也稱其爲"提起連詞"。

"若夫"結合用於句首，有兩種情況：

1. 發語詞，起提示作用。

（1）《大戴禮記·察補》："若夫慶賞以勸善，刑罰以懲惡。"

---

① 徐朝暉對韋昭注作過辨析，認爲："'若'亦不訓'之'，當訓'擇'。"參見徐朝暉《〈國語〉韋昭注札記》，《古漢語研究》2006年第4期。

（2）《管子・侈靡》："夫政教相似而殊方，若夫教者，標然若秋雲之遠，動人心之悲。"

這裏的"若夫"相當於"如其""像那"，衹是意義更虛化。
2. 轉語詞，起轉接作用。

　　（3）《易・繫辭下》："初辭擬之，卒成之終。若夫雜物撰德，辯是与非，則非其中爻不備。"
　　（4）《禮記・樂記》："若夫禮樂之施於金石，越於聲音，用於宗廟、社稷，事乎山川、鬼神，則此所與民同也。"
　　（5）《莊子・山木》："若夫萬物之情，人倫之傳，則不然。"

　　清劉淇《助字辨略》釋之甚確："若夫者，相及而殊上事之辭也。《哀公十四年》：'若以先臣之故而使有後君之惠也。若臣則不可以入矣。'上若字設辭也，下若字殊上之辭也。《孟子》：'乃若其情，則可以爲善矣，乃所以爲善也。若夫爲不善，非才之罪也。'乃若，發語辭也；若夫，殊上之辭也。"這裏的"若夫"相當於表示轉折的"至於""至若"。
　　將以上兩種情况各自代入《國語》中：（1）作爲發語辭，僅就詞義而言可省略爲"夫晉國之亂，吾誰使先？二公子而擇之，以爲朝夕之急"，後一句缺少謂語動詞。要想使表達準確、結構完整，動詞就必須落在"二"上，然動詞"二"一般寫作"貳"，且義爲"增益""輔佐""有貳心"等，皆不符合文義。（2）作爲轉語詞，整句保持不變，但前後不存在轉折關係，晉國大亂、當選擇二公子立爲國君，是當務之急，我（秦穆公）該先派誰去。因此從句法結構和文義來看，《國語》例的"若夫"既不是發語詞，也不是轉語詞，"若"和"夫"衹能拆開作爲單音詞分別解釋。
　　韋昭訓"若"爲"之"，"之"有"往、到"義，《爾雅・釋詁上》："之，往也。"本像人（趾）離開此地前往他處而去。① "之夫二公子而立之"，意爲到兩位公子處而擇立之。但這一説法難以成立，首先"之"表示"到……去"時，如果帶賓語，常與賓語直接相連；其次，從上一小

---

① 李學勤主編：《字源》，天津古籍出版社2013年版，第248頁。

節可見，"若"并無"往、到"義。因此在這一義項上，"若""之"不能互訓。

(四)"若"表示"選擇"義的文獻用例

古書注家和當代學者大多贊同《國語》"若夫二公子而立之"中的"若"當解釋成"擇""選擇"，但都不得不承認這是個孤例。除了馬瑞辰在著《毛詩傳箋通釋》時提到的兩首詩，他認爲這兩處也應作"擇"解。這兩首分別是：

《詩·小雅·大田》："大田多稼，既種既戒，既備乃事。以我覃耜，俶載南畝。播厥百穀，既庭且碩，曾孫是若。"

《詩·大雅·烝民》："仲山甫之德，柔嘉維則。令儀令色，小心翼翼。古訓是式，威儀是力。天子是若，明命使賦。"

馬瑞辰將以上兩處"若"都理解爲"擇"，卷二二《大田》詩"曾孫是若"條："此詩'曾孫是若'蓋謂曾孫擇其稼之善者而勸之，即省耕之謂也。"[1]卷二七《烝民》詩"天子是若"條："此詩'天子是若'亦謂天子是擇，擇能而使之，故下即言'明命使賦'矣。'明命使賦'即謂使仲山甫布其明命。"[2]

先看第二首《烝民》，據毛詩序所說爲尹吉甫所作，主要讚揚仲山甫的美德和政績，從側面歌頌了周宣王（天子）任賢使能，使周室中道復興。"天子是若"，毛傳："若，順。"鄭箋："是順從行其所爲也。""天子是若"就是"若（順）天子"，與前文"古訓是式"（式古訓，效法古道）、"威儀是力"（勤威儀，勉力於威儀）結構相同，式、力、若是動詞，古訓、威儀、天子分別是賓語。"若（順）天子"，順從天子的政令，賦布天子的明命，使得邦內安定、邦外得聞善政而來歸。并非馬瑞辰所說"天子是擇，擇能而使之"。

第一首《大田》，且不論詩的深義是否在於以古諷今以"刺幽王"，本身是一首農事詩。宋朱熹《詩集傳》卷一三："蘇氏曰：'田大而種多，故於今歲之冬，具來歲之種，戒來歲之事。凡既備矣，然後事之……其耕

---

[1] （清）馬瑞辰：《毛詩傳箋通釋》，中華書局1989年版，第719頁。
[2] （清）馬瑞辰：《毛詩傳箋通釋》，中華書局1989年版，第994頁。

之也勤，而種之也時，故其生者，皆直而大，以順曾孫之所欲.' 此詩爲農夫之詞，以頌美其上。"① 按，朱熹將"曾孫是若"釋作"以順曾孫之所欲"，曾孫是周天子對其祖先和神靈所用的自稱，假設是农夫頌美其上，不可能用"曾孫"來稱呼天子。不如鄭玄的箋注更爲貼切，他也認爲"若"是"順"的意思，但整句話應表達："民既炽菑，則種其衆榖。衆榖生，盡條直茂大。成王於是則止力役，以順民事，不奪其時。"馬氏《通釋》則把"若"當作"擇"解："蓋謂曾孫擇其稼之善者而勸之。"從全詩來看，首章盡至二章上三句，"言成王教民治田，百穀茂盛，止役順時，秀實成好"；二章下五句，"言時無蟲災"；三章上四句，"言雲雨安舒"；三章下五句，言收刈有餘，寡婦獲利，是下民丰盈，矜寡得濟"，基本上按時間順序排列。"曾孫是若"之前，开篇已有"既種既戒，既備乃事"，鄭箋："將稼者，必先相地之宜，而擇其種。"後文再說天子擇稼之善者，顯得重複。再者，《詩》中還有兩處"是若"：

《詩·魯頌·閟宫》："保有鳧繹，遂荒徐宅。至於海邦，淮夷蠻貊。及彼南蠻，莫不率從。莫敢不諾，魯侯是若。……徂來之松，新甫之柏。是斷是度，是尋是尺。松桷有舄，路寢孔碩，新庙奕奕。奚斯所作，孔曼且碩，万民是若。"

"魯侯是若"的"若"，指應諾順從，形容魯僖公所統治的疆界廣遠，威德所及，周邊的徐方、淮夷、荆楚之國都相率歸順，"若王伯有命，則莫敢不應諾順從"。"萬民是若"的若，則可解釋爲"惠、善"，順、善相通，魯僖公修治寢庙，國人不以爲苦，反以爲善。

由此可見，馬瑞辰在《毛詩傳箋通釋》中提出的兩個例證，"若"都不能訓"擇"。《國語·晉語二》一句仍然是唯一的例外。

（五）"若"訓"擇"的本字

將"若"訓爲"擇"，就目前所知文獻，最早就見於許慎的《説文解字》。段玉裁注《説文》，援引《國語》的"若夫二公子而立之"以證明許說無誤，由此後世多以"擇"來釋此句的"若"。

"若"在《説文》中的小篆形體作"𦰩"，而《金文編》收錄了如下

---

① 朱熹：《詩集傳》，鳳凰出版社2007年版，第183頁。

字形"㞢"。該字出於《散氏盤》"奉（封）於㞢仇，奉（封）於㞢道，内陟㞢"，表示地名。阮元《積古》卷八《散氏盤》、王國維《觀堂集林·散氏盤考釋》把㞢隸定爲芰，從艸從又（手），又乃右之古文，後作"若"。但㞢還可以追溯至甲骨卜辭：

貞吴率氏罿（置）㞢。（《合集》95）
貞乎取羞㞢。（《合集》111 正）
癸丑卜，爭，貞旬亡卜。王占曰："有祟，有夢。"甲寅，允有來艱。左告曰："有㚔㞢自益，十人有二。"（《合集》137 正）
貞㞢於旬。（《合集》11407）

在同一片卜辭的正面"㞢"與"若"同時出現，且詞義與用法各不相同：

甲辰卜，亘，貞今三月光乎來。王占曰："其乎來。"乞至隹乙，旬有二日乙卯允有來自光，氏羌㞢五十。（《合集》94 正）
壬寅卜，宁，貞㽞（若）兹不雨，帝佳兹邑龙，不㽞（若）。二月。（《合集》94 正）

這兩個字形在甲骨文中并不罕見，梁銀峰認爲"若"多表示安寧、平安、順利、順遂。① 如："[貞王其往]萑河，[若]。"（《合集》5158 甲）"貞王其往萑河，不若。"（《合集》5158 乙）"甲子卜，囗，貞出兵[若]。"（《合集》7204）"甲囗卜，囗，貞勿出兵[若]。"（《合集》7205）相反，"不若"就是不順。疑此"若"原與祝禱有關，字形㽞像巫卜之人向天禱告，與表示福佑、幫助的"右"同源。應諾之聲也是"順"的表現，遂加口旁作㗊以示區别。

而㞢一般被認爲是屮的古文字，羅振玉説道："從又持斷草是芻也。

---

① 參見梁銀峰《甲骨文形容詞研究》，《漢語史研究集刊》，1999 年。

散盤有⍺字,與此同。古陶文驪字从⍺,漢驪四朱小方錢驪字亦從⍺,均尚存古文遺意矣。"① 陳漢平:"查《古文四聲韻》芻字古文作⍺,從又從手,此手形實爲⍺之訛變。"② 芻的本義是用手拔草,引申爲割草,轉指割草的人或吃草的牲畜。也泛指割取、獲取,平心《芟、又、宥、賄等字義訓考釋》認爲芟與宥、賄都表示鹹,意思是俘虜奴隸。③ 古時戰爭中割取俘虜的左耳計功,割草、割耳都可引申爲割取、俘獲,與上文所引卜辭也比較契合。草可割取、抓取、拔取,僅從字形上看"芟"從艸從又,訓爲"獲取"即可。再看其語音——

　　《詩·周南·關雎》:"關關雎鳩,在河之洲,窈窕淑女,君子好逑。參差荇菜,左右流之,窈窕淑女,寤寐求之。求之不得,寤寐思服,悠哉悠哉,輾轉反側。參差荇菜,左右採之,窈窕淑女,琴瑟友之。參差荇菜,左右芼之,窈窕淑女,鐘鼓樂之。"
　　《詩·周南·芣苢》:"采采芣苢,薄言採之。采采芣苢,薄言有之。采采芣苢,薄言掇之。采采芣苢,薄言捋之。采采芣苢,薄言袺之。采采芣苢,薄言襭之。"

　　其中的流、捋、求都是"求取""擇取"。毛傳分別釋爲:"流,求也。""捋,取也。"郭在貽考證:

　　陳奐《詩毛氏傳疏》云:"古流、求同部,流本不訓求,而訓詁云爾者,流讀與求同,其字作流,其意爲求,此古人假借之法也。"……王念孫的《廣雅疏證》和馬瑞辰的《毛詩傳箋通釋》則明確指出流是摎的假借,《廣雅·釋言》:"摎,捋也。"王念孫疏證云:"《周南·關雎》篇'參差荇菜,左右流之。'流與摎通,謂捋取之也。捋流一聲之轉。'左右流之'、'左右採之',猶言'薄言采之'、

---

① 羅振玉:《增訂殷墟書契考釋》卷中,《羅振玉學術論著集》,上海古籍出版社 2010 年版,第 214 頁。
② 陳漢平:《金文編訂補》,中國社會科學出版社 1993 年版,第 386 頁。
③ 平心:《芟、又、宥、賄等字義訓考釋》(補白集乙:商周文字雜釋),《中華文史論叢》第二輯,上海古籍出版社 1962 年版,第 148 頁。

'薄言捋之'耳。下文云'左右芼之',流、采、芼,皆取也。"馬瑞辰在《毛詩傳箋通釋》中亦云:"流通作摎。《後漢書·張衡傳》注:'摎求也。'求義同取。《廣雅·釋言》:'摎,捋也。'捋謂取之也。四章采之,五章芼之,義與流同。"①

流、求協韻,流屬來母幽部,求屬群母幽部,音本相近。流、求、摎、捋,以及采、友、有都有"求取""擇取"之義。⿱艹又隸定爲芆,從艸從又,"又"既是会意也兼表音,與友、有所從之字相同。它的篆體或當寫作⿱艹又,又、右古今字,也可寫成"若"。許慎據形釋義,因此有"若,擇菜也"之説。⿱艹口本義或爲向天禱告,也表示應諾,形體加口繁化作⿱艹㕣,上半部分發生訛變,遂與從"艸"的芆相混,共享同一字形"若"。後世字形相對比較固定,"若"通常表示與"順"相關的意思,其中不少詞義更和"如"存在錯綜複雜的關係,但都不再被當成芆字使用。芆的"選擇"義由其他字如求、有等取代,遂使《國語》中的這一句話成爲孤例。

當然也有學者嘗試將"擇菜"納入"若"的引申義列中,例如李圃:"甲骨文若象兩手理髮使順,故訓爲順。若字由⿱艹又而⿱艹又而⿱艹㕣而譌變作从艸从右之若。《説文》:'若,擇菜也。从艸右。右,手也。'原來的理髮使順變成了理菜使順。"② 陸宗達:"'若'的本義是'擇菜',便有將菜擇净弄順的意思。"③ 可以理解成理髮與擇菜都有用手捋使順的意味,但無法解釋早期字形詞義的差異問題。因此,仍然將"若"與"芆"看作不同的字詞,衹是由於形體譌變最重合并爲"若"。

綜上所述,《國語·晉語二》"若夫二公子而立之"的"若"當解釋

---

① 郭在貽:《〈《诗经·關雎》"流"字新解〉質疑》,《郭在貽文集》第一卷《訓詁叢稿》,中華書局 2002 年版,第 254 頁。

② 李圃:《甲骨文選注》,上海古籍出版社 1989 年版,第 123 頁。

③ 陸宗達、王寧:《古漢語詞義答問》,中華書局 2018 年版,第 121 頁。另在《訓詁方法論》中提到:"金文⿱艹又字即'若'字,正象以手擇菜之狀。擇菜非引申之義,不過是'擇'這個概括詞義在造字繪形時的具體化。"没有説明"擇"與"順"的關係,且其他文獻對於概括的"擇"義運用得並不多。參見陸宗達、王寧《訓詁方法論》,中華書局 2018 年版,第 34 頁。

爲"擇"，本當隸定作𦯧。結合上下文，應斷句成："夫晉國之亂，吾誰使先若夫二公子而立之，以爲朝夕之急？"意思是：晉國之亂，我（秦穆公）先派誰去從兩位公子中選擇一位立爲國君，以解決晉國的當務之急？而現在常用的"若"核心義是"順"，與《國語》中的"若"分屬不同的詞。

【桀】

(一)"桀"的核心義

"桀"的造字本義不明，鄒曉麗認爲："'桀'、'乘'同源。字形是一正面的人（大）站在樹上。"① 楚簡作𣊸等字形，黃德寬《古文字譜系疏證》説："楚簡桀，從人、從屮在木上，會高出之意。"② 結合其文獻用例，可知桀的核心義是"高而突出"。

例如《詩·王風·君子于役》"雞棲于桀"，毛傳："雞棲于杙爲桀。"上文説"雞棲于塒"，接着"雞棲于桀"，根據《爾雅·釋宮》的解釋"雞栖於弋爲榤，鑿垣而栖爲塒"，可知"塒"是在墙壁上鑿洞做成的雞窩，"桀"是"杙"一類的木樁。《楚辭·九懷》："徑岱土兮魏闕，歷九曲兮牽牛。"王逸注："行出北荒山高桀也。""魏闕"本是宮門之外懸掛法令的地方，在這裏用來形容岱山即泰山的巍巍高大。《水經注·濟水》："虎牙桀立，孤峰特拔。"又《滱水》："嶄絕孤峙，虎牙桀立。""桀立"分別與"特拔""孤峙"對文，也爲"高而突出"。

引申爲力量或者才能高出衆人，用作名詞時指傑出的人才，往往加偏旁作"傑"。用作形容詞，從正面的角度加以肯定，義爲英勇、強健；帶有貶義色彩，則表示強橫、殘暴。

"桀"的字形似"乗"，"乗"義爲登、升，現在多寫作"乘"。《爾雅·釋丘》："如乗者，乗丘。"郭璞注："形似車乗也。或云乗謂稻田塍埒。"做爲車乗的"乗"在《集韻》中出現了從車的䡬。"桀"的異體字爲"榤"，《説文·木部》："榤，榤桀也。从木、曷聲。"榤是一種小木椿，具有標識作用。以"曷"爲聲符的一批字很多有"高舉"的含義，

---

① 鄒曉麗：《基礎漢字形義釋源》，中華書局 2007 年版，第 74 頁。
② 黃德寬：《古文字譜系疏證》，商務印書館 2007 年版，第 2404 頁。

如"揭""竭""稭"等。"揭"義爲高舉,陳勝吴廣"揭竿而起"就指舉起竹竿當作旗幟,大概到六朝以後才獨立出"開"這個義項。① "竭"的本義是負舉,②《説文》段注:"凡手不能舉者,負而舉之。"負舉需用盡全力,因此有竭盡、窮盡之義。③ "稭"是莊稼出穗,④ 或作傑,《詩·周頌·載芟》:"驛驛其達,有厭其傑。"毛傳:"有厭其傑,言傑苗厭然特美也。"由此推測,"桀"的本義或爲:在木樁上(或其他高處),使其突出。由此,"桀"的核心義可表述爲"高而突出"。

在此基礎上看以"桀"爲形符的"磔"。

(二)"磔"的含義

磔是古代的一種刑法名稱,在文獻中屢有記載,但對具體的行刑方式則一直存在爭議。目前大致有三種觀點:

一爲斷裂肢體説,類似於肢解或車裂。唐代注家多主車裂,如《荀子·正論》篇:"捶笞臏脚,斬斷枯磔。"杨倞注:"磔,車裂也。"《後漢書·董卓傳》:"恨不得磔裂奸賊於都市,以謝天地!"李賢注:"磔,車裂之也。"這一説法也最爲通行,《漢語大詞典》釋義:"(磔)古代的一種酷刑。以車分裂人體。"車裂另有轘名,與磔兩者不同,連宏《漢代磔刑考辨》已有辨析,同時作者認爲磔當是分解肢體,根據磔的"張、開"二義,得出磔刑有兩道不可或缺的程序:第一,將受刑人的身體肢解開;第二,公開行刑。⑤

二爲剖腹説,陸宗達《説文解字通論》:"'磔'與'辜'同。五卷《桀》部:'磔,辜也。'罪辜雖連用,然辜屬於刑,古代刑法也叫'辜'、叫'磔',就是把人绑在木架上,伸張人體,剖胸挖心的酷刑。"⑥

三爲歷史轉變説,刑名相同,在不同時期行刑方式發生變化。沈家本《歷代刑法考》首先對通行的斷裂肢體説提出異議,緊接着説道:"宋、辽、元三史《本紀》頗載磔事……此諸《紀》所言之磔,似爲陵遲之别

---

① 蔣紹愚:《古漢語詞彙綱要》,商務印書館 2005 年版,第 272 頁。
② 《説文·立部》:"竭,負舉也。"
③ 王力《同源字典》認爲"桀""偈""揭"與"健""堅"等字同源。參見王力《同源字典》,商務印書館 1982 年版,第 341 頁。
④ 《説文·禾部》:"稭,禾舉出苗也。"
⑤ 連宏:《漢代磔刑考辨》,《東北師大學報》(哲学社會科學版)2016 年第 2 期。
⑥ 陸宗達:《説文解字通論》,中華書局 2015 年版,第 87 頁。

名，非漢之磔也，然無明文以證之。"① 彭文芳《古代刑名詮考》："大體而言，早期稱'磔'多指張腹，後世多指碎裂，雖無截然而分的界限，但變化是明顯的。"②

從目前文獻提供的例證來看，磔的最初含義當主第二種説法，實際施行過程較近第三種説法。

1. 兩漢至隋

《周禮·秋官·大司寇》有"刑新國用輕典""刑平國用中典""刑亂國用重典"之説，漢高祖劉邦建立漢朝之後，鑒於秦法嚴苛以及穩定朝政的需要，刪繁就簡、減輕刑罰。漢景帝中元二年改磔爲棄市，"自非妖逆不復磔也"。當然實際并未禁絶，兩漢魏晉隋代史志中屢見其名：

（1）《漢書·云開傳》："章坐要斬，磔尸東市門。"

（2）《漢書·王尊傳》："尊於是出坐廷上，取不孝子懸磔著樹，使騎吏五人張弓射殺之。"

（3）《後漢書·酷吏傳》："乃僵磔甫尸於夏城門，大署榜曰'賊臣王甫'。……凡殺人皆磔尸車上，隨其罪目，宣示屬縣。夏月腐爛，則以繩連其骨，周遍一郡乃止，見者駭懼。"

（4）《魏書·酷吏傳》："隴客不堪苦痛，隨刀戰動。乃立四柱磔其手足，命將絶，始斬其首，支解四體，分懸道路。"

（5）《隋書·刑法志》："及楊玄感反，帝誅之，罪及九族。其尤重者，行轘裂梟首之刑。或磔而射之，命公卿已下，臠噉其肉。"

（6）《隋書·食貨志》："遇高麗執送叛臣斛斯政，遣使求降，發詔赦之。囚政至於京師，於開遠門外，磔而射殺之。"

由上述引文可知，犯"妖逆"即謀反或擅权之罪仍施以磔刑，且多是對尸體的處理方式，如吳章被處以要斬、王甫被誅殺後復磔，起到宣示罪名、威懾衆人的目的。而在具體方式上，"磔"更接近於捆綁固定。例（3）王甫隨車遊行，夏月尸體腐爛，以繩連其骨，顯然肢體并未分散。例（4）又見《北史·酷吏傳》，事載王隴客因殺人獲罪，秦州刺史於洛

---

① 沈家本：《歷代刑法考》，中華書局2006年版，第114頁。
② 彭文芳：《古代刑名詮考》，武漢大學出版社2015年版，第49頁。

侯"生拔隴客舌，刺其本，幷刺胸腹二十餘瘡"，爲防止王隴客受痛顫動才磔手足於四柱，隨後斬首、肢解四體，則磔時尚是全軀。

2. 唐宋時期

至唐宋時期，磔的方式發生分化，有如兩漢魏晉用作固定於木樁木柱者："於衛士鋪鼓格上縛磔（楊齊莊）手足"，令段瓚、段瑾及百官射（《朝野僉載》卷二）；"磔（庾立）於猛火之上，漸割以啗軍士"（《舊唐書·薛仁杲傳》）；後漢本州牙將許遷"切於除盜，嫉惡過當，或釘磔賊人，令部下臠割"（《舊五代史·周書·許遷傳》）；趙思綰兵敗被擒，恥於釘磔之刑，遂"父子俱斬於市"（《新五代史·雜傳·趙思綰傳》）。將人捆綁或釘定於木樁之上，繼有射殺、臠割等行爲，確屬慘烈，然就以上所見磔本身而言幷未構成一種酷刑，不致於西漢景帝需下令"改磔爲棄市，勿復磔"。

也就在此時，"磔裂"常幷列連言，雖未確切説明裂當訓爲開裂亦或斷裂，但據文獻記載，唐代注家多是理解成肢體的分解，宋、遼、金史書也多用爲割裂、斷裂之義：

（7）《大唐西域記》卷八："俄見一人，縛來入獄，斬截手足，磔裂形骸，俯仰之間，肢體糜散。"

（8）袁郊《甘澤謡》："久之見摩訶肢體磔裂，浮於水上，如有示於峴也。"

（9）《新唐書·段顔傳》："（段秀實）唾泚面大罵曰：'狂賊！可磔萬段，我豈從反邪！'"

（10）《宋史·宗室傳》："吏有掠民女爲妾者，其妻妒悍，殺而磔之，貯以缶，抵其兄興化掾，安廨中。"

（11）《宋書·楊邦乂傳》："（楊邦乂）遥望大罵曰：'若女真圖中原，天寧久假汝，行磔汝萬段，安得污我！'"

（12）《金史·梁襄傳》："而臣以螻蟻之命，進危切之言，仰犯雷霆之威，陷於吏議，小則名位削除，大則身首分磔，其爲身計豈不愚謬。"

另如《荀子》楊倞注、《後漢書》李賢注雖然誤與車裂相混，但本質上也是一種肢解。

3. 明清時期

明清時期，除"磔裂"外，還有"磔解""碎磔""寸磔"：

（13）《國朝獻徵錄》："時大言曰：'吾殺人當死，頸一茹刃耳，今乃碎磔罥肉。'"

（14）《清史稿·列女傳》："（滕士學妻）滿怒駡，苗抉其目。駡愈厲，遂斷舌剖腹，寸磔死。"

（15）邵廷采《東南紀事》："別部邵一梓見獲，縛致上，寸磔，仰首駡不跪；刳及臂胻，乃倒，獨呼高皇帝及關亭侯。"

（16）《清實錄·乾隆朝實錄》卷九六七："若毙於槍箭之下，或焚死或自戕，得免魚鱗碎磔，尚覺其幸逃重罪，不足以大快人心。"

（17）《明史紀事本末》卷六七："或謂妖書出武英殿中書舍人永嘉趙士禎，後士禎疾篤，自言之，肉碎落如磔。"

（18）《大義覺迷錄》："且事發奉拿之會，彌天重犯聞得此信，自料當身固不免寸磔萬剮，而且遺禍於家門，憂憤填心，決計自盡。"

這一時期的磔顯然與唐宋金元不同，更多的是針對活人，且一刀不會斃命，須一寸一寸割下血肉，猶如千刀萬剮。《明史》記載袁崇焕磔死於市，朱翊清在《埋憂續集》中詳述道"逮崇焕磔於市。每肉落一塊，人竞買而食之"，與剮刑相同。不過現代多稱袁崇焕被凌遲處死，凌遲之名也經歷過一段變遷，未必始終與磔為一事。《宋史·刑法志》："凌遲者，先斷其肢體，乃抉其吭，當時之極法也。蓋真宗仁恕，而惨酷之刑，祖宗亦未嘗用。"與唐宋磔裂似乎較為接近，祇不過凌遲是向活人施刑，而磔主要屬於處置尸體的方式（多稱"磔其尸"），即針對所謂罪大惡極或深惡痛絶之人，在斬、絞之後再戮尸泄憤，與梟首起同樣的警示作用。這或許也是凌遲與磔并存的原因。據徐元瑞《吏學指南》，凌遲又指剮，"謂碎臠肢體，身首異處"，則至元代凌遲大概包括臠割、肢解兩個步驟。到了明清磔也成為對活人的懲罰，與凌遲皆偏指臠割，《萬曆野獲編》卷一八載："越二日得旨云：'于謙、王文、舒良、王誠、張永、王勤本當凌遲處死，從輕决了，去其手足罷……'今史抹却謙等去手足不書，意者慮為先帝新政累，故削之耶？但極刑寸磔則有之，無斷絕手足者。或復奏時，上又除手足之條。"褚英《州縣初仕小補》"凌遲"條："凌遲者其法乃寸而磔之，必至體無餘臠。"磔由對尸體的磔裂轉施於對活人的臠割寸磔；凌遲由一種斷裂肢體的死刑轉變爲先臠割後肢解，再演變爲通常所認爲的臠割剮刑，遂與磔名雖異而實相同。

（三）先秦磔刑與磔祭

1. 桀和磔的形與義

西漢以前磔就是一種重刑，古有所謂五刑：墨、劓、剕、宮、大辟，其中辟從卩、從辛，辛爲刑具，字形象用刑具施行於罪人，故大辟即大罪、死罪，《韓非子·內儲說上》："夫罪莫重辜磔於市。"

《周禮·秋官·掌戮》："凡殺其親者焚之，殺王之親者辜之。"鄭玄注："辜之言枯也，謂磔之。"辜、磔常互訓或連言，《説文解字·桀部》："桀，磔也。""磔，辜也。"段注："凡言磔者，開也、張也，刳其胸腹而張之，令其乾枯不收。"辜既泛指重罪，也指懲治重罪所配之刑。辜與刳同源，義爲從中間剖開再挖空。辜又稱副辜（疈辜），《周禮·春官·大宗伯》："以疈辜祭四方百物。"鄭注："疈，疈牲胸也。疈而磔之，謂'磔禳'。"又《地官·牧人》："凡外祭毁事，用尨可也。"尨，雜色；《説文》副訓判，剖亦訓判，副、剖同義，都是割開軀體而不斷裂，則疈辜祭或磔禳，就是用摻有黃毛顏色不純的狗，剖開胸腹，一般還包括掏空其內臟。

"磔"從桀、石声，以"石"爲聲符的字多有張大義，如"祐"（本義是衣衻，裙正中開衩）、"鼯"（五技鼠，鼯鼠，身體和四肢間有飛膜，張開後可作短距離滑翔）、"橐"（囊，《老子》中"橐籥"是类似於皮风箱的助燃工具）。"石"聲又與"斥（庹）"聲相通，"斥"聲字也與開裂、張開相關，譬如"坼"，《易·解》"雷雨而白果草木皆甲坼"，指植物發芽、外殼開裂；《诗·大雅·生民》"不坼不副"，指剖腹分娩。又如"柝"，《説文》"柝"字段注："土裂曰坼，木判曰柝。"再如：赿，撐距，《漢令》"赿張百人"，漢代常見的弓弩有擘張弩、蹶張弩、腰引弩，其中蹶張弩需用足踏之力張弓。據此，則從"石"聲的磔同樣有張開、張大之義，故《玉篇》云："磔，竹格切，張也。"《通俗文》："張申曰磔。"《廣韻》："磔，張也，開也。"古印度長度單位有"一磔手"，指伸開拇指與中指之間的最大長度。

結合副、辜二字，磔禳、副辜祭以及辜磔，當是用刀等利器剖開胸腹（副）、刳取內臟（辜），再撐開張申胸腹（磔）使之乾枯不收。概括言之，副辜即辜磔，甚至單稱辜、磔，就代表了整個過程。西漢側重於將人體捆綁固定於木柱，張開四肢；唐宋多將裂釋爲斷裂；明清加上一個"寸"或"碎"，基本上把磔等同於剮，或許取"皮開肉綻"的意思。而最初的刳腹、使張開卻鮮有人知，僅個別文獻中存有記録：

(19)《漢書·景帝紀》："匈奴入燕。改磔曰棄市。"顏師古注："磔謂張其尸也。"

(20) 上官融《友會談叢》："間有毙踣，以物拽歸，剖磔腸胃，棄於放牧之地。"

(21) 徐元瑞《吏學指南》："(周刑) 大辟死罪也。辟字從尸辛，所以制節其罪也；從口，用法也。有七等：一曰斬，誅之以斧鉞；二曰殺，以刀刃棄市；三曰搏，去衣磔之也；四曰焚，燒殺也；五曰辜，磔之也；六曰踣，毙之於市肆也；七曰罄，縊之於隱處……(漢刑) 死　高帝約法"殺人者死"，有三等：一曰棄市，謂當斬右趾及殺人者；二曰磔，謂戮而張尸於市也；三曰三族，謂誅及三族也。"

清代段玉裁《說文解字注》對"磔"的説解也取相似的觀點。至於唐宋文獻提到的"磔裂"，或有一部分仍作開裂（非斷裂）解釋，因缺乏具體語境，難以驟下判斷。

2. 磔來源於殺俘殺牲以祭祀

磔本是一種祭祀，用來祭風、迎送時氣、除暑熱、祛癘疫。《爾雅·釋天》："祭風曰磔。"《禮記·月令》："(季春三月) 命國難，九門磔禳，以畢春氣。"又"(季冬十二月) 命有司大難，旁磔，出土牛，以送寒氣。"《吕氏春秋》《淮南子》中也有相關內容。一般用犬，後世也用雞或羊：

(22)《南齊書·魏虜傳》："臘日逐除，歲盡，城門磔雄雞，葦索桃梗，如漢儀。"

(23)《隋書·禮志三》："隋制，季春晦，儺，磔牲於宮門及城四門，以禳陰氣。秋分前一日，禳陽氣。季冬傍磔、大儺亦如之。其牲，每門各用羝羊及雄雞一。"

(24)《灌畦暇語》："風俗相傳，臘日磔雞，立春日磔狗。"

《晉書·禮志上》載以雞代犬起於魏，"何晏禳祭議雞特牲供禳釁之事"。

殺牲特別是磔犬之由，郭璞《爾雅注》認爲"披磔牲體，象風之散物"；或謂犬屬金畜，季春、季冬磔犬是爲了抑金扶木、抑陰扶陽，故於盛夏以及秋季不磔。不過秦德公却在夏日行磔禳：《史記·秦本紀》："德公元年，初居雍城……二年初伏，以狗禦蠱。"又《封禪書》："後七十八年秦德公既立，卜居雍……作伏祠，磔狗邑四門以禦蠱災。"張守節正義："蠱者，熱毒惡氣爲傷害人，故磔狗以禦之。"王子今撰文指出："'磔狗邑四門'、'以狗禦蠱'事在定居於雍次年，又極可能是初居雍經歷第一个夏季'禳却熱毒氣'的措施，因而對秦人定都於雍具有重要意義。……秦德公'磔狗邑四門'、'以狗禦蠱'事，至少在当時秦人看來，與秦穆公以雍城爲基地，開創秦史紀元之事業的成功，存在着某種神秘的聯繫。"① 另據《風俗通義·祀典》"殺狗磔邑四門"條"俗説狗別賓主，善守禦，故著四門，以辟盗賊"，磔犬的又一原因在於有守禦驅邪之效。《晉書·禮志上》《南齊書·魏虜傳》用葦茭、桃梗、雞，直到晚近的清代還有磔雞、狗等地方風俗：《漢州志》："有疾延巫祈禱，曰'打保福'；無疾亦爲之，曰'太平保福'。若争端不白，赴城隍庙刑雞狗相誓，其事亦息。古稱蜀人尚鬼，大約如是。"② 於民間有祈禳消災的"功能"，於國、朝則有平定厭勝之義，南宋葉隆禮《契丹國志》稱後晉降遼，遼太宗耶律德光"出入宫，諸門皆用兵守衛。磔犬於門，以竿懸羊皮於庭，爲厭勝法。謂晉群臣曰：'自今不修甲兵，不市戰馬，輕賦省役，天下太平矣。'"可見，對於磔犬的緣由除用陰陽五行説解釋以外，或許更應該回歸到"平定守禦""袪除奸邪"這一層面上，當然不排除有早期神秘主義的色彩。

磔用牲畜外也用人牲，甲骨文磔作"壬""吾""祏"或"祏"，于省吾《甲骨文字釋林》解釋甚詳，將文中所引卜辭移録如下③：

---

① 王子今：《秦德公"磔狗邑四門"宗教文化意義試説》，《中國文化》1995 年第 2 期。
② 丁世良、趙放：《中國地方志民俗資料匯編　西南卷上》，北京圖書館出版社 1991 年版，第 64 頁。
③ 于省吾：《甲骨文字釋林》，中華書局，第 169—171 頁。

(25) 毛龏小母，用（乙八七一四）

(26) 帝毛朱門○帝毛朱門（乙八八九六）

(27) 甲午卜，毛于父丁犬百羊百，卯十牛（京津四○六六）

(28) 丁卯卜，于來辛子酚毛（甲七二六）

(29) 祭大乙，其舌且乙二牢（京都一七八五）

(30) ☐貞，毓且乙舌物（勿與牛二字合文）。四月○貞弜勿（續一·一六·二）

(31) 甲子卜，旅貞，翌乙丑舌，叀白牡（後下五·七）

(32) 癸亥貞，酚彡于小乙，其告，舌于父丁一牛○癸亥貞，酚彡于小乙，其舌（鄴三下四二·五）

(33) 苜（莫）舌十人又五，王受又（京都一八八七）

(34) 癸丑卜，其又亳土，叀裚（甲一六四○）

(35) 叀小乙裚，用（寧滬一·一九五）

(36) ☐祭父口裚二牢，王受又（甲一五九六）

(37) 口口卜，劦日且甲，裚羌☐（京津四○四六）

(38) 貞，康且宗裚，王受又（續存下八七六）

(39) 气酚彡䃾，自上甲衣至于多毓（鄴初四○·一○）

(40) 王窒䃾，自上甲至于多毓，衣。（林一·二七·四）

磔的對象有龏、犬、羊、牛、人，主要用來祭祀祖先以及祈求商王得到保佑。于省吾將上述的磔都解釋爲"割裂祭牲的肢體"。殷商祭祀遺址展現的動物和人牲遺骸反映了當時的用牲法，人牲有全軀、頭骨、無頭軀幹、腰斬、肢解、碎尸，動物還有對半剖開的。常玉芝《商代宗教祭祀》對甲骨卜辭中出現的殺牲字詞作過說明，如"'伐'是專指砍頭，'歲'是指割殺，'剛'是指斷裂，'䣃'是指砍，'毛、舌、裚'是指肢解、割裂牲體，'攺'爲擊打，'尋'、'用'都爲殺意，'卯'爲對剖，等等。"① 唐際根、牛海茹大致持相同觀點，并補充了其他用牲法：伐（砍頭）、舌（肢解）、㽱（蘊，埋藏）、歲（劌，割殺）、宜（俎，更接近

---

① 宋鎮豪主編，常玉芝著：《商代史》第八卷《商代宗教祭祀》，中國社會科學出版社 2010 年版，第 536 頁。

砍、斷、剁一類的含義)。① 如果根據考古遺迹，祇能説存在上述幾種方式，至於與有關名稱的對應還需從字詞含義入手。個別例子有待商榷，如卯"像斷物之形""卜辭用牲以卯與尞薶同列，蓋斷割之誼"，② 根據其兩半相對的字形，卯可釋作判分，強調斷裂；又爲殺的通稱。再如改，同"吱、攱、施、脆"，即夷、凌遲。卜辭有卯、改同用例，"乃先殺而後割解之"，③ 後世凌遲亦有斬手足及趾者。而磔指剖腹刳取臟器再使之張開，或保存全軀或隨後割解（割解時相當於改的一部分），正如現代祭祀所用之全牲。殷商祭祀坑中的骸骨，肢解爲改，碎裂爲俎，張腹爲磔。

　　綜上可知，古代的磔最初是祭祀時對祭牲（包括動物和人牲）的處理方式，根據磔字的構造原則推測其本義爲放在高處張開軀幹，具體指剖開軀體，刳空内臟、張申胸腹。之後作爲一種嚴懲罪犯的重刑，其行刑方式隨着時代的變遷發生了一些轉變。磔從早期的綁在木樁上刳胸張申、陳之於衆，到漢代被廢除，僅指固定於木柱伸展四肢；大約在唐代含義有所分化，唐宋主要作爲斷裂肢體的刑罰名稱；明清時期近似於剮刑，與凌遲相混，遂使人難以知曉磔刑的"本來面目"。④ "磔"以"桀"爲形符，漢至隋主要指將人固定於木樁上起警示作用，與"桀"的概念相符，有"高而突出"之義。

---

①　唐際根、牛海茹：《殷墟王陵區人祭坑与卜辭所見"羌祭"及"殺牲法"研究》，《人文中國學報》第 19 期。
②　胡光煒：《説文古文考》，《古文字詁林》，上海教育出版社 1999 年版，第 1119 頁。
③　于省吾：《甲骨文字釋林》，中華書局 2009 年版，第 165 頁。
④　關於磔的考釋也可參拙作《古代磔刑考》，《安陽師範學院學報》2019 年第 3 期。

結　　語

　　漢語有着悠久的歷史，保存下來許多珍貴的文獻資料，在紛繁複雜的語言現象中，語言學家們孜孜不倦地探索其中的原理和規律。儘管上古時期的面貌仍然模糊不清，衹能通過親屬語言的比較進行推測；而傳世文獻中的詞彙語義又有清代小學家樹立的高峰難以逾越，但在現代學科分類的背景下開展的古漢語語義分析將研究對象獨立出來，其優勢是擺脫隨文釋義和點到爲止的訓詁"習慣"，朝着更深入、精確的方向延展。在衆多分支當中，核心義研究與傳統的引申理論、同源繫聯以及從歷史的角度考察詞義演變和替換的方法有所不同，對單個詞詞義系統的整理而言具有獨特的價值。不過正如《漢語詞彙核心義研究》一書中提到的，可能存在主觀隨意性強、偏經驗性而非科學性的總結等問題。本書就是在此基礎上，試圖將核心義理論作一推廣，以更多實例論證核心義的存在和意義。

　　在緒論中簡要回顧了以往古漢語詞義系統和規律的研究，將核心義理論納入其中，明確所處的位置和彌補的空白。由於本書着重探討漢語中的木部和艸部字詞，首先需要對這兩個部首進行整體的觀察，故設第一章論述其特點以進一步明確研究範圍，將研究對象集中於多義詞而非單義或同形詞。在之後的幾章中，將木部艸部中可用來分析核心義的字詞作爲案例，一方面是單個字詞的分析，另一方面發現并解決相關的問題以補充和完善理論。

　　沿着《漢語詞彙核心義研究》一書提供的思路，本書在用同源法推求核心義的過程中，逐漸對核心義的性質和來源有了新的認識。從外在表現上看，核心義與語源義有着密切聯繫，不少詞可以放在一個同源詞的語義場中考量。這是因爲漢語詞彙和其他語言的詞彙一樣，是一種音義結合體，語音附帶了早期事物、現象等被命名的原始"理據"，隨着字詞的分化、職能的分工，繼續在起着作用（儘管不一定能被注意到）。從內在根本上説，核心義有自己的發展路徑，它與語源義的關係猶如一個模糊的語義概念從水底浮出到水面，形成邊界相對清晰、内涵相對穩定的意義。此時主要是人的認知在起作用，通過眼觀、耳聞、鼻嗅、心理感受和思維，對這一意義再進行認識和抽象化。因而當詞所表示的事物特徵不明顯或認知發生了變化時，詞與原先它的構詞理據之間約定俗成的結合就可能被打破，轉而表示這一事物其他方面的特徵，也發展出新的詞義，核心義就偏離了語源義。

　　核心義的應用範圍廣、概括性强，往往有以簡馭繁的效果。其價值主要體現在：（1）厘清多義詞的引申義列，排除錯誤的釋義，找出同音假借，以及幫助瞭解實詞虚化的演變過程。（2）區別同義詞。一個詞一般來説祇有一個核心義（當然也有例外），即便詞義再接近都有細微的差別，通過抓住主綫特徵可以分離出相似點之間的差別。（3）單音詞的詞義演變脉絡清晰了，就能較順利地解釋雙音詞、多音詞和成語的含義，這也是目前核心義研究所推進的方向。除此之外，這一理論和方法也將在漢語的教學實踐中發揮提綱挈領的作用。

　　但客觀來説，核心義是就單個詞而言，是直綫條、與其他詞相互疏離的，作爲古漢語詞彙語義研究中的一個基礎方面，應與其他規律性的發現相互配合才能更完整地瞭解詞義發展的全貌。任何理論都有形成到完善的過程，核心義也并非盡善盡美，譬如表述問題、同音假借與同源通用的判斷等仍然有待更合理的方式去解決。本書就《漢語大字典》的木部和艸部字詞進行了核心義分析，并嘗試以核心義爲佐證解決訓詁問題。當然還有不少疏漏，請方家指正。

附錄一

漢語詞彙核心義索引

【説明】此索引包括以下專著和論文——

1. 宋永培《〈説文解字〉與文獻詞義學》，河南人民出版社，1994年。

2. 張聯榮《談詞的核心義》，載於《語文研究》，1995年第3期。

3. 翁春《訓"思"——〈左傳〉用例及其諧聲系統字的核心義》，1998年第1期。

4. 宋永培《古漢語詞義系統研究》，内蒙古教育出版社，2000年。

5. 范立珂《副詞"就"的語義探究》，上海外國語大學碩士論文，2006年。

6. 王雲路《論漢語詞彙的核心義——兼談詞典編纂的義項統繫方法》，原載《山高水長：丁邦新先生七秩壽慶論文集》，臺北"中研院語言研究所"《語言暨語言學》專刊，2006年第12月。此處輯録自王雲路《中古漢語論稿》，中華書局，2011年，第1—47頁。

7. 陳平《"寤寐思服"之"服"義考》，《雞西大學學報》，2013年第11期。

8. 付建榮《漢語詞彙核心義研究》，浙江大學博士論文，2012年。

9. 王雲路、王誠《漢語詞彙核心義研究》，北京大學出版社，2014年。

10. 于雪棠《"卮言"本義詞源學考釋——兼及〈莊子〉的言説方式與文體型態》，《民俗典籍文字研究》，2014年第2期。

11. 劉橋《漢語詞彙核心義探求的實踐——以"正經"的語義演變及"正兒八經"的産生爲例》，《漢語史研究集刊》第二十輯，2015年。

12. 王雲路《段玉裁與漢語詞彙核心義研究》，《華中國學》第六卷，2016年。

13. 王雲路《說"贅婿"——兼談"贅"與"質"的核心義》,《語言科學》,2017 年第 6 期。

14. 王雲路《論核心義在複音詞研究中的價值》,《浙江社會科學》,2017 年第 7 期。

15. 馬威《〈段注〉"中部、艸部"訓詁實踐中詞彙核心義運用考察》,《遼東學院學報》(社會科學版),2018 年第 2 期。

16. 翁諍諍《甲骨文"皁"字及字符"皁"本義探索》,《常州工學院學報》(社科版),2018 年第 5 期。

17. 王虎、趙紅宇《"懜懼"詞義考》,《語言科學》,2019 年第 1 期。

18. 盧鳳鵬《〈說文〉同訓詞核心義研究——以"疾"爲例》,《貴州工程應用技術學院學報》,2019 年第 2 期。

19. 于雪《〈說文解字〉"肖"聲符字研究》,《遼東學院學報》(社會科學版),2019 年第 2 期。

20. 王雲路、王誠、王健《再論核心義在複音詞研究中的價值》,《漢字漢語研究》,2019 年第 3 期。

21. 曾文斌《基於核心義的同源詞繫聯研究》,《綿陽師範學院學報》,2019 年第 4 期。

22. 陳平《釋"九"》,《寧夏大學學報》(人文社會科學版),2019 年第 5 期。

23. 毛國強《漢語詞彙核心義管窺——以〈說文解字注〉中"軒""窗"爲例》,《名作欣賞》,2019 年第 8 期。

24. 金玲《"求"的詞義研究》,華中科技大學碩士論文,2019 年。

25. 林添翼《〈說文解字·火部〉詞彙的核心義》,《遼東學院學報》(社會科學版),2020 年第 4 期。

26. 王誠、王雲路《試論并列式複音詞語素結合的深層原因——以核心義爲研究視角》,《浙江大學學報》(人文社會科學版),2020 年第 1 期。

27. 張馨月《"童"字的形音義》,《遼東學院學報》(社會科學版),2020 年第 1 期。

28. 本書。

注：有關"核(心)義素""遺傳義素"、對外漢語或中外語言對比、詞彙語義的部分論文也涉及核心義方面的探討,但由於概念表述或方法上

與這裏討論的核心義有所出入，故暫不收錄，篇目見緒論。

【標注方式】

（1）比：密（9. P. 24）

指"比"的核心義是"密"，見於王雲路、王誠《漢語詞彙核心義研究》第 24 頁；

（2）達：暢利到達、上出（1. P. 6/216，4. P. 35，9. P. 248）

指"達"的核心義是"暢利到達、上出"，分別見於宋永培《〈説文解字〉與文獻詞義學》第 6 頁、第 216 頁，宋永培《古漢語詞義系統研究》第 35 頁，以及王雲路、王誠《漢語詞彙核心義研究》第 248 頁。

A

藹：遮蓋（28. P. 145）

艾：抑止（28. P. 155）

按：下壓，向下施力（9. P. 81/151/231）

奧：小（25）

B

拔：使之脱離（9. P. 166）

般（槃、幋、磐、鑿）：大（6. P. 22，9. P. 216）

伴：二者相并（9. P. 108）

保：一方依附、依靠在另一方上（9. P. 58）

葆：蔽護（28. P. 100）

備：具備、完備（9. P. 108）

比：密（9. P. 24，12. P. 68，14）

標：在最上（9. P. 54，28. P. 54）

別：分、分開（8. P. 99）

彆：戾、不順（8. P. 82）

并：合爲一體（9. P. 150）

波：涌動、變化（9. P. 265）

播：分散（8. P. 74）

薄：相迫（15）

　　迫近（28. P. 99）

駁：混雜、不純（8. P. 66，9. P. 255）

布：擴散（8. P. 23）

C

殘：不完整（9. P. 187）

差：不相值，錯位（9. P. 75）

昌（唱、倡、菖）：開始（27）

徹：通（9. P. 24，12. P. 68）

陳：引伸、伸展（9. P. 80）

呈：延伸、展開（9. P. 106）

乘：加於上（2）

逞：通（9. P. 50）

赤：洞然昭著，空明（9. P. 28）

崇：高大（9. P. 41，26 略同）

重：厚重（9. P. 100）

酬：回復（9. P. 110）

出：離開（8. P. 72）
　　過界（界是運動的參照物）（9. P. 99）

川：貫穿（9. P. 43）

舛：相反（8. P. 57）
　　相反、相背、不一致（9. P. 141）

窗：通空（23）

醇：純一而濃厚（9. P. 261）

聰：中空可通（9. P. 60）

麤（粗）：魯莽（9. P. 43）

簇：湊聚（28. P. 110）

萃：聚集（28. P. 142）

粹：純一、不雜（8. P. 51）

D

達：暢利到達、上出（1. P. 6/21，4. P. 35，9. P. 248）

戴：加於上（9. P. 26/270，12. P. 70）

但：空無、沒有（其他）（8. P. 47, 25 略同）
　　空無、唯一（9. P. 30）

淡：少（8. P. 77）

當：兩方相當（9. P. 230）

蕩：震動播越（28. P. 72）

導：從一端導向另一端（9. P. 146）

道：通道（9. P. 71）

悼：內心振動、震顫（9. P. 110）

得：合（20）

氐（底、抵、柢、牴、邸、低、底、骶、砥、詆）：到達目標（9. P. 206, 28. P. 93）

都：聚集（8. P. 87）

毒：厚（15）

篤：豐厚、深厚（9. P. 44, 26）

度：從一端到另一端（9. P. 156）

杜：阻澀（8. P. 96, 28. P. 66）

端：直立向上（9. P. 228）

E

惡：惡行，也就是違背道德（9. P. 52/146）

耳：依附（8. P. 16）

貳（貳）：相對應的兩部分（6. P. 10, 9. P. 159）

貳（二）：非一、不相同（6. P. 11, 9. P. 159）

F

發：離開（2）

藩：屏護（28. P. 146）

翻：反轉（26）

樊：拘圍（28. P. 145）

方：比並、相合（9. P. 153）

放：（自由）離散（2）

奮：有力（8. P. 85）

服：依附（7，9. P. 160）

輔：夾持、輔助（9. P. 268）

副：相對應的兩部分（6. P. 5，9. P. 63）

負：相背負、承擔（9. P. 215）

阜：高大積厚（16）

G

蓋：遮蔽（28. P. 142）

釭：中空（9. P. 21）

割：斷絕（9. P. 185）

格：拒止（28. P. 125）

梗：剛直（28. P. 123）

弓：彎曲（8. P. 5）

苟：局限（28. P. 19）

孤：單獨（9. P. 26）

故：使爲之（9. P. 103）

乖：違背（26）

怪：不尋常的感覺（6. P. 13，9. P. 176）

關：關聯，立乎此而交彼（9. P. 86/208）

管：長圓而中空（8. P. 13）
　　圓筒狀而中空（9. P. 120）

貫：從中間穿過（9. P. 209，14略同）

光：大（25）

過：過界，跨過邊界（9. P. 85）

H

豪：剛硬有力（2）
　　長大而剛硬（9. P. 37）

涸：乾竭、竭盡（26）

荷：擔負（28. P. 105）

橫：從旁攔截，使之不順（28. P. 61）

護：救助、看管（6. P. 37，9. P. 219）

華：盛麗（9. P. 54，28. P. 88）
緩：鬆弛、不緊湊（8. P. 78）
惶：匆促不安（26）
煌熠：大（25）
回：旋轉（9. P. 211）
會：相重、相合（9. P. 183）
澮：會（9. P. 43）
薈：會聚（28. P. 142）
火：旺盛（25）

J

積：聚（9. P. 51）
汲：擢引（9. P. 45，12. P. 70）
緝：聚集（9. P. 180）
極：極盡、極限（8. P. 18/28）
　　居中至高（9. P. 252）
集：聚合（2）
　　聚集（28. P. 95）
疾：有兩個核心義，速度快；不正常狀態（18）
際：交接（8. P. 62）
　　兩合（9. P. 26/38，12. P. 71）
迹：積累，前後相續（9. P. 21）
績：接續（2）
　　接續，強調前後相續（9. P. 181）
　　依次叠加，前後相繼（28. P. 31）
繼：兩個事物的連接（9. P. 194）
挾：相向而持（28. P. 136）
兼：兩個或多個事物的叠加和擁有（9. P. 149）
間：間隔（2，8. P. 60，9. P. 44/134）
檢：限止（2，28. P. 132）
澗：相夾有間隔（8. P. 28）
薦：鋪陳（28. P. 149）

附錄一　漢語詞彙核心義索引　　189

諫：正（8.P.86）
驕：高（6.P.20，8.P.91）
　　　高，屈曲健舉（28.P.30）
交（校）：相交（8.P.58）
　　　　　交互（9，28.P.131）
節：約，分投限制（2）
　　限制（8.P.39）
　　兩段的連接處，即關節（9.P.41）
結：相交（9.P.192）
潔：純一、無雜質（8.P.8）
桀：高（8.P.108）
　　高而突出（28.P.30/170）
解（蟹、嶰、懈）：分離（8.P.11/54）
　　　　　　　　　按照紋理（條理）分開（9.P.157/186）
藉：承藉、襯墊（9.P.271）
　　憑靠（28.P.147）
界：分（8.P.105）
矜：高於其他（9.P.42）
近：小（8.P.52）
靳固：控制、制止，即"止而不過"（26）
京：高大（9.P.256）
精：純一、無雜質（8.P.124）
涇：直（9.P.43）
竟（境）：終止（8.P.28/106，12.P.69）
競：強（26）
淨：純一、無雜質（8.P.123）
九：大（22）
就：前往、從事——留駐、完成（5.P.16）
　　趨向并到達目標（9.P.95）
救：止（9.P.47）
局（挶）：分隔的狹小區域（9.P.256）
　　　　　有邊界的狹小區域（28.P.50）

遽：疾速（9. P. 269）

劇：尤甚，即程度深（26）

絕：一端的斷絕、窮盡（9. P. 251）

均：水平而周遍（9. P. 213）

K

炕：長（25）

苛：煩瑣，細碎而繁多（28. P. 116）

枯：乾竭、竭盡（26）

跨：經過界限（9. P. 249）

快：通暢、無阻礙（8. P. 111）

曠：虛空（9. P. 259）

匱：損失（9. P. 20）

魁：大（9. P. 41）

L

浪：動蕩（8. P. 42）
　　　隨意飄蕩（9. P. 266）

離（籬）：分，分離（8. P. 120）
　　　　　分開，即一分爲二（9. P. 119）

理：剖析（9. P. 24，12. P. 69）

麗：并列，即兩個個體成對（9. P. 119）

戾：曲（26）

利（俐、痢）：順暢、通暢（6. P. 18，9. P. 200）

栗：強直（28. P. 53）

歷：依次經過（9. P. 263）

廉：小（8. P. 93）
　　　偪仄、狹窄（9. P. 24/88，12. P. 69）

亮：明（9. P. 165）

霝（櫺、軨、笭、籯、霊、舲）：中空（9. P. 22）

凌：迫近（14）

亂：由紛亂而漸趨於理順的過程（9. P. 90）

落：分離、離開（8. P. 118）

呂（侶、間、絽、梠、旅）：相連（8. P. 28/55，9. P. 23，14）

M

邁：遠（8. P. 7/28，9. P. 20）

忙：緊張（6. P. 23，9. P. 241）

貌：外在的、表面的（9. P. 31）

密：親近、間距小（26）

閔：哀傷（9. P. 52）

驀：疾迅（8. P. 76，9. P. 173）

懞懂：模糊（17）

N

逆：相反，不順（9. P. 264）

農（濃、釀、襛、禯、噥、膿、襛、檂）：多（8. P. 73）
　　　　　　　　　　　　　　　　　　　　厚（9. P. 203）

怒（努、弩）：飽滿（8. P. 89）

O

偶（耦）：兩相對應（8. P. 20/28/79）

P

派：歧分（9. P. 109）

棚（捌）：鋪排、比并（9. P. 224）

匹：兩兩相對（8. P. 28）

偏：偏斜（9. P. 50）

騙：動作雙方出其不意（9. P. 174）

拼：鋪排、比并（9. P. 224）

樸：未加工、未雕飾，原本、本來的（9. P. 53）

Q

棲：止息（28. P. 130）

期：要約（9. P. 182）

戚：小（8. P. 29）

奇：不偶、無雙（6. P. 17，9. P. 179）

齊：齊等（9. P. 257）

茸：層叠相聚（28. P. 108）

契：兩半相吻合（9. P. 114）

淺：少、小（9. P. 61，12. P. 17）

翹：高（8. P. 9/28，9. P. 147，26 略同）
　　高，屈曲健舉（28. P. 30）

切：迫近、緊密（9. P. 184）

勤：極、盡（26）

清：純一、不雜（8. P. 121）
　　美好（9. P. 162）

求：希望獲得某物或者達成某種願望（24. P. 34）

趨：快速趨向目標（9. P. 93）

權：制衡（28. P. 97）

勸：努力（9. P. 48）

缺：殘缺（2）

R

然：點燃使光明（25）

仍：因、就，也就是重複、相續（9. P. 73）

日：實（8. P. 4）
　　滿（9. P. 43）

如：兩個事物相似性的比較（或者説是"關係"）（6. P. 31，9. P. 233）

芮：柔細（28. P. 113）

蕤：盛而下垂（28. P. 18）

若：順（28. P. 159）

S

燒：盛或高（25）

附錄一　漢語詞彙核心義索引

芟：削除（28. P. 17）

梢：末端漸小（9. P. 107，28. P. 121）

勝：任（9. P. 49）

剩：多出（9. P. 187）

施：往一個方向延伸（9. P. 262）

什：多、雜（9. P. 21）

誓：約束（9. P. 40）

適：當，對（9. P. 131/152）

首：面目的朝向（9. P. 188）

殊：此端與彼端的區別（9. P. 250）

疏（梳）：開闊，即兩段距離變大（9. P. 133，28. P. 50）

舒：緩慢地伸展（20）

屬：順接（9. P. 153/192）

樹：竪立（28. P. 150）

爽：明（26）

說：解（解説，解釋）（2）

斯（撕、澌、漸、嘶）：分離（8. P. 35）

思（總、偲）：細密（3）

嗣：接續（8. P. 73）
　　承繼（28. P. 31）

肆：窮極而列之（9. P. 253）

竦（愯、慫）：恭敬、肅敬（9. P. 46）

藪：摟聚（28. P. 153）

蘇：舒暢、通順（28. P. 52）

T

天：地位高（9. P. 189）

通：經過內部除阻，連通對立的兩個方面（1. P. 4，4. P. 294，9. P. 247）

童：表面無所生之物（27）

頭：頂端（9. P. 188）

推：推動（9. P. 45）

屯（邨、囤、庉、軘、肫、坉、忳）：聚集（21）

W

彎：彎曲（8.P.76）

宛（莞、菀）：屈曲（28.P.52）

網：縱橫交錯（8.P.14）

違：相背（9.P.210）

圍：環繞（9.P.210）

委：下垂（9.P.77）

猥：雜多（9.P.142）

蓊：升騰（28.P.143）

蕪：雜亂（28.P.48）

午：忤逆（即相對）（9.P.21）

物：分別（9.P.143）

兀：孤高（9.P.33，12.P.73）
　　高而上平（28.P.29）

X

析：分離，分開（8.P.57）

襲：重叠（9.P.104）

習：數（反復）（8.P.28/80，9.P.20，14，26）

隙：間隔（8.P.62）
　　分開、坼裂（26）

柙：堅固地包圍（28.P.137）

閑：阻隔、防備超過規矩和界限（9.P.237）
　　間隔（12.P.71）

相：交接（9.P.24，12.P.69，14）

肖（悄、鞘、梢等肖聲符字）：小（19）

寫：移、移置（8.P.101）

新：開始（9.P.145）

信：真實（8.P.17，9.P.115）

雄：強有力（2）

附錄一　漢語詞彙核心義索引

蓄：積聚（28. P. 112）

緒：首尾相接，連續不斷（9. P. 118）

續：同一事物不同部分的連接（9. P. 194）

宣（愃）：侈大（2，28. P. 36）

軒："高"和"蔽"（23）

雪：純凈雪白（8. P. 46）

熏（薰）：侵染（28. P. 51）

循：順（8. P. 82）

旬（詢、徇、巡）：周邊（21）

訓：順（9. P. 46）

Y

要：不存在核心義（8. P. 26）
　　居中（9. P. 116）

業：接續、相繼（8. P. 43）
　　依次叠加（9. P. 113）

依違：處於兩端之間，要保不定（26）

異：不同（6. P. 15，8. P. 68）
　　性狀的不同（9. P. 178）

役：辛勤勞作（9. P. 111）

繹：連續不間斷（9. P. 57）

逸（佚、軼、失）：脫離（9. P. 207）

因：憑藉、依憑（8. P. 49）

引：牽引（9. P. 91）

英：突出、鮮明（28. P. 80）

永：長（8. P. 6，9. P. 20，12. P. 70）

優：有餘（9. P. 62）

幽：微小、微少（9. P. 260）

宥：寬大（9. P. 42）

餘：多出，即超出特定的量（9. P. 186）

鬱：蓄積（28. P. 144）

元：始（9. P. 83）

原：最初，初始（9. P. 123）

緣：沿着（9. P. 156）

約：依附（9. P. 66）

月：闕（9. P. 43）

越：瞬間經過一點（9. P. 250）

閱：逐一（9. P. 214）

Z

載：容納（12. P. 71）

杲：高（25）

張：撐開，也就是兩端同時伸展（9. P. 56）

照：明亮（25）

蓁：衆多（28. P. 118）

振：舉，即向上運動（9. P. 139/163）

正經：合乎法度的、合乎規矩的（11）

厄（支、枝、肢、翅、汥）：從主體上別出（10, 28. P. 128）

植：直立（的屬性）（28. P. 150）

制：截斷（9. P. 74）

至（致、臻）：到達（9. P. 207）

質：保證達成兩相對應（9. P. 226, 13）

周旋：循環、往復（20）

驟：疾速（8. P. 83）

逐：隨從（9. P. 191）

主（注、炷）：中心（2）

追：向目標運動（9. P. 191）

贅：預支達成兩相對應（9. P. 226）
　　多餘（13）

卓：高（8. P. 65）
　　孤高（28. P. 29）

澤：水潤（28. P. 152）

自：始，開端（9. P. 107）

族：聚集、叢聚（2, 12. P. 31）

附錄二

已釋核心義字詞聲韻表

聲韻	唇音			
	幫(非)	滂(敷)	並(奉)	明(微)
之部			負	
職部		副	備、服	
蒸部	掤		棚	
幽部	保、葆		阜	
覺部				
冬部				
宵部	標			
藥部	駁			貌
侯部				
屋部			樸	
東部				
魚部	布		輔	蕪
鐸部			薄	驁
陽部	方、放			網
支部				
錫部		派		
耕部	并			
歌部	波、播			
月部	弊、發		拔、別	邁
元部	般、藩	翻	伴、樊	
脂部	比			
質部		匹		密
真部		偏		

續表

聲韻	唇音			
	幫（非）	滂（敷）	並（奉）	明（微）
微部				
物部				物
文部	奮			閔
緝部				
侵部				
葉部				
談部				

聲韻	舌音				
	端（知）	透（徹）	喻〔喻四〕	定（澄）	泥（娘）來
之部					理
職部	得		異		
蒸部					凌
幽部				導、道	
覺部	篤			毒、逐	
冬部					農
宵部					
藥部	卓			悼	
侯部				頭	
屋部					
東部		通		重、童	
魚部	都		餘	杜	呂（及其同源字）、怒
鐸部			繹	度	落
陽部	當、張			蕩	浪、亮
支部					麗
錫部			役		歷
耕部		逞		呈	靁（及其同源字）
歌部					離、籬
月部	戴	徹	閱	達	
元部	端		緣	但	亂

續表

聲韻	舌音				
	端（知）	透（徹）	喻〔喻四〕	定（澄）	泥（娘）來
脂部	氐				
質部			逸		戾、利、栗
真部		天	引	陳	
微部	追	推			
物部					
文部				屯	
緝部					
侵部					
葉部					
談部				淡	廉

聲韻	舌音				
	章〔照三〕	昌〔穿三〕	船〔床三〕	書〔審三〕	禪	日
之部						耳
職部					植	
蒸部			乘、剩	勝		仍
幽部	周（周旋）			首	酬	
覺部						
冬部						
宵部	照			燒		
藥部						
侯部	主				殊、樹	
屋部					屬	
東部						
魚部				舒		如
鐸部		赤				若
陽部		昌、唱、倡、菖				
支部	厄（及其同源字）					
錫部				適		

續表

聲韻	舌音					
	章〔照三〕	昌〔穿三〕	船〔床三〕	書〔審三〕	禪	日
耕部	正（正、經）					
歌部				施		
月部	制、贅			説	誓	芮
元部						然
脂部						貳、二
質部	至、質			失		日
真部			乘			
微部						葵
物部		出				
文部	振	川、舛			醇	
緝部					什	
侵部						
葉部						
談部						

聲韻	齒音				
	精	清	從	心	邪
之部	載			思	嗣
職部					
蒸部					
幽部					
覺部		戚	就		
冬部					
宵部				肖梟	
藥部					
侯部		趣		藪	
屋部		簇	族		續
東部		蔥		竦、慫、慾	
魚部		麤、粗		寫、蘇	緒
鐸部			藉		

附録二　已釋核心義字詞聲韻表

續表

聲韻	齒音				
	精	清	從	心	邪
陽部				相	
支部				斯	
錫部	積、迹、績			析	
耕部	精	清	净		
歌部					
月部	際		絶	雪	
元部	薦	淺	殘	宣	
脂部			齊	棲	
質部	節	切	疾、自	肆	
真部				新、信	
微部					
物部			萃	粹	
文部					循
緝部	緝	茸	集		襲、習
侵部					
葉部					
談部					

聲韻	齒音			
	莊〔照二〕	初〔穿二〕	崇〔床二〕	生〔審二〕
之部				
職部				
蒸部				
幽部				
覺部				
冬部			崇	
宵部				梢
藥部				
侯部			驟	
屋部				

續表

聲韻	齒音			
	莊〔照二〕	初〔穿二〕	崇〔床二〕	生〔審二〕
東部		窗		
魚部				疏（梳）
鐸部				
陽部				
支部				
錫部				
耕部				
歌部		差		
月部				
元部				
脂部				
質部				
真部	榛			
微部				
物部				
文部				
緝部				
侵部				
葉部				
談部				芟

聲韻	牙音				喉音		
	見	溪	群	疑	曉	匣（喻三）	影
之部	怪		期			宥	
職部			極			異	
蒸部	弓					雄	
幽部	九、救		求				優、幽
覺部					蓄		奧
冬部							
宵部	驕、交、校			魁		豪	要

附錄二　已釋核心義字詞聲韻表

續表

聲韻	牙音				喉音		
	見	溪	群	疑	曉	匣（喻三）	影
藥部							約
侯部	苟			偶、耦			
屋部	局、桐			局、桐			
東部							翁
魚部	孤、故	枯、跨	遽	午		華、餘	
鐸部	格	隙	劇	逆		涸、護、繹	惡
陽部	梗、光、境、京、竟	忼、曠	競			橫、惶、永	英
支部	乖、解						
錫部	繼					役	
耕部	涇						
歌部	過	虧	奇			苛、荷	
月部	蓋、隔、割、潔、界	快、契、缺		桀	艾、月	會、越、閱	藹、薈
元部	關、管、貫、間、澗、諫	快、勸	權	元、原	軒	緩、閑、緣	按、彎、宛、芫
脂部							
質部	結					逸、佚、軼	
真部	矜、均					引	因
微部		魁			火	回、違、圍	委、猥
物部				兀			鬱
文部	靳（靳固）			近、勤	熏、訓		
緝部	汲						
侵部							

聲韻	牙音				喉音		
	見	溪	群	疑	曉	匣（喻三）	影
葉部	梜			業		柙	葉
談部	兼、檢						

注：1. 本表所分聲韻依據唐作藩《上古音手册》（修訂本），中華書局2013年版。

2. "釭、澮、忙、憯、懼、騙、拼"等未被《上古音手册》收錄，故不在表中。

參考文獻

小學類字典辭書、工具書

（西漢）揚雄撰，周祖謨校箋：《方言校箋》，中華書局1993年版。

（東漢）劉熙撰，（清）畢沅疏證，（清）王先謙補：《釋名疏證補》，中華書局2008年版。

（東漢）許慎撰，（宋）徐鉉校訂：《説文解字》，中華書局1963年版。

（晉）郭璞注，（宋）邢昺疏：《爾雅正義》，上海古籍出版社2010年版。

（梁）蕭統編，（唐）李善注：《文選》，中華書局1977年版。

（宋）陳彭年等修：《大廣益會玉篇》，中華書局1987年版。

（宋）陳彭年等修，周祖謨校：《廣韻校本》，中華書局2011年版。

（宋）宋祁等編纂，趙振鐸校：《集韻校本》，上海辭書出版社2012年版。

（清）段玉裁：《説文解字注》，上海古籍出版社1981年版。

（清）桂馥：《説文解字義證》，齊魯書社2013年版。

（清）郝懿行：《爾雅義疏》，中國書店1982年版。

（清）黃生撰，黃承吉合按：《字詁義府合按》，中華書局1984年版。

（清）劉淇：《助字辨略》，開明書店1940年版。

（清）錢坫：《説文解字斠詮》，《續修四庫全書》本，上海古籍出版社2002年版。

（清）阮元校刻：《十三經注疏》，中華書局1980年版。

（清）王念孫：《廣雅疏證》，中華書局2004年版。

（清）王筠：《説文釋例》，中華書局1987年版。

（清）徐灝：《說文解字注箋》，《續修四庫全書》本，上海古籍出版社 1995 年版。

（清）徐鍇：《說文解字繫傳》，中華書局 1987 年版。

（清）朱駿聲：《說文通訓定聲》，武漢古籍書店 1983 年版。

古文字詁林編纂委員會編：《古文字詁林》，上海教育出版社 1999 年版。

漢語大字典編輯委員會編纂：《漢語大字典》九卷本（第二版），崇文書局、四川辭書出版社 2010 年版。

李學勤主編：《字源》，天津古籍出版社 2013 年版。

林瑞生編：《異體字手册》，江西人民出版社 1987 年版。

羅竹風編：《漢語大詞典》，上海辭書出版社 2008 年版。

容庚主編：《金文編》，中華書局 1985 年版。

唐作藩：《上古音手册》，中華書局 2013 年版。

王力：《同源字典》，商務印書館 1982 年版。

王力：《王力古漢語字典》，中華書局 2000 年版。

夏徵農主編：《辭海》，上海辭書出版社 2001 年版。

許寶華、[日] 宮田一郎主編：《漢語方言大詞典》，中華書局 1999 年版。

中國青銅器全集編輯委員會編：《中國青銅器全集 2 商》，文物出版社 1997 年版。

中國社會科學院考古研究所編：《甲骨文編》，中華書局 1965 年版。

宗福邦等主編：《故訓匯纂》，商務印書館 2003 年版。

今人論著

陳漢平：《金文編訂補》，中國社會科學出版社 1993 年版。

崔憲：《曾侯乙編鐘鐘銘校釋及其律學研究》，人民音樂出版社 1997 年版。

丁山：《甲骨文所見氏族及其制度》，中華書局 1988 年版。

丁世良、趙放：《中國地方志民俗資料匯編　西南卷上》，北京圖書館出版社 1991 年版。

董秀芳：《詞彙化：漢語雙音詞的衍生和發展》，四川民族出版社 2002 年版。

杜朝輝：《敦煌文獻名物研究》，中華書局 2011 年版。

付笑萍、馬鴻祥：《〈食療本草〉校注》，河南科學技術出版社 2015 年版。

高亨：《詩經今注》，上海古籍出版社 1980 年版。

葛兆光：《漢字的魔方》，遼寧教育出版社 1999 年版。

顧頡剛：《古史辨》，上海古籍出版社 1982 年版。

郭在貽：《郭在貽文集》，中華書局 2002 年版。

黃德寬：《古文字譜系疏證》，商務印書館 2007 年版。

黃侃箋識、黃焯編次：《爾雅音訓》，上海古籍出版社 1983 年版。

黃侃述，黃焯編：《文字聲韻訓詁筆記》，武漢大學出版社 2013 年版。

黃侃著，黃焯整理，黃述祖重輯：《説文箋識》，中華書局 2006 年版。

黃易青：《上古漢語同源詞意義系統研究》，商務印書館 2007 年版。

黃永武：《形聲多兼會意考》，文史哲出版社 1984 年版。

賈海生：《説文解字音證》，浙江大學出版社 2014 年版。

蔣紹愚：《古漢語詞彙綱要》，商務印書館 2005 年版。

荊門市博物館編：《郭店楚墓竹簡》，文物出版社 1998 年版。

李葆嘉：《現代漢語析義元語言研究》，世界圖書出版公司 2013 年版。

李明君：《歷代書籍裝幀藝術》，文物出版社 2009 年版。

李圃：《甲骨文選注》，上海古籍出版社 1989 年版。

李宗江：《漢語常用詞演變研究》，漢語大詞典出版社 1999 年版。

《歷代碑帖法書選》編輯組編：《漢禮器碑》，文物出版社 2007 年版。

林義光：《文源》，中西書局 2012 年版。

劉賾：《劉賾小學著作二種》，上海古籍出版社 1983 年版。

劉師培：《左庵集》，中國書店 1993 年版。

劉操南：《古代天文曆法釋證》，浙江大學出版社 2009 年版。

劉師培：《字義起於字音説》，《中國現代學術經典 黃侃劉師培卷》，河北教育出版社 1996 年版。

劉賾：《劉賾小學著作二種》，上海古籍出版社 1983 年版。

劉釗：《古文字構形學》，福建人民出版社 2006 年版。

陸宗達：《說文解字通論》，中華書局 2015 年版。

陸宗達、王寧：《訓詁與訓詁學》，山西教育出版社 1994 年版。

陸宗達、王寧：《訓詁方法論》，中華書局 2018 年版。

陸宗達、王寧：《古漢語詞義答問》，中華書局 2018 年版。

陸宗達著，郁亞馨、劉芳整理：《陸宗達文字學講義》，北京師範大學出版社 2014 年版。

羅振玉：《羅振玉學術論著集》，上海古籍出版社 2010 年版。

呂叔湘：《漢語語法分析問題》，商務印書館 1979 年版。

繆啓愉：《齊民要術校釋》，農業出版社 1982 年版。

裴學海：《古書虛字集釋》，中華書局 1954 年版。

彭文芳：《古代刑名詮考》，武漢大學出版社 2015 年版。

錢玄：《三禮名物通釋》，江蘇古籍出版社 1987 年版。

丘光明：《中國歷代度量衡考》，科學出版社 1992 年版。

裘錫圭：《文字學概要》，商務印書館 1988 年版。

任繼昉：《漢語語源學》，重慶出版社 2004 年第 2 版。

商承祚：《甲骨文字研究》，天津古籍出版社 2008 年版。

商承祚：《說文中之古文考》，上海古籍出版社 1983 年版。

尚學鋒、夏德靠譯注：《國語》，中華書局 2007 年版。

沈家本：《歷代刑法考》，中華書局 2006 年版。

沈兼士著，葛信益、啓功整理：《沈兼士學術論文集》，中華書局 1986 年版。

宋文輝：《漢語辭書元語言研究》，上海世紀出版社股份有限公司、上海辭書出版社 2011 年版。

宋永培：《〈說文解字〉與文獻詞義學》，河南人民出版社 1994 年版。

宋永培：《古漢語詞義系統研究》，內蒙古教育出版社 2000 年版。

蘇寶榮：《詞義研究與辭書釋義》，商務印書館 2000 年版。

孫機：《漢代物質文化資料圖說》，上海古籍出版社 2011 年版。

裘錫圭：《文字學概要》，商務印書館 1988 年版。

汪維輝：《東漢-隋常用詞演變研究》，南京大學出版社 2000 年版。

王鳳陽：《古辭辨》，吉林文史出版社 1993 年版。

王國維：《觀堂集林》，中華書局 1959 年版。

王國維著，胡平生、馬月華校注：《簡牘檢署考校注》，上海古籍出版社 2004 年版。
　　王力：《古代漢語》，中華書局 1999 年版。
　　王力：《中國語言學史》，復旦大學出版社 2006 年版。
　　王慎行：《古文字與殷周文明》，陝西人民教育出版社 1992 年版。
　　王雲路、王誠：《漢語詞彙核心義研究》，北京大學出版社 2014 年版。
　　吳大澂：《説文古籀補》，中華書局 1988 年版。
　　吳其昌編著：《殷虛書契解詁》，武漢大學出版社 2008 年版。
　　宋鎮豪主編，常玉芝著：《商代史》第八卷《商代宗教祭祀》，中國社會科學出版社 2010 年版。
　　夏緯瑛：《植物名釋札記》，農業出版社 1990 年版。
　　解惠全、崔永琳、鄭天一：《古書虛詞通釋》，中華書局 2008 年版。
　　徐烈炯：《語義學》，語文出版社 1990 年版。
　　許寶華、〔日〕宮田一郎：《漢語方言大詞典》，中華書局 1999 年版。
　　楊光榮：《藏語漢語同源詞研究：一種新型的、中西合璧的歷史比較語言學》，民族出版社 2000 年版。
　　楊樹達：《詞詮》，中華書局 1954 年版。
　　楊樹達：《積微居小學金石輪叢》，中華書局 1983 年版。
　　楊樹達：《積微居小學述林全編》，中華書局 1983 年版。
　　揚之水：《詩經名物新證》，北京古籍出版社 2002 年版。
　　殷寄明：《漢語語源義初探》，學林出版社 1998 年版。
　　俞敏：《俞敏語言學論文集》，商務印書館 1999 年版。
　　于省吾：《甲骨文字詁林》，中華書局 2009 年版。
　　章太炎：《國故論衡》，上海古籍出版社 2003 年版。
　　章太炎：《章太炎全集》，上海人民出版社 1985 年版。
　　張博：《漢語同族詞的系統性與驗證方法》，商務印書館 2003 年版。
　　張聯榮：《古漢語詞義論》，北京大學出版社 2007 年版。
　　張世禄：《張世禄語言學論文集》，學林出版社 1984 年版。
　　張舜徽：《説文解字約注》，中州書畫社 1983 年版。
　　張涌泉：《漢語俗字叢考》，中華書局 2000 年版。
　　張志毅、張慶雲：《詞彙語義學》，商務印書館 2001 年。
　　趙超：《漢魏南北朝墓志匯編》，天津古籍出版社 2008 年版。

鄭恢主編：《事物異名分類詞典》，黑龍江人民出版社 2002 年版。
周祖謨：《四聲別義創始之時代》，北京大學出版社 2010 年版。
鄒曉麗：《基礎漢字形義釋源》，中華書局 2007 年版。
［法］沙畹：《西突厥史料》，馮承鈞譯，中華書局 1958 年版。
［日］岡元鳳纂，藝文類聚編：《毛詩品物圖考》，浙江人民美術出版社 2017 年版。
［英］哈特曼、［英］斯托克：《語言與語言學詞典》，黃长著等譯，上海辭書出版社 1981 年版。

期刊、學位論文

陳德宏：《"薄言"新釋》，《江海學刊》1998 年第 6 期。
陳新良：《元語意識習得研究》，《佛山科學技術學院》2001 年第 2 期。
磁縣文化館：《河北磁縣東魏茹茹公主墓發掘簡報》，《文物》1984 年第 4 期。
崔山佳：《"杜撰"和"肚撰"》，《辭書研究》2005 年第 2 期。
董爲光：《詞義引申組系的"橫向聯繫"》，《語言研究》1991 年第 1 期。
段茂升：《古漢語"如、若、然、焉、爾"語法化過程考察》，碩士學位論文，西南師範大學，2005 年。
付建榮：《漢語詞彙核心義研究》，博士學位論文，浙江大學，2012 年。
高亞楠、吳長安：《從顯赫詞類的擴張性看量詞"趟"的語法化歷程》，《古漢語研究》2014 年第 2 期。
關增建、赫爾曼：《中國古代衡器形式的演變》，《中國計量》2016 年第 11 期。
金國泰：《釋"肖"》，《吉林師範學院學報》1994 年第 1 期。
李葆嘉：《漢語元語言系統研究的理論建構及應用價值》，《南京師大學報》（社會科學版）2002 年第 4 期。
李秉震：《"至於"的話語功能》，《漢語學習》2012 年第 5 期。
李燦：《"未央"詞義新考》，《湖北第二師範學院學報》2019 年第 10 期。

李丹：《"消（宵）夜""夜消（宵）"考釋》，《語文學刊》2013年第22期。

李均明：《封檢題署考略》，《文物》1990年第10期。

連宏：《漢代磔刑考辨》，《東北師大學報》（哲學社會科學版）2016年第2期。

劉福長：《語言學中的"對象語言"和"元語言"》，《現代外語》1989年第3期。

劉宗迪：《華夏名義考》，《民族研究》2000年第5期。

駱欽華、駱英：《秦權是砝碼還是秤砣？——〈漫話杆秤〉之一》，《中國計量》2005年第1期。

馬剛、王寶卿：《葵菜的起源發展變遷及其影響研究》，《中國農史》2016年第1期。

平心：《艾、又、宥、賄等字義訓考釋》（補白集乙：商周文字雜釋），載《中華文史論叢》第二輯，上海古籍出版社1962年。

丘光明：《中國古代權衡器簡論》，載河南省計量局主編《中國古代度量衡論文集》，1990年。

裘錫圭：《甲骨文字考釋（八）》，載中山大學古文字研究室編《古文字研究》第四輯，中華書局1980年。

單周堯：《讀王筠〈説文釋例·同部重文例〉札記》，載《古文字研究》第十七輯，中華書局1989年。

施安昌：《北魏茹小策合邑一百人造像碑考》，《故宮博物院院刊》2002年第4期。

史連海：《論〈禹貢〉的著作年代》，《陝西師範大學學報》（哲學社會科學版）1979年第3期。

孫機：《中國古馬車的三種繫駕法》，《自然科學史研究》1984年第2期。

譚學前：《西漢"未央宮"宮名含義小考》，《文博》2010年第1期。

唐際根、牛海茹：《殷墟王陵區人祭坑與卜辭所見"羌祭"及"殺牲法"研究》，《人文中國學報》2013年第19期。

萬曉麗、宋增文：《沼澤（澤）來源考——兼論詞語引進的本土化》，《漢字漢語研究》2019年第3期。

王健：《釋"岨"——兼論"戴""載"的詞義關係》，《漢語史學報》第十三輯。

王啓明：《十二律律名釋義》，《文史知識》2019 年第 1 期。

王子今：《秦德公"磔狗邑四門"宗教文化意義試說》，《中國文化》1995 年第 2 期。

夏劍欽：《"薄"非"語助"辨》，《學術月刊》1981 年第 11 期。

肖旭：《〈詩經〉"言""薄""薄言"釋義探討》，《古漢語研究》1992 年第 3 期。

徐朝暉：《〈國語〉韋昭注札記》，《古漢語研究》2006 年第 4 期。

徐時儀、潘牧天：《"嬌憍"與"肚撰"考略》，《古漢語研究》2018 年第 1 期。

徐中舒：《耒耜考》，載《徐中舒歷史論文選輯》，中華書局 1998 年版。

薛冬豔：《聲生於日，律生於辰——闡發先秦、兩漢二分、三分生律思維》，《中國音樂》（雙月刊）2018 年第 2 期。

楊琳：《"杜撰"語源考》，《古漢語研究》2000 年第 3 期。

姚勤智：《晉中方言古語詞拾零》，《語文研究》2007 年。

姚永銘：《"杜撰"探源》，《語文建設》1999 年第 2 期。

尹庸斌：《漢語語素的定量研究》，《中國語文》1985 年第 5 期。

于雪：《〈說文解字〉"肖"聲符字研究》，《遼東學院學報》（社會科學版）2019 年第 2 期。

于雪堂：《"卮言"本義詞源學考釋——兼及〈莊子〉的言說方式與文體形態》，《民俗典籍文字研究》2014 年第 2 期。

臧克和：《釋"若"》，《殷都學刊》1990 年第 1 期。

詹鄞鑫：《華夏考》，《華東師範大學學報》（哲學社會科學版）2001 年第 5 期。

張聯榮：《詞義引申中的遺傳義素》，《北京大學學報》（哲學社會科學版）1992 年第 4 期。

張聯榮：《談詞的核心義》，《語文研究》1995 年第 3 期。

張慶捷：《〈虞弘墓志〉中的幾個問題》，《文物》2001 年第 1 期。

張文冠：《近代漢語同形字研究》，博士學位論文，浙江大學，2014 年。

張新超：《〈詩經〉"夜未央""夜未艾""夜鄉晨"另釋——對西周

紀時制度的補充》,《寧夏大學學報》(人文社會科學版) 2014 年第 1 期。

趙海亮、張瑞賢:《蕪荑的本草考證》,《中國中藥雜志》2015 年第 22 期。

周廣幹:《"至於"的詞彙化和標記化》,《雲南師範大學學報》2013 年第 1 期。

周建奇:《柔然族名試釋》,《内蒙古大學學報》(哲學社會科學版) 1988 年第 1 期。

後　　記

　　本書是在博士論文的基礎上修改完成的。選擇這個題目時，沒有太多猶豫，直到真正開始着手整理資料、構思文章佈局時才發現，還是想得過於簡單了。設想中的優勢有三：第一，前人研究成果豐富，無論是傳統訓詁學還是核心義本身，都有一定的積累。特別是《漢語詞彙核心義研究》一書已經給出了有效的研究方法和多種類型的具體示例，我所要完成的就是驗證和推衍。第二，語料多，數量龐大且容易獲取。祇要這個字詞存在多義現象，在文獻中被實際使用過，就可以作爲潛在的研究對象；利用多個數據庫或檢索軟件能够方便地檢索到相關語句。第三，探求核心義的過程中涉及與詞義相關的多個方面，有助於鍛鍊自己的訓詁實踐能力，也能爲今後繼續從事相關的研究工作保存數據資源。但實際上，優勢未必能被充分發揮，甚至會成爲新的考驗。首先，珠玉在前，我的研究結論能否立得住脚，有没有價值？其次，語料紛繁複雜，從理論上來說，從古至今的所有文獻資料都可以被查找利用。那麽怎麽進行篩選和整合，以提取出有效信息，而不是簡單的搬運和羅列？遺憾的是，原論文并没有太注意到這些問題，常顯得有些累贅繁複錯漏百出。本次書稿的修改，主要針對語料進行了删削以使論述更有條理一些，同時對個别觀點、結論也有所改動，

　　從最初的定題到編寫成書的幾年間，要感謝導師王雲路老師的悉心指導。浙江大學漢語史研究中心方一新等幾位老師，古籍所許建平、王誠老師也曾提出了寶貴的意見。師弟馬一方在閱讀時發現的相關資料爲本書提供了不少論據。在後期修改書稿的過程中，非常感謝我的家人，如果没有他們的包容和支持，就不可能促成這本書稿的完成。還要感謝出版社的編輯老師們的幫助和辛勤付出。

　　越來越覺得傳統的文史研究是一門艱深的學問，曾經想通過學習訓詁學，突破古今語言文字的障礙，進一步了解經典文本所記載的各家思想和

悠久的過去。哪知在訓詁這一關就包含了一個廣闊的世界。印象較深的是兩句話，一句是王老師課間提到的，大意是説：解釋一個詞就像發現天上的一顆星星。確實把一個詞的來龍去脉解釋清楚很不容易，并且它的價值在很多時候會被忽視。隨着現代語言學的發展，有關詞義的研究大致朝着兩個方向延展，一條是以漢語本身爲研究對象，通過縱向或横向的比較，從大量實例中提煉出理論、揭示出規律，屬於語言學的範疇；另一條是總結和闡釋訓詁原理，但重心仍然在考釋上，即運用相關理論解決實際問題，屬於語文學的範疇。兩條道路、兩個目標都有重要意義，甚至在具體方法上可以相互借鑒和通用。我認爲核心義可能就介於兩者之間，從實例到理論，最後還是可以回歸到實例中去。當比對多家觀點，最終找出確解的那一刻，確實能體會到一種恍然大悟的快樂。再去看前人的注疏，不禁感嘆於藏在字裏行間的玄機和精妙。第二句話，如很多訓詁學家所説：訓詁之旨存乎聲音。儘管在很多情況下并不需要了解聲音當中藴含的信息，但從探究字詞産生到發展的内在肌理的角度上看仍有必要去厘清整體的關聯和邏輯。這也是我比較薄弱的一個方面。學無止境，希望今後能掌握更多科學的方法，提高對語言文字、對經典文本的理解與闡釋能力。

沈瑩　杭州